ANATOLE
DE L'ACADÉMIE FRANÇAISE

L'île des pingouins

CALMANN-LÉVY

© *Calmann-Lévy, 1908.*
Tous droits de traduction, reproduction et adaptation réservés pour tous les pays, y compris l'U.R.S.S.

PRÉFACE

MALGRÉ la diversité apparente des amusements qui semblent m'attirer, ma vie n'a qu'un objet. Elle est tendue tout entière vers l'accomplissement d'un grand dessein. J'écris l'histoire des Pingouins. J'y travaille assidûment, sans me laisser rebuter par des difficultés fréquentes et qui, parfois, semblent insurmontables.

J'ai creusé la terre pour y découvrir les monuments ensevelis de ce peuple. Les premiers livres des hommes furent des pierres. J'ai étudié les pierres qu'on peut considérer comme les annales primitives des Pingouins. J'ai fouillé sur le rivage de l'océan un tumulus inviolé; j'y ai trouvé, selon la coutume, des haches de silex, des épées de bronze, des monnaies romaines, et une pièce de vingt sous à l'effigie de Louis-Philippe Ier, roi des Français.

Pour les temps historiques, la chronique de Johannès Talpa, religieux du monastère de Beargarden, me fut d'un grand secours. Je m'y abreuvai d'autant plus abondamment qu'on ne découvre point d'autre source de l'histoire pingouine dans le haut Moyen Age.

Nous sommes plus riches à partir du XIIIe siècle, plus riches et non plus heureux. Il est extrêmement difficile d'écrire l'histoire. On ne sait jamais au juste comment les choses se sont passées; et l'embarras de l'historien s'accroît avec l'abondance des documents. Quand un fait n'est connu que par un seul témoignage, on l'admet sans beaucoup d'hésitation. Les perplexités commencent lorsque les événements sont rapportés par deux ou plusieurs témoins; car leurs témoignages sont toujours contradictoires et toujours inconciliables.

Sans doute les raisons scientifiques de préférer un témoignage à un autre sont parfois très fortes. Elles ne le sont jamais assez pour l'emporter sur nos passions, nos préjugés, nos intérêts, ni pour vaincre cette légèreté d'esprit commune à tous les hommes graves. En sorte que nous présentons constamment les faits d'une manière intéressée ou frivole.

J'allai confier à plusieurs savants archéologues et paléographes de mon pays et des pays étrangers les difficultés que j'éprouvais à composer l'histoire des Pingouins. J'essuyai leur mépris. Ils me regardèrent avec un sourire de pitié qui semblait dire : « Est-ce que nous écrivons l'histoire, nous? Est-ce que nous essayons d'extraire d'un texte, d'un document, la moindre parcelle de vie ou de vérité? Nous publions les textes purement et simplement. Nous nous en tenons à la lettre. La lettre est seule appréciable et définie. L'esprit ne l'est pas; les idées sont des fantaisies. Il faut être bien vain pour écrire l'histoire : il faut avoir de l'imagination. »

Tout cela était dans le regard et le sourire de nos maîtres en paléographie, et leur entretien me décourageait profondément. Un jour qu'après une conversation avec un sigillographe éminent, j'étais plus abattu encore que d'habitude, je fis soudain cette réflexion, je pensai :

« Pourtant, il est des historiens; la race n'en est point entièrement disparue. On en conserve cinq ou six à l'Académie des sciences morales. Ils ne publient pas de textes; ils écrivent l'histoire. Ils ne me diront pas, ceux-là, qu'il faut être vain pour se livrer à ce genre de travail. »

Cette idée releva mon courage.

Le lendemain, comme on dit (ou l'*en demain,* comme on devrait dire), je me présentai chez l'un d'eux, vieillard subtil.

« Je viens, monsieur, lui dis-je, vous demander les conseils de votre expérience. Je me donne grand mal pour composer une histoire, et je n'arrive à rien. »

Il me répondit en haussant les épaules :

« A quoi bon, mon pauvre monsieur, vous donner tant de peine, et pourquoi composer une histoire, quand vous n'avez qu'à copier les plus connues, comme c'est l'usage? Si vous avez une vue nouvelle, une idée originale, si vous présentez les hommes et les choses sous un aspect inattendu, vous surprendrez le lecteur. Et le lecteur n'aime pas à être surpris. Il ne cherche jamais dans une histoire que les sottises qu'il sait déjà. Si vous essayez de l'instruire, vous ne ferez que l'humilier et le fâcher. Ne tentez pas de l'éclairer, il criera que vous insultez à ses croyances.

« Les historiens se copient les uns les autres. Ils s'épargnent ainsi de la fatigue et évitent de paraître outrecuidants. Imitez-les et ne soyez pas original. Un historien original est l'objet de la défiance, du mépris et du dégoût universels.

« Croyez-vous, monsieur, ajouta-t-il, que je serais considéré, honoré comme je suis, si j'avais mis dans mes livres d'histoire des nouveautés? Et qu'est-ce que les nouveautés? Des impertinences. »

Il se leva. Je le remerciai de son obligeance et gagnai la porte. Il me rappela :

« Un mot encore. Si vous voulez que votre livre soit bien accueilli, ne négligez aucune occasion d'y exalter les vertus sur lesquelles reposent les sociétés : le dévouement à la richesse, les sentiments pieux, et spécialement la résignation du pauvre, qui est le fondement de l'ordre. Affirmez, monsieur, que les origines de la propriété, de la noblesse, de la gendarmerie seront traitées dans votre histoire avec tout le respect que méritent ces institutions. Faites savoir que vous admettez le surnaturel quand il se présente. A cette condition, vous réussirez dans la bonne compagnie. »

J'ai médité ces judicieuses observations et j'en ai tenu le plus grand compte.

Je n'ai pas à considérer ici les pingouins avant leur métamorphose. Ils ne commencent à m'appartenir qu'au moment où ils sortent de la zoologie pour entrer dans l'histoire et dans la théologie. Ce sont bien des pingouins que le grand saint Maël changea en hommes. Encore faut-il s'en expliquer, car aujourd'hui le terme pourrait prêter à confusion.

Nous appelons pingouin, en français, un oiseau des régions arctiques appartenant à la famille des alcidés; nous appelons manchot le type des sphéniscidés habitant les mers antarctiques. Ainsi fait, par exemple, M. G. Lecointe, dans sa relation du voyage de la *Belgica*[1] : « De tous les oiseaux qui peuplent le détroit de

1. G. Lecointe, *Au Pays des Manchots*. Bruxelles, 1904, in-8º.

Gerlache, dit-il, les manchots sont certes les plus intéressants. Ils sont parfois désignés, mais improprement sous le nom de pingouins du Sud. » Le docteur J.-B. Charcot affirme au contraire que les vrais et les seuls pingouins sont ces oiseaux de l'antarctique que nous appelons manchots, et il donne pour raison qu'ils reçurent des Hollandais, parvenus, en 1598, au cap Magellan, le nom de *pinguinos,* à cause sans doute de leur graisse. Mais si les manchots s'appellent pingouins, comment s'appelleront désormais les pingouins? Le docteur J.-B. Charcot ne nous le dit pas et il n'a pas l'air de s'en inquiéter le moins du monde [1].

Eh bien, que ses manchots deviennent ou redeviennent pingouins, c'est à quoi il faut consentir. En les faisant connaître il s'est acquis le droit de les nommer. Du moins, qu'il permette aux pingouins septentrionaux de rester pingouins. Il y aura les pingouins du Sud et ceux du Nord, les antarctiques et les arctiques, les alcidés ou vieux pingouins et les sphéniscidés ou anciens manchots. Cela embarrassera peut-être les ornithologistes soucieux de décrire et de classer les palmipèdes; ils se demanderont, sans doute, si vraiment un même nom convient à deux familles qui sont aux pôles l'une de l'autre et diffèrent par plusieurs endroits, notamment le bec, les ailerons et les pattes. Pour ce qui est de moi, je m'accommode fort bien de cette confusion. Entre mes pingouins et ceux de M. J.-B. Charcot, quelles que soient les dissemblances, les ressemblances apparaissent plus nombreuses et plus profondes. Ceux-ci comme ceux-là se font remarquer par un air grave et

---

[1]. J.-B. Charcot, *Journal de l'Expédition antarctique française,* 1903, 1905. Paris, in-8º.

placide, une dignité comique, une familiarité confiante, une bonhomie narquoise, des façons à la fois gauches et solennelles. Les uns et les autres sont pacifiques, abondants en discours, avides de spectacles, occupés des affaires publiques et, peut-être, un peu jaloux des supériorités.

Mes hyperboréens ont, à vrai dire, les ailerons, non point squameux, mais couverts de petites pennes; bien que leurs jambes soient plantées un peu moins en arrière que celles des méridionaux, ils marchent de même, le buste levé, la tête haute, en balançant le corps d'une aussi digne façon, et leur bec sublime (*os sublime*) n'est pas la moindre cause de l'erreur où tomba l'apôtre, quand il les prit pour des hommes.

Le présent ouvrage appartient, je dois le reconnaître, au genre de la vieille histoire, de celle qui présente la suite des événements dont le souvenir s'est conservé, et qui indique, autant que possible, les causes et les effets; ce qui est un art plutôt qu'une science. On prétend que cette manière de faire ne contente plus les esprits exacts et que l'antique Clio passe aujourd'hui pour une diseuse de sornettes. Et il pourra bien y avoir, à l'avenir, une histoire plus sûre, une histoire des conditions de la vie, pour nous apprendre ce que tel peuple, à telle époque, produisit et consomma dans tous les modes de son activité. Cette histoire sera, non plus un art, mais une science, et elle affectera l'exactitude qui manque à l'ancienne. Mais, pour se constituer, elle a besoin d'une multitude de statistiques qui font défaut jusqu'ici chez tous les peuples et particulièrement chez les Pingouins. Il est possible que les nations modernes fournissent un jour les éléments d'une telle histoire. En ce qui concerne l'humanité révolue, il faudra toujours se contenter, je le crains, d'un récit à l'ancienne mode. L'intérêt d'un semblable récit dépend surtout de la perspicacité et de la bonne foi du narrateur.

Comme l'a dit un grand écrivain d'Alca, la vie d'un peuple est un tissu de crimes, de misères et de folies. Il n'en va pas autrement de la Pingouinie que des autres nations; pourtant son histoire offre des parties admirables, que j'espère avoir mises sous un bon jour.

Les Pingouins restèrent longtemps belliqueux. Un des leurs, Jacquot le Philosophe, a dépeint leur caractère dans un petit tableau de mœurs que je reproduis ici et que, sans doute, on ne verra pas sans plaisir :

« Le sage Gratien parcourait la Pingouinie au temps des derniers Draconides. Un jour qu'il traversait une fraîche vallée où les cloches des vaches tintaient dans l'air pur, il s'assit sur un banc au pied d'un chêne, près d'une chaumière. Sur le seuil une femme donnait le sein à un enfant; un jeune garçon jouait avec un gros chien; un vieillard aveugle, assis au soleil, les lèvres entrouvertes, buvait la lumière du jour.

« Le maître de la maison, homme jeune et robuste, offrit à Gratien du pain et du lait.

« Le philosophe marsouin ayant pris ce repas agreste :

« — Aimables habitants d'un pays aimable, je vous
« rends grâces, dit-il. Tout respire ici la joie, la
« concorde et la paix. »

« Comme il parlait ainsi, un berger passa en jouant une marche sur sa musette.

« — Quel est cet air si vif? demanda Gratien.

« — C'est l'hymne de la guerre contre les Marsouins, « répondit le paysan. Tout le monde le chante ici. Les « petits enfants le savent avant que de parler. Nous « sommes tous de bons Pingouins.

« — Vous n'aimez pas les Marsouins?

« — Nous les haïssons.

« — Pour quelle raison les haïssez-vous?

« — Vous le demandez? Les Marsouins ne sont-ils « pas les voisins des Pingouins?

« — Sans doute.

« — Eh bien, c'est pour cela que les Pingouins « haïssent les Marsouins.

« — Est-ce une raison?

« — Certainement. Qui dit voisins dit ennemis, « Voyez le champ qui touche au mien. C'est celui de « l'homme que je hais le plus au monde. Après lui « mes pires ennemis sont les gens du village qui grimpe « sur l'autre versant de la vallée, au pied de ce bois « de bouleaux. Il n'y a dans cette étroite vallée, fermée « de toutes parts, que ce village et le mien : ils sont « ennemis. Chaque fois que nos gars rencontrent ceux « d'en face, ils échangent des injures et des coups. Et « vous voulez que les Pingouins ne soient pas les enne- « mis des Marsouins! Vous ne savez donc pas ce que « c'est que le patriotisme? Pour moi, voici les deux « cris qui s'échappent de ma poitrine : « Vive les Pin- « gouins! Mort aux Marsouins! »

Durant treize siècles, les Pingouins firent la guerre à tous les peuples du monde, avec une constante ardeur et des fortunes diverses. Puis en quelques années ils se dégoûtèrent de ce qu'ils avaient si longtemps aimé et montrèrent pour la paix une préférence très vive qu'ils

PRÉFACE

exprimaient avec dignité, sans doute, mais de l'accent le plus sincère. Leurs généraux s'accommodèrent fort bien de cette nouvelle humeur; toute leur armée, officiers, sous-officiers et soldats, conscrits et vétérans, se firent un plaisir de s'y conformer; ce furent les gratte-papier, les rats de bibliothèque qui s'en plaignirent et les culs-de-jatte qui ne s'en consolèrent pas.

Ce même Jacquot le Philosophe composa une sorte de récit moral dans lequel il représentait d'une façon comique et forte les actions diverses des hommes; et il y mêla plusieurs traits de l'histoire de son propre pays. Quelques personnes lui demandèrent pourquoi il avait écrit cette histoire contrefaite et quel avantage, selon lui, en recueillerait sa patrie.

« Un très grand, répondit le philosophe. Lorsqu'ils verront leurs actions ainsi travesties et dépouillées de tout ce qui les flattait, les Pingouins en jugeront mieux et, peut-être, en deviendront-ils plus sages. »

J'aurais voulu ne rien omettre dans cette histoire de tout ce qui peut intéresser les artistes. On y trouvera un chapitre sur la peinture pingouine au Moyen Age, et, si ce chapitre est moins complet que je n'eusse souhaité, il n'y a point de ma faute, ainsi qu'on pourra s'en convaincre en lisant le terrible récit par lequel je termine cette préface.

L'idée me vint, au mois de juin de la précédente année, d'aller consulter sur les origines et les progrès de l'art pingouin le regretté M. Fulgence Tapir, le savant auteur des *Annales universelles de la peinture, de la sculpture et de l'architecture.*

Introduit dans son cabinet de travail, je trouvai, assis devant un bureau à cylindre, sous un amas épouvantable de papiers, un petit homme merveilleusement myope dont les paupières clignotaient derrière des lunettes d'or.

Pour suppléer au défaut de ses yeux, son nez allongé, mobile, doué d'un tact exquis, explorait le monde sensible. Par cet organe, Fulgence Tapir se mettait en contact avec l'art et la beauté. On observe qu'en France, le plus souvent, les critiques musicaux sont sourds et les critiques d'art aveugles. Cela leur permet le recueillement nécessaire aux idées esthétiques. Croyez-vous qu'avec des yeux habiles à percevoir les formes et les couleurs dont s'enveloppe la mystérieuse nature, Fulgence Tapir se serait élevé, sur une montagne de documents imprimés et manuscrits, jusqu'au faîte du spiritualisme doctrinal et aurait conçu cette puissante théorie qui faisait converger les arts de tous les pays et de tous les temps à l'Institut de France, leur fin suprême?

Les murs du cabinet de travail, le plancher, le plafond même portaient des liasses débordantes, des cartons démesurément gonflés, des boîtes où se pressait une multitude innombrables de fiches, et je contemplai avec une admiration mêlée de terreur les cataractes de l'érudition prête à se rompre.

« Maître, fis-je d'une voix émue, j'ai recours à votre bonté et à votre savoir, tous deux inépuisables. Ne consentiriez-vous pas à me guider dans mes recherches ardues sur les origines de l'art pingouin?

— Monsieur, me répondit le maître, je possède tout l'art, vous m'entendez tout l'art sur fiches classées alphabétiquement et par ordre de matières. Je me fais un devoir de mettre à votre disposition ce qui s'y rapporte aux Pingouins. Montez à cette échelle et tirez cette boîte que vous voyez là-haut. Vous y trouverez tout ce dont vous avez besoin. »

J'obéis en tremblant. Mais à peine avais-je ouvert la fatale boîte que des fiches bleues s'en échappèrent et, glissant entre mes doigts, commencèrent à pleuvoir. Presque aussitôt, par sympathie, les boîtes voisines s'ouvrirent et il en coula des ruisseaux de fiches roses, vertes et blanches, et, de proche en proche, de toutes les boîtes les fiches diversement colorées se répandirent en murmurant comme, en avril, les cascades sur le flanc des montagnes. En une minute, elles couvrirent le plancher d'une couche épaisse de papier. Jaillissant de leurs inépuisables réservoirs avec un mugissement sans cesse grossi, elles précipitaient de seconde en seconde leur chute torrentielle. Baigné jusqu'aux genoux, Fulgence Tapir, d'un nez attentif, observait le cataclysme; il en reconnut la cause et pâlit d'épouvante.

« Que d'art! » s'écria-t-il.

Je l'appelai, je me penchai pour l'aider à gravir l'échelle qui pliait sous l'averse. Il était trop tard. Maintenant, accablé, désespéré, lamentable, ayant perdu sa calotte de velours et ses lunettes d'or, il opposait en vain ses bras courts au flot qui lui montait jusqu'aux aisselles. Soudain une trombe effroyable de fiches s'éleva, l'enveloppant d'un tourbillon gigantesque. Je vis, durant l'espace d'une seconde, dans le gouffre, le crâne poli du savant et ses petites mains grasses; puis l'abîme se referma, et le déluge se répandit sur le silence et l'immobilité. Menacé moi-même d'être englouti avec mon échelle, je m'enfuis à travers le plus haut carreau de la croisée.

Quiberon, 1ᵉʳ septembre 1907.

LIVRE PREMIER

LES ORIGINES

I

VIE DE SAINT MAËL

Maël, issu d'une famille royale de Cambrie, fut envoyé dès sa neuvième année dans l'abbaye d'Yvern, pour y étudier les lettres sacrées et profanes. A l'âge de quatorze ans, il renonça à son héritage et fit vœu de servir le Seigneur. Il partageait ses heures, selon la règle, entre le chant des hymnes, l'étude de la grammaire et la méditation des vérités éternelles.

Un parfum céleste trahit bientôt dans le cloître les vertus de ce religieux. Et, lorsque le bienheureux Gal, abbé d'Yvern, trépassa de ce monde en l'autre, le jeune Maël lui succéda dans le gouvernement du monastère. Il y établit une école, une infirmerie, une maison des hôtes, une forge, des ateliers de toutes sortes et des chantiers pour la construction des navires, et il obligea les religieux à défricher les terres alentour. Il cultivait de ses mains le jardin de l'abbaye, travaillait les métaux, instruisait les novices, et sa vie s'écoulait doucement comme une rivière qui reflète le ciel et féconde les campagnes.

Au tomber du jour, ce serviteur de Dieu avait coutume de s'asseoir sur la falaise, à l'endroit qu'on appelle encore aujourd'hui la chaise de saint Maël. A ses pieds, les rochers, semblables à des dragons noirs, tout velus d'algues vertes et de goémons fauves, opposaient à l'écume des lames leurs poitrails monstrueux. Il regardait le soleil descendre dans l'océan comme une rouge hostie qui de son sang glorieux empourprait les nuages du ciel et la cime des vagues. Et le saint homme y voyait l'image du mystère de la Croix, par lequel le sang divin a revêtu la terre d'une pourpre royale. Au large, une ligne d'un bleu sombre marquait les rivages de l'île de Gad, où sainte Brigide, qui avait reçu le voile de saint Malo, gouvernait un monastère de femmes.

Or, Brigide, instruite des mérites du vénérable Maël, lui fit demander, comme un riche présent, quelque ouvrage de ses mains. Maël fondit pour elle une clochette d'airain et, quand elle fut achevée, il la bénit et la jeta dans la mer. Et la clochette alla sonnant vers le rivage de Gad, où sainte Brigide, avertie par le son de l'airain sur les flots, la recueillit pieusement, et, suivie de ses filles, la porta en procession solennelle, au chant des psaumes, dans la chapelle du moustier.

Ainsi le saint homme Maël marchait de vertus

en vertus. Il avait déjà parcouru les deux tiers du chemin de la vie, et il espérait atteindre doucement sa fin terrestre au milieu de ses frères spirituels, lorsqu'il connut à un signe certain que la sagesse divine en avait décidé autrement et que le Seigneur l'appelait à des travaux moins paisibles mais non moindres en mérite.

II

VOCATION APOSTOLIQUE DE SAINT MAËL

Un jour qu'il allait, méditant, au fond d'une anse tranquille à laquelle des rochers allongés dans la mer faisaient une digue sauvage, il vit une auge de pierre qui nageait comme une barque sur les eaux.

C'était dans une cuve semblable que saint Guirec, le grand saint Colomban et tant de religieux d'Ecosse et d'Irlande étaient allés évangéliser l'Armorique. Naguère encore, sainte Avoye, venue d'Angleterre, remontait la rivière d'Auray dans un mortier de granit rose où l'on mettra plus tard les enfants pour les rendre forts; saint Vouga passait d'Hibernie en Cornouailles sur un rocher dont les éclats, conservés à Penmarch, guériront de la fièvre les pèlerins qui y poseront la tête; saint Samson abordait la baie du mont Saint-Michel dans une cuve de granit qu'on appellera un jour l'écuelle de saint Samson. C'est pourquoi, à la vue de cette auge de pierre, le saint homme Maël comprit que le Seigneur le destinait à l'apostolat des païens qui peuplaient encore le rivage et les îles des Bretons.

Il remit son bâton de frère au saint homme Budoc, l'investissant ainsi du gouvernement de l'abbaye. Puis, muni d'un pain, d'un baril d'eau douce et du livre des Saints Evangiles, il entra dans l'auge de pierre, qui le porta doucement à l'île d'Hœdic.

Elle est perpétuellement battue des vents. Des hommes pauvres y pêchent le poisson entre les fentes des rochers et cultivent péniblement des légumes dans des jardins pleins de sable et de cailloux, abrités par des murs de pierres sèches et des haies de tamaris. Un beau figuier s'élevait dans un creux de l'île et poussait au loin ses branches. Les habitants de l'île l'adoraient.

Et le saint homme Maël leur dit :

« Vous adorez cet arbre parce qu'il est beau. C'est donc que vous êtes sensibles à la beauté. Or, je viens vous révéler la beauté cachée. »

Et il leur enseigna l'Evangile. Et, après les avoir instruits, il les baptisa par le sel et par l'eau.

Les îles du Morbihan étaient plus nombreuses en ce temps-là qu'aujourd'hui. Car, depuis lors, beaucoup se sont abîmées dans la mer. Saint Maël en évangélisa soixante. Puis, dans son auge de granit, il remonta la rivière d'Auray. Et après trois heures de navigation il mit pied à terre devant une maison romaine. Du toit s'élevait une fumée légère. Le saint homme franchit le seuil sur lequel une mosaïque représentait un chien, les jarrets tendus et les babines retroussées. Il fut accueilli par deux vieux époux, Marcus Combabus et Valeria Moerens, qui vivaient là du produit de leurs terres. Autour de la cour intérieure régnait un portique dont les colonnes étaient peintes en rouge depuis la base jusqu'à mi-hauteur. Une fontaine de coquillages s'adossait au mur et sous le portique s'élevait un autel, avec une niche où le maître de cette maison avait déposé de petites idoles de terre cuite, blanchies au lait de chaux. Les unes représentaient des enfants ailés, les autres Apollon ou Mercure, et plusieurs étaient en forme d'une femme nue qui se tordait les cheveux. Mais le saint homme Maël, observant ces figures, découvrit parmi elles l'image d'une jeune mère tenant un enfant sur ses genoux.

Aussitôt il dit, montrant cette image :

« Celle-ci est la Vierge, mère de Dieu. Le poète Virgile l'annonça en carmes sibyllins avant qu'elle ne fût née, et, d'une voix angélique, il chanta *Jam redit et virgo*. Et l'on fit d'elle, dans la gentilité, des figures prophétiques telles que celle-ci, que tu as placée, ô Marcus, sur cet autel. Et sans doute elle a protégé tes lares modiques. C'est ainsi que ceux qui observent exactement la loi naturelle se préparent à la connaissance des vérités révélées. »

Marcus Combabus et Valeria Moerens, instruits par ce discours, se convertirent à la foi chrétienne. Ils reçurent le baptême avec leur jeune affranchie, Caelia Avitella, qui leur était plus chère que la lumière de leurs yeux. Tous leurs colons renoncèrent au paganisme et furent baptisés le même jour.

Marcus Combabus, Valeria Moerens et Caelia Avitella menèrent depuis lors une vie pleine de mérites. Ils trépassèrent dans le Seigneur et furent admis au canon des saints.

Durant trente-sept années encore, le bienheureux Maël évangélisa les païens de l'intérieur des terres. Il éleva deux cent dix-huit chapelles et soixante-quatorze abbayes.

Or, un certain jour, en la cité de Vannes, où il annonçait l'Evangile, il apprit que les moines d'Yvern s'étaient relâchés en son absence de la règle de saint Gal. Aussitôt, avec le zèle de la poule qui rassemble ses poussins, il se rendit auprès de ses enfants égarés. Il accomplissait alors sa quatre-vingt-dix-septième année; sa taille s'était courbée, mais ses bras restaient encore robustes et sa parole se répandait abondamment comme la neige en hiver au fond des vallées.

L'abbé Budoc remit à saint Maël le bâton de frêne et l'instruisit de l'état malheureux où se trouvait l'abbaye. Les religieux s'étaient querellés sur la date à laquelle il convenait de célébrer la fête de Pâques. Les uns tenaient pour le calendrier romain, les autres pour le calendrier grec, et les horreurs d'un schisme chronologique déchiraient le monastère.

Il régnait encore une autre cause de désordres. Les religieuses de l'île de Gad, tristement tombées de leur vertu première, venaient à tout moment en barque sur la côte d'Yvern. Les religieux les recevaient dans le bâtiment des hôtes et il résultait des scandales qui remplissaient de désolation les âmes pieuses.

Ayant terminé ce fidèle rapport, l'abbé Budoc conclut en ces termes :

« Depuis la venue de ces nonnes, c'en est fait de l'innocence et du repos de nos moines.

— Je le crois volontiers, répondit le bienheureux Maël. Car la femme est un piège adroitement construit : on y est pris dès qu'on l'a flairé. Hélas! l'attrait délicieux de ces créatures s'exerce de loin plus puissamment encore que de près. Elles inspirent d'autant plus le désir qu'elles le contentent moins. De là ce vers d'un poète à l'une d'elles :

Présente, je vous fuis; absente, je vous trouve.

« Aussi voyons-nous, mon fils, que les blandices

de l'amour charnel sont plus puissantes sur les solitaires et les religieux que sur les hommes qui vivent dans le siècle. Le démon de la luxure m'a tenté toute ma vie de diverses manières et les plus rudes tentations ne me vinrent pas de la rencontre d'une femme, même belle et parfumée. Elles me vinrent de l'image d'une femme absente. Maintenant encore, plein de jours et touchant à ma quatre-vingt-dix-huitième année, je suis souvent induit par l'Ennemi à pécher contre la chasteté, du moins en pensée. La nuit, quand j'ai froid dans mon lit et que se choquent avec un bruit sourd mes vieux os glacés, j'entends des voix qui récitent le deuxième verset du troisième livre des *Rois* : *Dixerunt ergo ei servi sui : Quæramus domino nostro regi adolescentulam virginem, et stet coram rege et foveat eum, domiatque in sinu suo, et calefaciat dominum nostrum regem.* Et le diable me montre une enfant dans sa première fleur qui me dit : « Je suis ton Abisag; je suis ta Sunamite. O « mon seigneur, fais-moi une place dans ta « couche. »

« Croyez-moi, ajouta le vieillard, ce n'est pas sans un secours particulier du Ciel qu'un religieux peut garder sa chasteté de fait et d'intention. »

S'appliquant aussitôt à rétablir l'innocence et la paix dans le monastère, il corrigea le calendrier d'après les calculs de la chronologie et de l'astronomie et le fit accepter par tous les religieux; il renvoya les filles déchues de sainte Brigide dans leur monastère; mais, loin de les chasser brutalement, il les fit conduire à leur navire avec des chants de psaumes et de litanies.

« Respectons en elles, disait-il, les filles de Brigide et les fiancées du Seigneur. Gardons-nous d'imiter les pharisiens qui affectent de mépriser les pécheresses. Il faut humilier ces femmes dans leur péché et non dans leur personne et leur faire honte de ce qu'elles ont fait et non de ce qu'elles sont : car elles sont des créatures de Dieu. »

Et le saint homme exhorta ses religieux à fidèlement observer la règle de leur ordre :

« Quand il n'obéit pas au gouvernail, leur dit-il, le navire obéit à l'écueil. »

III

LA TENTATION DE SAINT MAËL

Le bienheureux Maël avait à peine rétabli l'ordre dans l'abbaye d'Yvern quand il apprit que les habitants de l'île d'Hœdic, ses premiers catéchumènes, et de tous les plus chers à son cœur, étaient retournés au paganisme et qu'ils suspendaient des couronnes de fleurs et des bandelettes de laine aux branches du figuier sacré.

Le batelier qui portait ces douloureuses nouvelles exprima la crainte que bientôt ces hommes égarés ne détruisissent par le fer et par le feu la chapelle élevée sur le rivage de leur île.

Le saint homme résolut de visiter sans retard ses enfants infidèles afin de les ramener à la foi et d'empêcher qu'ils ne se livrassent à des violences sacrilèges. Comme il se rendait à la baie sauvage où son auge de pierre était mouillée, il tourna ses regards sur les chantiers qu'il avait établis trente ans auparavant, au fond de cette baie, pour la construction des navires, et qui retentissaient, à cette heure, du bruit des scies et des marteaux.

A ce moment, le Diable, qui ne se lasse jamais, sortit des chantiers, s'approcha du saint homme, sous la figure d'un religieux nommé Samson, et le tenta en ces termes :

« Mon père, les habitants de l'île d'Hœdic commettent incessamment des péchés. Chaque instant qui s'écoule les éloigne de Dieu. Ils vont bientôt porter le fer et le feu dans la chapelle que vous avez élevée de vos mains vénérables sur le rivage de l'île. Le temps presse. Ne pensez-vous point que votre auge de pierre vous conduirait plus vite vers eux, si elle était gréée comme une barque, et munie d'un gouvernail, d'un mât et d'une voile; car alors vous seriez poussé par le vent. Vos bras sont robustes encore et propres à gouverner une embarcation. On ferait bien aussi de mettre une étrave tranchante à l'avant de votre auge apostolique. Vous êtes trop sage pour n'en avoir pas eu déjà l'idée.

— Certes, le temps presse, répondit le saint homme. Mais agir comme vous dites, mon fils Samson, ne serait-ce pas me rendre semblable à ces hommes de peu de foi, qui ne se fient point au Seigneur? Ne serait-ce point mépriser les dons de Celui qui m'a envoyé la cuve de pierre sans agrès ni voilure? »

A cette question, le Diable, qui est grand théologien, répondit par cette autre question :

« Mon père, est-il louable d'attendre, les bras croisés, que vienne le secours d'en haut, et de tout demander à Celui qui peut tout, au lieu d'agir par prudence humaine et de s'aider soi-même?

— Non certes, répondit le saint vieillard Maël, et c'est tenter Dieu que de négliger d'agir par prudence humaine.

— Or, poussa le Diable, la prudence n'est-elle point, en ce cas-ci, de gréer la cuve?

— Ce serait prudence si l'on ne pouvait d'autre manière arriver à point.

— Eh! eh! votre cuve est-elle donc bien rapide?

— Elle l'est autant qu'il plaît à Dieu.

— Qu'en savez-vous? Elle va comme la mule de l'abbé Budoc. C'est un vrai sabot. Vous est-il défendu de la rendre plus vite?

— Mon fils, la clarté orne vos discours, mais ils sont tranchants à l'excès. Considérez que cette cuve est miraculeuse.

— Elle l'est, mon père. Une auge de granit qui flotte sur l'eau comme un bouchon de liège est une auge miraculeuse. Il n'y a point de doute. Qu'en concluez-vous?

— Mon embarras est grand. Convient-il de perfectionner par des moyens humains et naturels une si miraculeuse machine?

— Mon père, si vous perdiez le pied droit et que Dieu vous le rendît, ce pied serait-il miraculeux?

— Sans doute, mon fils.
— Le chausseriez-vous?
— Assurément.
— Eh bien, si vous croyez qu'on peut chausser d'un soulier naturel un pied miraculeux, vous devez croire aussi qu'on peut mettre des agrès naturels à une embarcation miraculeuse. Cela est limpide. Hélas! pourquoi faut-il que les plus saints personnages aient leurs heures de langueur et de ténèbres? On est le plus illustre des apôtres de la Bretagne, on pourrait accomplir des œuvres dignes d'une louange éternelle... Mais l'esprit est lent et la main paresseuse! Adieu donc, mon père! Voyagez à petites journées, et, quand enfin vous approcherez des côtes d'Hœdic, vous regarderez fumer les ruines de la chapelle élevée et consacrée par vos mains. Les païens l'auront brûlée avec le petit diacre que vous y avez mis et qui sera grillé comme un boudin.

— Mon trouble est extrême, dit le serviteur de Dieu, en essuyant de sa manche son front mouillé de sueur. Mais, dis-moi, mon fils Samson, ce n'est point une petite tâche que de gréer cette auge de pierre. Et ne nous arrivera-t-il pas, si nous entreprenons une telle œuvre, de perdre du temps loin d'en gagner :

— Ah! mon père, s'écria le Diable, en un tour de sablier la chose sera faite. Nous trouverons les agrès nécessaires dans ce chantier que vous avez jadis établi sur cette côte et dans ces magasins abondamment garnis par vos soins. J'ajusterai moi-même toutes les pièces navales. Avant d'être moine, j'ai été matelot et charpentier; et j'ai fait bien d'autres métiers encore. A l'ouvrage! »

Aussitôt il entraîne le saint homme dans un hangar tout rempli des choses nécessaires à la navigation.

« A vous cela, mon père! »

Et il lui jette sur les épaules la toile, le mât, la corne et le gui.

Puis, se chargeant lui-même d'une étrave et d'un gouvernail avec la mèche et la barre et saisissant un sac de charpentier plein d'outils, il court au rivage, tirant après lui par sa robe le saint homme plié, suant et soufflant, sous le faix de la toile et des bois.

IV

NAVIGATION DE SAINT MAËL
SUR L'OCÉAN DE GLACE

Le Diable, s'étant troussé jusqu'aux aisselles, traîna l'auge sur le sable et la gréa en moins d'une heure.

Dès que le saint homme Maël se fut embarqué, cette cuve, toutes voiles déployées, fendit les eaux avec une telle vitesse que la côte fut aussitôt hors de vue. Le vieillard gouvernait au Sud pour doubler le cap Land's End. Mais un courant irrésistible le portait au Sud-Ouest. Il longea la côte méridionale de l'Irlande et tourna brusquement vers le septentrion. Le soir, le vent fraîchit. En vain Maël essaya de replier la toile. La cuve fuyait éperdument vers les mers fabuleuses.

A la clarté de la lune, les sirènes grasses du Nord, aux cheveux de chanvre, vinrent soulever autour de lui leurs gorges blanches et leurs croupes roses; et, battant de leurs queues d'émeraude la vague écumeuse, elles chantèrent en cadence :

> Où cours-tu, doux Maël,
> Dans ton auge éperdue?
> Ta voile est gonflée
> Comme le sein de Junon
> Quand il en jaillit la Voie lactée.

Un moment elles le poursuivirent, sous les étoiles, de leurs rires harmonieux. Mais la cuve fuyait, plus rapide cent fois que le navire rouge d'un Viking. Et les pétrels, surpris dans leur vol, se prenaient les pattes aux cheveux du saint homme.

Bientôt une tempête s'éleva, pleine d'ombre et de gémissements, et l'auge, poussée par un vent furieux, vola comme une mouette dans la brume et la houle.

Après une nuit de trois fois vingt-quatre heures, les ténèbres se déchirèrent soudain. Et le saint homme découvrit à l'horizon un rivage plus étincelant que le diamant. Ce rivage grandit rapidement, et bientôt, à la clarté glaciale d'un soleil inerte et bas, Maël vit monter au-dessus des flots une ville blanche, aux rues muettes, qui, plus vaste que Thèbes aux cent portes, étendait à perte de vue les ruines de son forum de neige, de ses palais de givre, de ses arcs de cristal et de ses obélisques irisés.

L'océan était couvert de glaces flottantes, autour desquelles nageaient des hommes marins au regard sauvage et doux. Et Léviathan passa, lançant une colonne d'eau jusqu'aux nuées.

Cependant, sur un bloc de glace qui nageait de conserve avec l'auge de pierre, une ourse blanche était assise, tenant son petit entre ses bras, et Maël l'entendit qui murmurait doucement ce vers de Virgile : *Incipe, parve puer.*

Et le vieillard, plein de tristesse et de trouble, pleura.

L'eau douce avait, en se gelant, fait éclater le baril qui la contenait. Et, pour étancher sa soif, Maël suçait des glaçons. Et il mangeait son pain trempé d'eau salée. Sa barbe et ses cheveux se brisaient comme du verre. Sa robe recouverte d'une couche de glace lui coupait à chaque mouvement les articulations des membres. Les vagues monstrueuses se soulevaient et leurs mâchoires écumantes s'ouvraient toutes grandes sur le vieillard. Vingt fois des paquets de mer emplirent l'embarcation. Et le livre des Saints Evangiles, que l'apôtre gardait précieusement sous une couverture de pourpre, marquée d'une croix d'or, l'océan l'engloutit.

Or, le trentième jour, la mer se calma. Et voici qu'avec une effroyable clameur du ciel et des eaux une montagne d'une blancheur éblouissante, haute de trois cents pieds, s'avance vers la cuve de pierre. Maël gouverne pour l'éviter; la barre se

brise dans ses mains. Pour ralentir sa marche à
l'écueil, il essaye encore de prendre des ris. Mais,
quand il veut nouer les garcettes, le vent les lui
arrache, et le filin, en s'échappant, lui brûle les
mains. Et il voit trois démons aux ailes de peau
noire, garnies de crochets, qui, pendus aux agrès,
soufflent dans la toile.

Comprenant à cette vue que l'Ennemi l'a gouverné en toutes ces choses, il s'arme du signe de la
Croix. Aussitôt un coup de vent furieux, plein de
sanglots et de hurlements, soulève l'auge de pierre,
emporte la mâture avec toute la toile, arrache le
gouvernail et l'étrave.

Et l'auge s'en fut à la dérive sur la mer apaisée.
Le saint homme, s'agenouillant, rendit grâces au
Seigneur, qui l'avait délivré des pièges du démon.
Alors il reconnut, assise sur un bloc de glace,
l'ourse mère, qui avait parlé dans la tempête. Elle
pressait sur son sein son enfant bien-aimé, et
tenait à la main un livre de pourpre marqué d'une
croix d'or. Ayant accosté l'auge de granit, elle salua
le saint homme par ces mots :

« *Pax tibi, Maël.* »

Et elle lui tendit le livre.

Le saint homme reconnut son évangéliaire, et,
plein d'étonnement, il chanta dans l'air tiédi une
hymne au Créateur et à la création.

V

BAPTÊME DES PINGOUINS

Après être allé une heure à la dérive, le saint homme aborda une plage étroite, fermée par des montagnes à pic. Il marcha le long du rivage, tout un jour et une nuit, contournant les rochers qui formaient une muraille infranchissable. Et il s'assura ainsi que c'était une île ronde, au milieu de laquelle s'élevait une montagne couronnée de nuages. Il respirait avec joie la fraîche haleine de l'air humide. La pluie tombait, et cette pluie était si douce que le saint homme dit au Seigneur :

« Seigneur, voici l'île des larmes, l'île de la contrition. »

La plage était déserte. Exténué de fatigue et de faim, il s'assit sur une pierre, dans les creux de laquelle reposaient des œufs jaunes, marqués de taches noires et gros comme des œufs de cygne. Mais il n'y toucha point, disant :

« Les oiseaux sont les louanges vivantes de Dieu.

Je ne veux pas que par moi manque une seule de ces louanges. »

Et il mâcha des lichens arrachés aux creux des pierres.

Le saint homme avait accompli presque entièrement le tour de l'île sans rencontrer d'habitants, quand il parvint à un vaste cirque formé par des rochers fauves et rouges, pleins de cascades sonores, et dont les pointes bleuissaient dans les nuées.

La réverbération des glaces polaires avait brûlé les yeux du vieillard. Pourtant, une faible lumière se glissait encore entre ses paupières gonflées. Il distingua des formes animées qui se pressaient en étages sur ces rochers comme une foule d'hommes sur les gradins d'un amphithéâtre. Et en même temps ses oreilles, assourdies par les longs bruits de la mer, entendirent faiblement des voix. Pensant que c'était là des hommes vivant selon la loi naturelle, et que le Seigneur l'avait envoyé à eux pour leur enseigner la loi divine, il les évangélisa.

Monté sur une haute pierre au milieu du cirque sauvage :

« Habitants de cette île, leur dit-il, quoique vous soyez de petite taille, vous semblez moins une troupe de pêcheurs et de mariniers que le sénat d'une sage république. Par votre gravité, votre silence, votre tranquille maintien, vous composez sur ce rocher sauvage une assemblée comparable aux Pères-Conscrits de Rome délibérant dans le temple de la Victoire, ou plutôt aux philosophes d'Athènes disputant sur les bancs de l'Aréopage. Sans doute, vous ne possédez ni leur science ni leur génie; mais peut-être, au regard de Dieu, l'emportez-vous sur eux. Je devine que vous êtes simples et bons. En parcourant les bords de votre île, je n'y ai découvert aucune image de meurtre, aucun signe de carnage, ni têtes ni chevelures d'ennemis suspendues à une haute perche ou clouées aux portes des villages. Il me semble que vous n'avez point d'arts, et que vous ne travaillez point les métaux. Mais vos cœurs sont purs et vos mains innocentes. Et la vérité entrera facilement dans vos âmes. »

Or, ce qu'il avait pris pour des hommes de petite taille, mais d'une allure grave, c'étaient des pingouins que réunissait le printemps, et qui se tenaient rangés par couples sur les degrés naturels de la roche, debout dans la majesté de leurs gros ventres blancs. Par moments ils agitaient comme des bras leurs ailerons et poussaient des cris pacifiques. Ils ne craignaient point les hommes, parce qu'ils ne les connaissaient pas et n'en avaient jamais reçu d'offense; et il y avait en ce religieux une douceur qui rassurait les animaux les plus craintifs, et qui plaisait extrêmement à ces pingouins. Ils tournaient vers lui, avec une curiosité amie, leur petit œil rond prolongé en avant par une tache blanche ovale, qui donnait à leur regard quelque chose de bizarre et d'humain.

Touché de leur recueillement, le saint homme leur enseignait l'Evangile.

« Habitants de cette île, le jour terrestre qui vient de se lever sur vos rochers est l'image du jour spirituel qui se lève dans vos âmes. Car je vous apporte la lumière intérieure; je vous apporte la lumière et la chaleur de l'âme. De même que le soleil fait fondre les glaces de vos montagnes, Jésus-Christ fera fondre les glaces de vos cœurs. »

Ainsi parla le vieillard. Comme partout dans la nature la voix appelle la voix, comme tout ce qui respire à la lumière du jour aime les chants alternés, les pingouins répondirent au vieillard par les sons de leur gosier. Et leur voix se faisait douce, car ils étaient dans la saison de l'amour.

Et le saint homme, persuadé qu'ils appartenaient à quelque peuplade idolâtre et faisaient en leur langage adhésion à la foi chrétienne, les invita à recevoir le baptême.

« Je pense, leur dit-il, que vous vous baignez souvent. Car tous les creux de ces roches sont pleins d'une eau pure, et j'ai vu tantôt, en me rendant à votre assemblée, plusieurs d'entre vous plongés dans ces baignoires naturelles. Or, la pureté du corps est l'image de la pureté spirituelle. »

Et il leur enseigna l'origine, la nature et les effets du baptême.

« Le baptême, leur dit-il, est Adoption, Renaissance, Régénération, Illumination. »

Et il leur expliqua successivement chacun de ces points.

Puis, ayant béni préalablement l'eau qui tombait des cascades et récité les exorcismes, il baptisa ceux qu'il venait d'enseigner, en versant sur la tête de chacun d'eux une goutte d'eau pure et en prononçant les paroles consacrées.

Et il baptisa ainsi les oiseaux pendant trois jours et trois nuits.

VI

UNE ASSEMBLÉE AU PARADIS

Quand le baptême des pingouins fut connu dans le Paradis, il n'y causa ni joie ni tristesse, mais une extrême surprise. Le Seigneur lui-même était embarrassé. Il réunit une assemblée de clercs et de docteurs et leur demanda s'ils estimaient que ce baptême fût valable.

« Il est nul, dit saint Patrick.

— Pourquoi est-il nul? demanda saint Gal, qui avait évangélisé les Cornouailles et formé le saint homme Maël aux travaux apostoliques.

— Le sacrement du baptême, répondit saint Patrick, est nul quand il est donné à des oiseaux, comme le sacrement du mariage est nul quand il est donné à un eunuque. »

Mais saint Gal :

« Quel rapport prétendez-vous établir entre le baptême d'un oiseau et le mariage d'un eunuque? Il n'y en a point. Le mariage est, si j'ose dire, un sacrement conditionnel, éventuel. Le prêtre bénit par avance un acte; il est évident que, si l'acte n'est pas consommé, la bénédiction demeure sans effet. Cela saute aux yeux. J'ai connu sur la terre, dans la ville d'Antrim, un homme riche nommé Sadoc qui, vivant en concubinage avec une femme, la rendit mère de neuf enfants. Sur ses vieux jours, cédant à mes objurgations, il consentit à l'épouser et je bénis leur union. Malheureusement le grand âge de Sadoc l'empêcha de consommer le mariage. Peu de temps après, il perdit tous ses biens et Germaine (tel était le nom de cette femme), ne se sentant point en état de supporter l'indigence, demanda l'annulation d'un mariage qui n'avait point de réalité. Le pape accueillit sa demande, car elle était juste. Voilà pour le mariage. Mais le baptême est conféré sans restrictions ni réserves d'aucune sorte. Il n'y a point de doute : c'est un sacrement que les pingouins ont reçu. »

Appelé à donner son avis, le pape saint Damase s'exprima en ces termes :

« Pour savoir si un baptême est valable et produira ses conséquences, c'est-à-dire la sanctification, il faut considérer qui le donne et non qui le reçoit. En effet, la vertu sanctifiante de ce sacrement résulte de l'acte extérieur par lequel il est conféré, sans que le baptisé coopère à sa propre sanctification par aucun acte personnel; s'il en était autrement on ne l'administrerait point aux nouveaunés. Et il n'est besoin, pour baptiser, de remplir aucune condition particulière; il n'est pas nécessaire d'être en état de grâce; il suffit d'avoir l'intention de faire ce que fait l'Eglise, de prononcer les paroles consacrées et d'observer les formes prescrites. Or, nous ne pouvons douter que le vénérable Maël n'ait opéré dans ces conditions. Donc les pingouins sont baptisés.

— Y pensez-vous? demanda saint Guénolé. Et que croyez-vous donc que soit le baptême? Le baptême est le procédé de la régénération par lequel l'homme naît d'eau et d'esprit car, entré dans l'eau couvert de crimes, il en sort néophyte, créature nouvelle, abondante en fruits de justice, le baptême est le germe de l'immortalité; le baptême est le gage de la résurrection; le baptême est l'ensevelissement avec le Christ en sa mort et la communion à la sortie du sépulcre. Ce n'est pas un don à faire à des oiseaux. Raisonnons, mes pères. Le baptême efface le péché originel; or les pingouins n'ont pas été conçus dans le péché; il remet toutes les peines du péché; or, les pingouins n'ont pas péché; il produit la grâce et le don des vertus, unissant les chrétiens à Jésus-Christ, comme les membres au chef, et il tombe sous le sens que les pingouins ne sauraient acquérir les vertus des confesseurs, des vierges et des veuves, recevoir des grâces et s'unir à... »

Saint Damase ne le laissa point achever :

« Cela prouve, dit-il vivement, que le baptême

était inutile; cela ne prouve pas qu'il ne soit pas effectif.

— Mais à ce compte, répliqua saint Guénolé, on baptiserait au nom du Père, du Fils et de l'Esprit, par aspersion ou immersion, non seulement un oiseau ou un quadrupède, mais aussi un objet inanimé, une statue, une table, une chaise, etc. Cet animal serait chrétien; cette idole, cette table seraient chrétiennes! C'est absurde! »

Saint Augustin prit la parole. Il se fit un grand silence.

« Je vais, dit l'ardent évêque d'Hippone, vous montrer, par un exemple, la puissance des formules. Il s'agit, il est vrai, d'une opération diabolique. Mais, s'il est établi que des formules enseignées par le Diable ont de l'effet sur des animaux privés d'intelligence, ou même sur des objets inanimés, comment douter encore que l'effet des formules sacramentelles ne s'étende sur les esprits des brutes et sur la matière inerte? Voici cet exemple :

« Il y avait, de mon vivant, dans la ville de Madaura, patrie du philosophe Apulée, une magicienne à qui il suffisait de brûler sur un trépied, avec certaines herbes et en prononçant certaines paroles, quelques cheveux coupés sur la tête d'un homme pour attirer aussitôt cet homme dans son lit. Or, un jour qu'elle voulait obtenir, de cette manière, l'amour d'un jeune garçon, elle brûla, trompée par sa servante, au lieu des cheveux de cet adolescent, des poils arrachés à une outre de peau de bouc qui pendait à la boutique d'un cabaretier. Et, la nuit, l'outre pleine de vin bondit à travers la ville, jusqu'au seuil de la magicienne. Le fait est véritable. Dans les sacrements comme dans les enchantements, c'est la forme qui opère. L'effet d'une formule divine ne saurait être moindre, en force et en étendue, que l'effet d'une formule infernale. »

Ayant parlé de la sorte, le grand Augustin s'assit au milieu des applaudissements.

Un bienheureux, d'un âge avancé et d'aspect mélancolique, demanda la parole. Personne ne le connaissait. Il se nommait Probus et n'était point inscrit dans le canon des saints.

« Que la compagnie veuille m'excuser, dit-il. Je n'ai point d'auréole, et c'est sans éclat que j'ai gagné la béatitude éternelle. Mais, après ce que vient de vous dire le grand saint Augustin, je crois à propos de vous faire part d'une cruelle expérience que j'ai faite sur les conditions nécessaires à la validité d'un sacrement. L'évêque d'Hippone a bien raison de le dire : un sacrement dépend de la forme. Sa vertu est dans la forme; son vice est dans la forme. Ecoutez, confesseurs et pontifes, ma lamentable histoire. J'étais prêtre à Rome, sous le principat de l'empereur Gordien. Sans me recommander comme vous par des mérites singuliers, j'exerçais le sacerdoce avec piété. J'ai desservi pendant quarante ans l'église de Sainte-Modeste-horsles-Murs. Mes habitudes étaient régulières. Je me rendais chaque samedi auprès d'un cabaretier nommé Barjas, qui logeait avec ses amphores sous la porte Capène, et je lui achetais le vin que je consacrais chaque jour de la semaine. Je n'ai point, dans ce long espace de temps, manqué un seul matin de célébrer le très saint sacrifice de la messe. Pourtant j'étais sans joie et c'est le cœur serré d'angoisse que je demandais sur les degrés de l'autel : « Pourquoi es-tu triste, mon âme, et « pourquoi me troubles-tu? » Les fidèles que je conviais à la sainte table me donnaient des sujets d'affliction, car, ayant encore, pour ainsi dire, sur la langue l'hostie administrée par mes mains, ils retombaient dans le péché, comme si le sacrement eût été sur eux sans force et sans efficacité. J'atteignis enfin le terme de mes épreuves terrestres et, m'étant endormi dans le Seigneur, je me réveillai au séjour des élus. J'appris alors, de la bouche de l'ange qui m'avait transporté, que le cabaretier Barjas, de la porte Capène, vendait pour du vin une décoction de racines et d'écorces dans laquelle n'entrait point une seule goutte du jus de la vigne et que je n'avais pu transmuer ce vil breuvage en sang, puisque ce n'était pas du vin, et que le vin seul se change au sang de Jésus-Christ, que par conséquent toutes mes consécrations étaient nulles et que, à notre insu, nous étions, mes fidèles et moi, depuis quarante ans privés du sacrement de l'eucharistie et excommuniés de fait. A cette révélation, je fus saisi d'une stupeur qui m'accable encore aujourd'hui dans ce séjour de la béatitude. Je le parcours incessamment sur toute son étendue sans rencontrer un seul des chrétiens que j'admis autrefois à la sainte table dans la basilique de la bienheureuse Modeste.

« Privé du pain des anges, ils s'abandonnèrent sans force aux vices les plus abominables et ils sont tous allés en enfer. Je me plais à penser que le cabaretier Barjas est damné. Il y a dans ces choses une logique digne de l'auteur de toute logique. Néanmoins mon malheureux exemple prouve qu'il est parfois fâcheux que, dans les sacrements, la forme l'emporte sur le fond. Je le demande humblement : la sagesse éternelle n'y pourrait-elle remédier?

— Non, répondit le Seigneur. Le remède serait pire que le mal. Si dans les règles du salut le fond l'emportait sur la forme, ce serait la ruine du sacerdoce.

— Hélas! mon Dieu, soupira l'humble Probus, croyez-en ma triste expérience : tant que vous réduirez vos sacrements à des formules, votre justice rencontrera de terribles obstacles.

— Je le sais mieux que vous, répliqua le Seigneur. Je vois d'un même regard les problèmes actuels, qui sont difficiles, et les problèmes futurs, qui ne le seront pas moins. Ainsi, je puis vous annoncer qu'après que le soleil aura tourné encore deux cent quarante fois autour de la terre...

— Sublime langage! s'écrièrent les anges.

— Et digne du Créateur du monde, répondirent les pontifes.

— C'est, reprit le Seigneur, une façon de dire en rapport avec ma vieille cosmogonie et dont je ne me déferai pas sans qu'il en coûte à mon immutabilité...

« Après donc que le soleil aura tourné encore deux cent quarante fois autour de la terre, il ne se trouvera plus à Rome un seul clerc sachant le latin. En chantant les litanies dans les églises, on invoquera les saints Orichel, Roguel et Totichel qui sont, vous le savez, des diables et non des anges. Beaucoup de voleurs, ayant dessein de communier, mais craignant d'être obligés, pour obtenir leur pardon, d'abandonner à l'Eglise les objets dérobés, se confesseront à des prêtres errants qui, n'entendant ni l'italien ni le latin et parlant seulement le patois de leur village, iront, par les cités et les bourgs, vendre à vil prix, souvent pour une bouteille de vin, la rémission des péchés. Vraisemblablement, nous n'aurons point à nous soucier de ces absolutions auxquelles manquera la contrition pour être valables; mais il pourra bien arriver que les baptêmes nous causent encore de l'embarras. Les prêtres deviendront à ce point ignares, qu'ils baptiseront les enfants *in nomine patria et filia et spirita sancta,* comme Louis de Potter se fera un plaisir de le relater au tome III de son *Histoire philosophique, politique et critique du christianisme.* Ce sera une question ardue que de décider sur la validité de tels baptêmes; car enfin, si je m'accommode pour mes textes sacrés d'un grec moins élégant que celui de Platon et d'un latin qui ne cicéronise guère, je ne saurais admettre comme formule liturgique un pur charabia. Et l'on frémit, quand on songe qu'il sera procédé avec cette inexactitude sur des millions de nouveau-nés. Mais revenons à nos pingouins.

— Vos divines paroles, Seigneur, nous y ont déjà ramenés, dit saint Gal. Dans les signes de la religion et les règles du salut, la forme l'emporte nécessairement sur le fond, et la validité d'un sacrement dépend uniquement de sa forme. Toute la question est de savoir si oui ou non les pingouins ont été baptisés dans les formes. Or la réponse n'est pas douteuse. »

Les pères et les docteurs en tombèrent d'accord, et leur perplexité n'en devint que plus cruelle.

« L'état de chrétien, dit saint Corneille, ne va pas sans de graves inconvénients pour un pingouin. Voilà des oiseaux dans l'obligation de faire leur salut. Comment y pourront-ils réussir? Les mœurs des oiseaux sont, en bien des points, contraires aux commandements de l'Eglise. Et les pingouins n'ont pas de raison pour en changer. Je veux dire qu'ils ne sont pas assez raisonnables pour en prendre de meilleures.

— Ils ne le peuvent pas, dit le Seigneur; mes décrets les en empêchent.

— Toutefois, reprit saint Corneille, par la vertu du baptême, leurs actions cessent de demeurer indifférentes. Désormais elles seront bonnes ou mauvaises, susceptibles de mérite ou de démérite.

— C'est bien ainsi que la question se pose, dit le Seigneur.

— Je n'y vois qu'une solution, dit saint Augustin. Les pingouins iront en enfer.

— Mais ils n'ont point d'âme, fit observer saint Irénée.

— C'est fâcheux, soupira Tertullien.

— Sans doute, reprit saint Gal. Et je reconnais que le saint homme Maël, mon disciple, a, dans son zèle aveugle, créé au Saint-Esprit de grandes difficultés théologiques et porté le désordre dans l'économie des mystères.

— C'est un vieil étourdi », s'écria, en haussant les épaules, saint Adjutor d'Alsace.

Mais le Seigneur, tournant sur Adjutor un regard de reproche :

« Permettez, dit-il : le saint homme Maël n'a pas comme vous, mon bienheureux, la science infuse. Il ne me voit pas. C'est un vieillard accablé d'infirmités; il est à moitié sourd et aux trois quarts aveugle. Vous êtes trop sévère pour lui. Cependant je reconnais que la situation est embarrassante.

— Ce n'est heureusement qu'un désordre passager, dit saint Irénée. Les pingouins sont baptisés, leurs œufs ne le seront pas et le mal s'arrêtera à la génération actuelle.

— Ne parlez pas ainsi, mon fils Irénée, dit le Seigneur. Les règles que les physiciens établissent sur la terre souffrent des exceptions, parce qu'elles sont imparfaites et ne s'appliquent pas exactement à la nature. Mais les règles que j'établis sont parfaites et ne souffrent aucune exception. Il faut décider du sort des pingouins baptisés, sans enfreindre aucune loi divine et conformément au Décalogue ainsi qu'aux commandements de mon Eglise.

— Seigneur, dit saint Grégoire de Nazianze, donnez-leur une âme immortelle.

— Hélas! Seigneur, qu'en feraient-ils? soupira Lactance. Ils n'ont pas une voix harmonieuse pour chanter vos louanges. Ils ne sauraient célébrer vos mystères.

— Sans doute, dit saint Augustin, ils n'observeront pas la loi divine.

— Ils ne le pourront pas, dit le Seigneur.

— Ils ne le pourront pas, poursuivit saint Augustin. Et si, dans votre sagesse, Seigneur, vous leur infusez une âme immortelle, ils brûleront éternellement en enfer, en vertu de vos décrets adorables. Ainsi sera rétabli l'ordre auguste, troublé par ce vieux Cambrien.

— Vous me proposez, fils de Monique, une solution correcte, dit le Seigneur, et qui s'accorde avec ma sagesse. Mais elle ne contente point ma clémence. Et, bien qu'immuable par essence, à mesure que je dure, j'incline davantage à la douceur. Ce changement de caractère est sensible à qui lit mes deux Testaments. »

Comme la discussion se prolongeait sans apporter beaucoup de lumière et que les bienheureux montraient de la propension à répéter toujours la même chose, on décida de consulter sainte Catherine d'Alexandrie. C'est ce qu'on faisait ordinairement dans les cas difficiles. Sainte Catherine avait, sur la terre, confondu cinquante docteurs très savants. Elle connaissait la philosophie de Platon aussi bien que l'Ecriture Sainte et possédait la rhétorique.

VII

UNE ASSEMBLÉE AU PARADIS
(SUITE ET FIN)

Sainte Catherine se rendit dans l'assemblée, la tête ceinte d'une couronne d'émeraudes, de saphirs et de perles, et vêtue d'une robe de drap d'or. Elle portait au côté une roue flamboyante, image de celle dont les éclats avaient frappé ses persécuteurs.

Le Seigneur l'ayant invitée à parler, elle s'exprima en ces termes :

« Seigneur, pour résoudre le problème que vous daignez me soumettre, je n'étudierai pas les mœurs des animaux en général, ni celles des oiseaux en particulier. Je ferai seulement remarquer aux docteurs, confesseurs et pontifes, réunis dans cette assemblée, que la séparation entre l'homme et l'animal n'est pas complète, puisqu'il se trouve des monstres qui procèdent à la fois de l'un et de l'autre. Tels sont les chimères, moitié nymphes et moitié serpents, les trois gorgones, les capripèdes;

telles sont les scylles et les sirènes qui chantent dans la mer. Elles ont un buste de femme et une queue de poisson. Tels sont aussi les centaures, hommes jusqu'à la ceinture et chevaux pour le reste. Noble race de monstres. L'un d'eux, vous ne l'ignorez point, a su, guidé par les seules lumières de la raison, s'acheminer vers la béatitude éternelle, et vous voyez parfois sur les nuées d'or se cabrer sa poitrine héroïque. Le centaure Chiron mérita par ses travaux terrestres de partager le séjour des bienheureux : il fit l'éducation d'Achille; et ce jeune héros, au sortir des mains du centaure, vécut deux ans, habillé à la manière d'une jeune vierge, parmi les filles du roi Lycomède. Il partagea leurs jeux et leur couche sans leur laisser soupçonner un moment qu'il n'était point une jeune vierge comme elles. Chiron, qui l'avait nourri dans de si bonnes mœurs, est, avec l'empereur Trajan, le seul juste qui ait obtenu la gloire céleste en observant la loi naturelle. Et pourtant ce n'était qu'un demi-homme.

« Je crois avoir prouvé par cet exemple qu'il suffit de posséder quelques parties d'homme, à la condition toutefois qu'elles soient nobles, pour parvenir à la béatitude éternelle. Et ce que le centaure Chiron a pu obtenir sans être régénéré par le baptême, comment des pingouins ne le mériteraient-ils pas, après avoir été baptisés, s'ils devenaient demi-pingouins et demi-hommes? C'est pourquoi je vous supplie, Seigneur, de donner aux pingouins du vieillard Maël une tête et un buste humains, afin qu'ils puissent vous louer dignement, et de leur accorder une âme immortelle, mais petite. »

Ainsi parla Catherine, et les pères, les docteurs, les confesseurs, les pontifes firent entendre un murmure d'approbation.

Mais saint Antoine, ermite, se leva et, tendant vers le Très-Haut deux bras noueux et rouges :

« N'en faites rien, Seigneur mon Dieu, s'écria-t-il. Au nom de votre saint Paraclet, n'en faites rien! »

Il parlait avec une telle véhémence que sa longue barbe blanche s'agitait à son menton comme une musette vide à la bouche d'un cheval affamé.

« Seigneur, n'en faites rien. Des oiseaux à tête humaine, cela existe déjà. Sainte Catherine n'a rien imaginé de nouveau.

— L'imagination assemble et compare; elle ne crée jamais, répliqua sèchement sainte Catherine.

— ... Cela existe déjà, poursuivit saint Antoine, qui ne voulait rien entendre. Cela s'appelle les harpies, et ce sont les plus incongrus animaux de la création. Un jour que, dans le désert, je reçus à souper saint Paul, abbé, je mis la table au seuil de ma cabane, sous un vieux sycomore. Les harpies vinrent s'asseoir dans les branches; elles nous assourdirent de leurs cris aigus et fientèrent sur tous les mets. L'importunité de ces monstres m'empêcha d'entendre les enseignements de saint Paul, abbé, et nous mangeâmes de la fiente d'oiseau avec notre pain et nos laitues. Comment peut-on croire que les harpies vous loueront dignement, Seigneur?

« Certes, dans mes tentations, j'ai vu beaucoup d'êtres hybrides, non seulement des femmes serpents et des femmes poissons, mais des êtres composés avec plus d'incohérence encore, comme des hommes dont le corps était fait d'une marmite, d'une cloche, d'une horloge, d'un buffet rempli de nourriture et de vaisselle, ou même d'une maison avec des portes et des fenêtres, par lesquelles on apercevait des personnes occupées à des travaux domestiques. L'éternité ne suffirait pas s'il me fallait décrire tous les monstres qui m'ont assailli dans ma solitude, depuis les baleines gréées comme des navires jusqu'à la pluie de bestioles rouges qui changeait en sang l'eau de ma fontaine. Mais aucun n'était aussi dégoûtant que ces harpies qui brûlèrent de leurs excréments les feuilles de mon beau sycomore.

— Les harpies, fit observer Lactance, sont des monstres femelles au corps d'oiseau. Elles ont d'une femme la tête et la poitrine. Leur indiscrétion, leur impudence et leur obscénité procèdent de leur nature féminine, ainsi que l'a démontré le poète Virgile en son *Enéide*. Elles participent de la malédiction d'Eve.

— Ne parlons plus de la malédiction d'Eve, dit le Seigneur. La seconde Eve a racheté la première. »

Paul Orose, auteur d'une histoire universelle que

Bossuet devait plus tard imiter, se leva et supplia le Seigneur :

« Seigneur, entendez ma prière et celle d'Antoine. Ne fabriquez plus de monstres à la façon des centaures, des sirènes et des faunes, chers aux Grecs assembleurs de fables. Vous n'en aurez aucune satisfaction. Ces sortes de monstres ont des inclinations païennes et leur double nature ne les dispose pas à la pureté des mœurs. »

Le suave Lactance répliqua en ces termes :

« Celui qui vient de parler est assurément le meilleur historien qui soit dans le Paradis, puisqu'Hérodote, Thucydide, Polybe, Tite-Live, Velleius Paterculus, Cornélius Népos, Suétone, Manéthon, Diodore de Sicile, Dion Cassius, Lampride sont privés de la vue de Dieu et que Tacite souffre en enfer les tourments dus aux blasphémateurs. Mais il s'en faut que Paul Orose connaisse aussi bien les cieux que la terre. Car il ne songe point que les anges, qui procèdent de l'homme et de l'oiseau, sont la pureté même.

— Nous nous égarons, dit l'Eternel. Que viennent faire ici ces centaures, ces harpies et ces anges? Il s'agit de pingouins.

— Vous l'avez dit, Seigneur; il s'agit de pingouins, déclara le doyen des cinquante docteurs confondus en leur vie mortelle par la vierge d'Alexandrie, et j'ose exprimer cet avis que, pour faire cesser le scandale dont les cieux s'émeuvent, il faut, comme le propose sainte Catherine qui nous a confondus, donner aux pingouins du vieillard Maël la moitié d'un corps humain, avec une âme éternelle, proportionnée à cette moitié. »

Sur cette parole, il s'éleva dans l'assemblée un grand bruit de conversations particulières et de disputes doctorales. Les pères grecs contestaient avec les latins véhémentement sur la substance, la nature et les dimensions de l'âme qu'il convenait de donner aux pingouins.

« Confesseurs et pontifes, s'écria le Seigneur, n'imitez point les conclaves et les synodes de la terre. Et ne portez point dans l'Eglise triomphante ces violences qui troublent l'Eglise militante. Car, il n'est que trop vrai : dans tous les conciles, tenus sous l'inspiration de mon Esprit, en Europe, en Asie, en Afrique, les pères ont arraché la barbe et les yeux aux pères. Toutefois ils furent infaillibles, car j'étais avec eux. »

L'ordre étant rétabli, le vieillard Hermas se leva et prononça ces lentes paroles :

« Je vous louerai, Seigneur, de ce que vous fîtes naître Saphira, ma mère, parmi votre peuple, aux jour où la rosée du ciel rafraîchissait la terre en travail de son Sauveur. Et je vous louerai, Seigneur, de m'avoir donné de voir de mes yeux mortels les apôtres de votre divin Fils. Et je parlerai dans cette illustre assemblée parce que vous avez voulu que la vérité sortît de la bouche des humbles, et je dirai :

« Changez ces pingouins en hommes. C'est la seule
« détermination convenable à votre justice et à
« votre miséricorde. »

Plusieurs docteurs demandaient la parole; d'autres
la prenaient. Personne n'écoutait et tous les confesseurs agitaient tumultueusement leurs palmes et
leurs couronnes.

Le Seigneur, d'un geste de sa droite, apaisa les
querelles de ses élus :

« N'en délibérons plus, dit-il. L'avis ouvert par
le doux vieillard Hermas est le seul conforme à mes
desseins éternels. Ces oiseaux seront changés en
hommes. Je prévois à cela plusieurs inconvénients.
Beaucoup entre ces hommes se donneront des torts
qu'ils n'auraient pas eus comme pingouins. Certes,
leur sort, par l'effet de ce changement, sera bien
moins enviable qu'il n'eût été sans ce baptême et
cette incorporation à la famille d'Abraham. Mais il
convient que ma prescience n'entreprenne pas sur
leur libre arbitre. Afin de ne point porter atteinte
à la liberté humaine, j'ignore ce que je sais, j'épaissis sur mes yeux les voiles que j'ai percés et, dans
mon aveugle clairvoyance, je me laisse surprendre
par ce que j'ai prévu. »

Et aussitôt, appelant l'archange Raphaël :

« Va trouver, lui dit-il, le saint homme Maël;
avertis-le de sa méprise et dis-lui que, armé de mon
Nom, il change ces pingouins en hommes. »

VIII

MÉTAMORPHOSE DES PINGOUINS

L'archange, descendu dans l'île des Pingouins, trouva le saint homme endormi au creux d'un rocher, parmi ses nouveaux disciples. Il lui posa la main sur l'épaule et, l'ayant éveillé, dit d'une voix douce :

« Maël, ne crains point! »

Et le saint homme, ébloui par une vive lumière, enivré d'une odeur délicieuse, reconnut l'ange du Seigneur et se prosterna le front contre terre.

Et l'ange dit encore :

« Maël, connais ton erreur : croyant baptiser des enfants d'Adam, tu as baptisé des oiseaux; et voici que par toi des pingouins sont entrés dans l'Eglise de Dieu. »

A ces mots, le vieillard demeura stupide.

Et l'ange reprit :

« Lève-toi, Maël, arme-toi du Nom puissant du Seigneur et dis à ces oiseaux : « Soyez des hommes! »

Et le saint homme Maël, ayant pleuré et prié, s'arma du Nom puissant du Seigneur et dit aux oiseaux :

« Soyez des hommes! »

Aussitôt les pingouins se transformèrent. Leur front s'élargit et leur tête s'arrondit en dôme, comme Sainte-Marie Rotonde dans la ville de Rome. Leurs yeux ovales s'ouvrirent plus grands sur l'univers; un nez charnu habilla les deux fentes de leurs narines; leur bec se changea en bouche et de cette bouche sortit la parole; leur cou s'accourcit et grossit; leurs ailes devinrent des bras et leurs pattes des jambes; une âme inquiète habita leur poitrine.

Pourtant il leur restait quelques traces de leur première nature. Ils étaient enclins à regarder de côté; ils se balançaient sur leurs cuisses trop courtes; leur corps restait couvert d'un fin duvet.

Et Maël rendit grâce au Seigneur de ce qu'il avait incorporé ces pingouins à la famille d'Abraham.

Mais il s'affligea à la pensée que, bientôt, il quitterait cette île pour n'y plus revenir et que, loin de lui, peut-être, la foi des pingouins périrait, faute de soins, comme une plante trop jeune et trop tendre. Et il conçut l'idée de transporter leur île sur les côtes d'Armorique.

« J'ignore les desseins de la Sagesse éternelle, se dit-il. Mais, si Dieu veut que l'île soit transportée, qui pourrait empêcher qu'elle le fût? »

Et le saint homme du lin de son étole fila une corde très mince, d'une longueur de quarante pieds. Il noua un bout de cette corde autour d'une pointe de rocher qui perçait le sable de la grève et, tenant à la main l'autre bout de la corde, il entra dans l'auge de pierre.

L'auge glissa sur la mer et remorqua l'île des Pingouins. Après neuf jours de navigation, elle aborda heureusement au rivage des Bretons, amenant l'île avec elle.

LIVRE II

LES TEMPS ANCIENS

I

LES PREMIERS VOILES

Ce jour-là, saint Maël s'assit, au bord de l'océan, sur une pierre qu'il trouva brûlante. Il crut que le soleil l'avait chauffée, et il en rendit grâces au Créateur du monde, ne sachant pas que le Diable venait de s'y reposer.

L'apôtre attendait les moines d'Yvern, chargés d'amener une cargaison de tissus et de peaux, pour vêtir les habitants de l'île d'Alca.

Bientôt il vit débarquer un religieux nommé Magis, qui portait un coffre sur son dos. Ce religieux jouissait d'une grande réputation de sainteté.

Quand il se fut approché du vieillard, il posa le coffre à terre et dit, en s'essuyant le front du revers de sa manche :

« Eh bien, mon père, voulez-vous donc vêtir ces Pingouins?

— Rien n'est plus nécessaire, mon fils, répondit le vieillard. Depuis qu'ils sont incorporés à la famille d'Abraham, ces Pingouins participent de la malédiction d'Eve, et ils savent qu'ils sont nus, ce qu'ils ignoraient auparavant. Et il n'est que temps de les vêtir, car voici qu'ils perdent le duvet qui leur restait après leur métamorphose.

— Il est vrai, dit Magis, en promenant ses regards sur le rivage où l'on voyait les Pingouins occupés à pêcher la crevette, à cueillir des moules, à chanter ou à dormir; ils sont nus. Mais ne croyez-vous pas, mon père, qu'il ne vaudrait pas mieux les laisser nus? Pourquoi les vêtir? Lorsqu'ils porteront des habits et qu'ils seront soumis à la loi morale, ils en prendront un immense orgueil, une basse hypocrisie et une cruauté superflue.

— Se peut-il, mon fils, soupira le vieillard, que vous conceviez si mal les effets de la loi morale à laquelle les gentils eux-mêmes se soumettent?

— La loi morale, répliqua Magis, oblige les hommes qui sont des bêtes à vivre autrement que des bêtes, ce qui les contrarie sans doute, mais aussi les flatte et les rassure; et, comme ils sont orgueilleux, poltrons et avides de joie, ils se soumettent volontiers à des contraintes dont ils tirent vanité et sur lesquelles ils fondent et leur sécurité présente et l'espoir de leur félicité future. Tel est le principe de toute morale... Mais ne nous égarons point. Mes compagnons déchargent en cette île leur cargaison de tissus et de peaux. Songez-y, mon père, tandis qu'il en est temps encore! C'est une chose d'une grande conséquence que d'habiller les Pingouins. A présent, quand un Pingouin désire une Pingouine, il sait précisément ce qu'il désire, et ses convoitises sont bornées par une connaissance exacte de l'objet convoité. En ce moment, sur la plage, deux ou trois couples de Pingouins font l'amour au soleil. Voyez avec quelle simplicité! Personne n'y prend garde et ceux qui le font n'en semblent pas eux-mêmes excessivement occupés. Mais, quand les Pingouines seront voilées, le Pingouin ne se rendra pas un compte aussi juste de ce qui l'attire vers elles. Ses désirs indéterminés se répandront en toutes sortes de rêves et d'illusions; enfin, mon père, il connaîtra l'amour et ses folles douleurs. Et, pendant ce temps, les Pingouines, baissant les yeux et pinçant les lèvres, vous prendront des airs de garder sous leurs voiles un trésor!... Quelle pitié!

« Le mal sera tolérable tant que ces peuples resteront rudes et pauvres; mais attendez seulement un millier d'années et vous verrez de quelles armes redoutables vous aurez ceint, mon père, les filles d'Alca. Si vous le permettez, je puis vous en donner une idée par avance, J'ai quelques nippes dans cette caisse. Prenons au hasard une de ces Pingouines dont les Pingouins font si peu de cas, et habillons-la le moins mal que nous pourrons.

« En voici précisément une qui vient de notre côté. Elle n'est ni plus belle ni plus laide que les autres; elle est jeune. Personne ne la regarde. Elle chemine indolemment sur la falaise, un doigt dans le nez et se grattant le dos jusqu'au jarret. Il ne vous échappe pas, mon père, qu'elle a les épaules étroites, les seins lourds, le ventre gros et jaune, les jambes courtes. Ses genoux, qui tirent sur le rouge, grimacent à tous les pas qu'elle fait, et il semble qu'elle ait à chaque articulation des jambes une petite tête de singe. Ses pieds, épanouis et veineux, s'attachent au rocher par quatre doigts crochus, tandis que les gros orteils se dressent sur le chemin comme les têtes de deux serpents pleins de prudence. Elle se livre à la marche; tous ses muscles sont intéressés à ce travail, et, de ce que nous les voyons fonctionner à découvert, nous prenons d'elle l'idée d'une machine à marcher, plutôt que d'une machine à faire l'amour, bien qu'elle soit visiblement l'une et l'autre et contienne en elle plusieurs mécanismes encore. Eh bien, vénérable apôtre, vous allez voir ce que je vais vous en faire. »

A ces mots, le moine Magis atteint en trois bonds la femme pingouine, la soulève, l'emporte repliée sous son bras, la chevelure traînante, et la jette épouvantée aux pieds du saint homme Maël.

Et, tandis qu'elle pleure et le supplie de ne lui point faire de mal, il tire de son coffre une paire de sandales et lui ordonne de les chausser.

« Serrés dans les cordons de laine, ses pieds, fit-il observer au vieillard, en paraîtront plus petits. Les semelles, hautes de deux doigts, allongeront élégamment ses jambes et le faix qu'elles portent en sera magnifié. »

Tout en nouant ses chaussures, la Pingouine jeta sur le coffre ouvert un regard curieux, et, voyant qu'il était plein de joyaux et de parures, elle sourit dans ses larmes.

Le moine lui tordit les cheveux sur la nuque et les couronna d'un chapeau de fleurs. Il lui entoura les poignets de cercles d'or et, l'ayant fait mettre debout, il lui passa sous les seins et sur le ventre un large bandeau de lin, alléguant que la poitrine en concevrait une fierté nouvelle et que les flancs en seraient évidés pour la gloire des hanches.

Au moyen des épingles qu'il tirait une à une de sa bouche, il ajustait ce bandeau.

« Vous pouvez serrer encore », fit la Pingouine.

Quand il eut, avec beaucoup d'étude et de soins, contenu de la sorte les parties molles du buste, il revêtit tout le corps d'une tunique rose, qui en suivait mollement les lignes.

« Tombe-t-elle bien? » demanda la Pingouine.

Et, la taille fléchie, la tête de côté, le menton sur l'épaule, elle observait d'un regard attentif la façon de sa toilette.

Magis lui ayant demandé si elle ne croyait pas que la robe fût un peu longue, elle répondit avec assurance que non, qu'elle la relèverait.

Aussitôt, tirant de la main gauche sa jupe par derrière, elle la serra obliquement au-dessus des jarrets, prenant soin de découvrir à peine les talons. Puis elle s'éloigna à pas menus en balançant les hanches.

Elle ne tournait pas la tête; mais, en passant près d'un ruisseau, elle s'y mira du coin de l'œil.

Un Pingouin, qui la rencontra d'aventure, s'arrêta surpris, et, rebroussant chemin, se mit à la suivre. Comme elle longeait le rivage, des Pingouins qui revenaient de la pêche s'approchèrent d'elle et, l'ayant contemplée, marchèrent sur sa trace. Ceux qui étaient couchés sur le sable se levèrent et se joignirent aux autres.

Sans interruption, à son approche, dévalaient des sentiers de la montagne, sortaient des fentes des rochers, émergeaient du fond des eaux, de nouveaux Pingouins qui grossissaient le cortège. Et tous, hommes mûrs aux robustes épaules, à la poitrine velue, souples adolescents, vieillards secouant les plis nombreux de leur chair rose aux soies blanches, ou traînant leurs jambes plus maigres et plus sèches que le bâton de genévrier qui leur en faisait une troisième, se pressaient, haletants, et ils exhalaient une âcre odeur et des souffles rauques. Cependant, elle allait tranquille et semblait ne rien voir.

« Mon père, s'écria Magis, admirez comme ils cheminent tous le nez dardé sur le centre sphérique de cette jeune demoiselle, maintenant que ce centre est voilé de rose. La sphère inspire les méditations des géomètres par le nombre de ses propriétés;

quand elle procède de la nature physique et vivante, elle en acquiert des qualités nouvelles. Et, pour que l'intérêt de cette figure fût pleinement révélé aux Pingouins, il fallut que, cessant de la voir distinctement par leurs yeux, ils fussent amenés à se la représenter en esprit. Moi-même, je me sens à cette heure irrésistiblement entraîné vers cette Pingouine. Est-ce parce que sa jupe lui a rendu le cul essentiel, et que, le simplifiant avec magnificence, elle le revêt d'un caractère synthétique et général et n'en laisse paraître que l'idée pure, le principe divin, je ne saurais le dire; mais il me semble que, si je l'embrassais, je tiendrais dans mes mains le firmament des voluptés humaines. Il est certain que la pudeur communique aux femmes un attrait invincible. Mon trouble est tel que j'essaierais en vain de le cacher.

Il dit, et, troussant sa robe horriblement, il s'élance sur la queue des Pingouins, les presse, les culbute, les surmonte, les foule aux pieds, les écrase, atteint la fille d'Alca, la saisit à pleines mains par l'orbe rose qu'un peuple entier crible de regards et de désirs et qui soudain disparaît, aux bras du moine, dans une grotte marine.

Alors les Pingouins crurent que le soleil venait de s'éteindre. Et le saint homme Maël connut que le Diable avait pris les traits du moine Magis pour donner des voiles à la fille d'Alca. Il était troublé dans sa chair et son âme était triste. En regagnant à pas lents son ermitage, il vit de petites Pingouines de six à sept ans, la poitrine plate et les cuisses creuses, qui s'étaient fait des ceintures d'algues et de goémons et parcouraient la plage en regardant si les hommes ne les suivaient pas.

II

LES PREMIERS VOILES

(SUITE ET FIN)

Le saint homme Maël ressentait une profonde affliction de ce que les premiers voiles mis à une fille d'Alca eussent trahi la pudeur pingouine, loin de la servir. Il n'en persista pas moins dans son dessein de donner des vêtements aux habitants de l'île miraculeuse. Les ayant convoqués sur le rivage, il leur distribua les habits que les religieux d'Yvern avaient apportés. Les Pingouins reçurent des tuniques courtes et des braies, les Pingouines des robes longues. Mais il s'en fallut de beaucoup que ces robes fissent l'effet que la première avait produit. Elles n'étaient pas aussi belles, la façon en était rude et sans art, et l'on n'y faisait plus attention puisque toutes les femmes en portaient. Comme elles préparaient les repas et travaillaient aux champs, elles n'eurent bientôt plus que des corsages crasseux et des cotillons sordides. Les Pingouins accablaient de travail leurs malheureuses compagnes, qui ressemblaient à des bêtes de somme. Ils ignoraient les troubles du cœur et le désordre des passions. Leurs mœurs étaient innocentes. L'inceste, très fréquent, y revêtait une simplicité rustique, et, si l'ivresse portait un jeune garçon à violer son aïeule, le lendemain, il n'y songeait plus.

III

LE BORNAGE DES CHAMPS
ET L'ORIGINE DE LA PROPRIÉTÉ

L'île ne gardait point son âpre aspect d'autrefois, lorsque, au milieu des glaces flottantes, elle abritait dans un ampithéâtre de rochers un peuple d'oiseaux. Son pic neigeux s'était affaissé et il n'en subsistait plus qu'une colline, du haut de laquelle on découvrait les rivages d'Armorique, couverts d'une brume éternelle, et l'océan semé de sombres écueils, semblables à des monstres à demi soulevés sur l'abîme.

Ses côtes étaient maintenant très étendues et profondément découpées, et sa figure rappelait la feuille de mûrier. Elle se couvrit soudain d'une herbe salée, agréable aux troupeaux, de saules, de figuiers antiques et de chênes augustes. Le fait est attesté par Bède le Vénérable et plusieurs autres auteurs dignes de foi.

Au nord, le rivage formait une baie profonde,

qui devint par la suite un des plus illustres ports de l'univers. A l'est, au long d'une côte rocheuse battue par une mer écumante, s'étendait une lande déserte et parfumée. C'était le rivage des Ombres, où les habitants de l'île ne s'aventuraient jamais, par crainte des serpents nichés dans le creux des rochers et de peur d'y rencontrer les âmes des morts, semblables à des flammes livides. Au sud, des vergers et des bois bordaient la baie tiède des Plongeons. Sur ce rivage fortuné le vieillard Maël construisit une église et un moustier de bois. A l'ouest, deux ruisseaux, le Clange et la Surelle, arrosaient les vallées fertiles des Dalles et des Dombes.

Or, un matin d'automne, le bienheureux Maël, qui se promenait dans la vallée du Clange en compagnie d'un religieux d'Yvern, nommé Bulloch, vit passer par les chemins des troupes d'hommes farouches, chargés de pierres. En même temps, il entendit de toutes parts des cris et des plaintes monter de la vallée vers le ciel tranquille.

Et il dit à Bulloch :

« J'observe avec tristesse, mon fils, que les habitants de cette île, depuis qu'ils sont devenus des hommes, agissent avec moins de sagesse qu'auparavant. Lorsqu'ils étaient oiseaux, ils ne se querellaient que dans la saison des amours. Et maintenant ils se disputent en tous les temps; ils se cherchent noise été comme hiver. Combien ils sont déchus de cette majesté paisible qui, répandue sur l'assemblée des pingouins, la rendait semblable au sénat d'une sage république!

« Regarde, mon fils Bulloch, du côté de la Surelle. Il se trouve précisément dans la fraîche vallée une douzaine d'hommes pingouins, occupés à s'assommer les uns les autres avec des bêches et des pioches dont il vaudrait mieux qu'ils travaillassent la terre. Cependant, plus cruelles que les hommes, les femmes déchirent de leurs ongles le visage de leurs ennemis. Hélas! mon fils Bulloch, pourquoi se massacrent-ils ainsi?

— Par esprit d'association, mon père, et prévision de l'avenir, répondit Bulloch. Car l'homme est par essence prévoyant et sociable. Tel est son caractère. Il ne peut se concevoir sans une certaine appropriation des choses. Ces Pingouins que vous voyez, ô maître, s'approprient des terres.

— Ne pourraient-ils se les approprier avec moins de violence? demanda le vieillard. Tout en combattant, ils échangent des invectives et des menaces. Je ne distingue pas leurs paroles. Elles sont irritées, à en juger par le ton.

— Ils s'accusent réciproquement de vol et d'usurpation, répondit Bulloch. Tel est le sens général de leurs discours. »

A ce moment, le saint homme Maël, joignant les mains, poussa un grand soupir :

« Ne voyez-vous pas, mon fils, s'écria-t-il, ce

furieux qui coupe avec ses dents le nez de son adversaire terrassé, et cet autre qui broie la tête d'une femme sous une pierre énorme?

— Je les vois, répondit Bulloch. Ils créent le droit; ils fondent la propriété; ils établissent les principes de la civilisation, les bases des sociétés et les assises de l'Etat.

— Comment cela? demanda le vieillard Maël.

— En bornant leurs champs. C'est l'origine de toute police. Vos Pingouins, ô maître, accomplissent la plus auguste des fonctions. Leur œuvre sera consacrée à travers les siècles par les légistes, protégée et confirmée par les magistrats. »

Tandis que le moine Bulloch prononçait ces paroles, un grand Pingouin à la peau blanche, au poil roux, descendait dans la vallée, un tronc d'arbre sur l'épaule. S'approchant d'un petit Pingouin, tout brûlé du soleil, qui arrosait ses laitues, il lui cria :

« Ton champ est à moi! »

Et, ayant prononcé cette parole puissante, il abattit sa massue sur la tête du petit Pingouin, qui tomba mort sur la terre cultivée par ses mains.

A ce spectacle, le saint homme Maël frémit de tout son corps et versa des larmes abondantes.

Et, d'une voix étouffée par l'horreur et la crainte, il adressa au Ciel cette prière :

« Mon Dieu, mon Seigneur, ô toi qui reçus les sacrifices du jeune Abel, toi qui maudis Caïn, venge, Seigneur, cet innocent Pingouin, immolé sur son champ, et fais sentir au meurtrier le poids de ton bras. Est-il crime plus odieux, est-il plus grave offense à ta justice, ô Seigneur, que ce meurtre et ce vol?

— Prenez garde, mon père, dit Bulloch avec douceur, que ce que vous appelez le meurtre et le vol est en effet la guerre et la conquête, fondements sacrés des empires et sources de toutes les vertus et de toutes les grandeurs humaines. Considérez surtout qu'en blâmant le grand Pingouin, vous attaquez la propriété dans son origine et son principe. Je n'aurai pas de peine à vous le démontrer. Cultiver la terre est une chose, posséder la terre en est une autre. Et ces deux choses ne doivent pas être confondues. En matière de propriété, le droit du premier occupant est incertain et mal assis. Le droit de conquête, au contraire, repose sur des fondements solides. Il est le seul respectable parce qu'il est le seul qui se fasse respecter. La propriété a pour unique et glorieuse origine la force. Elle naît et se conserve par la force. En cela elle est auguste et ne cède qu'à une force plus grande. C'est pourquoi il est juste de dire que quiconque possède est noble. Et ce grand homme roux, en assommant un laboureur pour lui prendre son champ, vient de fonder à l'instant une très noble maison sur cette terre. Je veux l'en féliciter. »

Ayant ainsi parlé, Bulloch s'approcha du grand

Pingouin qui, debout au bord du sillon ensanglanté, s'appuyait sur sa massue.

Et, s'étant incliné jusqu'à terre :

« Seigneur Greatauk, prince très redouté, lui dit-il, je viens vous rendre hommage, comme au fondateur d'une puissance légitime et d'une richesse héréditaire. Enfoui dans votre champ, le crâne du vil Pingouin que vous avez abattu attestera à jamais les droits sacrés de votre postérité sur cette terre anoblie par vous. Heureux vos fils et les fils de vos fils! Ils seront Greatauk, ducs du Skull, et ils domineront sur l'île d'Alca. »

Puis, élevant la voix, et se tournant vers le saint vieillard Maël :

« Mon père, bénissez Greatauk. Car toute puissance vient de Dieu. »

Maël restait immobile et muet, les yeux levés vers le ciel : il éprouvait une incertitude douloureuse à juger la doctrine du moine Bulloch. C'est pourtant cette doctrine qui devait prévaloir aux époques de haute civilisation. Bulloch peut être considéré comme le créateur du droit civil en Pingouinie.

IV

LA PREMIÈRE ASSEMBLÉE DES ÉTATS DE PINGOUINIE

« Mon fils Bulloch, dit le vieillard Maël, nous devons faire le dénombrement des Pingouins et inscrire le nom de chacun d'eux dans un livre.

— Rien n'est plus urgent, répondit Bulloch; il ne peut y avoir de bonne police sans cela. »

Aussitôt, l'apôtre, avec le concours de douze religieux, fit procéder au recensement du peuple.

Et le vieillard Maël dit ensuite :

« Maintenant que nous tenons registre de tous les habitants, il convient, mon fils Bulloch, de lever un impôt équitable, afin de subvenir aux dépenses publiques et à l'entretien de l'abbaye. Chacun doit contribuer selon ses moyens. C'est pourquoi, mon fils, convoquez les Anciens d'Alca, et d'accord avec eux nous établirons l'impôt. »

Les Anciens, ayant été convoqués, se réunirent, au

nombre de trente, dans la cour du moustier de bois sous le grand sycomore. Ce furent les premiers Etats de Pingouinie. Ils étaient formés aux trois quarts des gros paysans de la Surelle et du Clange. Greatauk, comme le plus noble des Pingouins, s'assit sur la plus haute pierre.

Le vénérable Maël prit place au milieu de ses religieux et prononça ces paroles :

« Enfants, le Seigneur donne, quand il lui plaît, les richesses aux hommes et les leur retire. Or, je vous ai rassemblés pour lever sur le peuple des contributions afin de subvenir aux dépenses publiques et à l'entretien des religieux. J'estime que ces contributions doivent être en proportion de la richesse de chacun. Donc celui qui a cent bœufs en donnera dix; celui qui en a dix en donnera un. »

Quand le saint homme eut parlé, Morio, laboureur à Anis-sur-Clange, un des plus riches hommes parmi les Pingouins, se leva et dit :

« O Maël, ô mon père, j'estime qu'il est juste que chacun contribue aux dépenses publiques et aux frais de l'Eglise. Pour ce qui est de moi, je suis prêt à me dépouiller de tout ce que je possède, dans l'intérêt de mes frères pingouins et, s'il le fallait, je donnerais de grand cœur jusqu'à ma chemise. Tous les Anciens du peuple sont disposés, comme moi, à faire le sacrifice de leurs biens; et l'on ne saurait douter de leur dévouement absolu au pays et à la religion. Il faut donc considérer uniquement l'intérêt public et faire ce qu'il commande. Or, ce qu'il commande, ô mon père, ce qu'il exige, c'est de ne pas beaucoup demander à ceux qui possèdent beaucoup; car alors les riches seraient moins riches et les pauvres plus pauvres. Les pauvres vivent du bien des riches; c'est pourquoi ce bien est sacré. N'y touchez pas : ce serait méchanceté gratuite. A prendre aux riches, vous ne retireriez pas grand profit, car ils ne sont guère nombreux; et vous vous priveriez, au contraire, de toutes ressources, en plongeant le pays dans la misère. Tandis que, si vous demandez un peu d'aide à chaque habitant, sans égard à son bien, vous recueillerez assez pour les besoins publics, et vous n'aurez pas à vous enquérir de ce que possèdent les citoyens, qui regarderaient toute recherche de cette nature comme une odieuse vexation. En chargeant tout le monde également et légèrement, vous épargnerez les pauvres, puisque vous leur laisserez le bien des riches. Et comment serait-il possible de proportionner l'impôt à la richesse? Hier j'avais deux cents bœufs; aujourd'hui j'en ai soixante, demain j'en aurai cent. Clunic a trois vaches, mais elles sont maigres; Nicclu n'en a que deux, mais elles sont grasses. De Clunic ou de Nicclu, quel est le plus riche? Les signes de l'opulence sont trompeurs. Ce qui est certain, c'est que tout le monde boit et mange. Imposez les gens d'après ce qu'ils consomment. Ce sera la sagesse et ce sera la justice. »

Ainsi parla Morio, aux applaudissements des Anciens.

« Je demande qu'on grave ce discours sur des tables d'airain, s'écria le moine Bulloch. Il est dicté pour l'avenir; dans quinze cents ans, les meilleurs entre les Pingouins ne parleront pas autrement. »

Les Anciens applaudissaient encore, lorsque Greatauk, la main sur le pommeau de l'épée, fit cette brève déclaration :

« Etant noble, je ne contribuerai pas; car contribuer est ignoble. C'est à la canaille à payer. »

Sur cet avis, les Anciens se séparèrent en silence.

Ainsi qu'à Rome, il fut procédé au cens tous les cinq ans; et l'on s'aperçut, par ce moyen, que la population s'accroissait rapidement. Bien que les enfants y mourussent en merveilleuse abondance et que les famines et les pestes vinssent avec une parfaite régularité dépeupler des villages entiers, de nouveaux Pingouins, toujours plus nombreux, contribuaient par leur misère privée à la prospérité publique.

V

LES NOCES DE KRAKEN ET D'ORBEROSE

En ce temps-là, vivait dans l'île d'Alca un homme pingouin dont le bras était robuste et l'esprit subtil. Il se nommait Kraken et avait sa demeure sur le rivage des Ombres, où les habitants de l'île ne s'aventuraient jamais, par crainte des serpents nichés aux creux des roches et de peur d'y rencontrer les âmes des Pingouins morts sans baptême qui, semblables à des flammes livides et traînant de longs gémissements, erraient, la nuit, sur le rivage désolé. Car on croyait communément, mais sans preuves, que, parmi les Pingouins changés en homme à la prière du bienheureux Maël, plusieurs n'avaient pas reçu le baptême et revenaient après leur mort pleurer dans la tempête. Kraken habitait sur la côte sauvage une caverne inaccessible. On n'y pénétrait que par un souterrain naturel de cent pieds de long dont un bois épais cachait l'entrée.

Or, un soir que Kraken cheminait à travers la

campagne déserte, il rencontra, par hasard, une jeune Pingouine, pleine de grâce. C'était celle-là même que, naguère, le moine Magis avait habillée de sa main, et qui la première avait porté des voiles pudiques. En souvenir du jour où la foule émerveillée des Pingouins l'avait vue fuir glorieusement dans sa robe couleur d'aurore, cette vierge avait reçut le nom d'Orberose [1].

A la vue de Kraken, elle poussa un cri d'épouvante et s'élança pour lui échapper. Mais le héros la saisit par les voiles qui flottaient derrière elle et lui adressa ces paroles :

« Vierge, dis-moi ton nom, ta famille, ton pays. »

Cependant Orberose regardait Kraken avec épouvante.

« Est-ce vous que je vois, seigneur, lui demanda-t-elle en tremblant, ou n'est-ce pas plutôt votre âme indignée? »

Elle parlait ainsi parce que les habitants d'Alca, n'ayant plus de nouvelles de Kraken depuis qu'il habitait le rivage des Ombres, le croyaient mort et descendu parmi les démons de la nuit.

« Cesse de craindre, fille d'Alca, répondit Kraken. Car celui qui te parle n'est pas une âme errante, mais un homme plein de force et de puissance. Je posséderai bientôt de grandes richesses. »

Et la jeune Orberose demanda :

[1]. « Orbe, *poétique*, globe, en parlant des corps célestes. Par extension toute espèce de corps globuleux. » (Littré.)

« Comment penses-tu acquérir de grandes richesses, ô Kraken, étant fils des Pingouins?

— Par mon intelligence, répondit Kraken.

— Je sais, fit Orberose, que, du temps que tu habitais parmi nous, tu étais renommé pour ton adresse à la chasse et à la pêche. Personne ne t'égalait dans l'art de prendre le poisson dans un filet ou de percer de flèches les oiseaux rapides.

— Ce n'était là qu'une industrie vulgaire et laborieuse, ô jeune fille. J'ai trouvé le moyen de me procurer sans fatigue de grands biens. Mais, dis-moi qui tu es.

— Je me nomme Orberose, répondit la jeune fille.

— Comment te trouvais-tu si loin de ta demeure, dans la nuit?

— Kraken, ce ne fut pas sans sans la volonté du Ciel.

— Que veux-tu dire, Orberose?

— Que le Ciel, ô Kraken, me mit sur ton chemin, j'ignore pour quelle raison. »

Kraken la contempla longtemps dans un sombre silence.

Puis il lui dit avec douceur :

« Orberose, viens dans ma maison, c'est celle du plus ingénieux et du plus brave entre les fils des Pingouins. Si tu consens à me suivre, je ferai de toi ma compagne. »

Alors, baissant les yeux, elle murmura :

« Je vous suivrai, seigneur. »

C'est ainsi que la belle Orberose devint la compagne du héros Kraken. Cet hymen ne fut point célébré par des chants et des flambeaux, parce que Kraken ne consentait point à se montrer au peuple des Pingouins; mais, caché dans sa caverne, il formait de grands desseins.

VI

LE DRAGON D'ALCA

> « Nous allâmes ensuite visiter le cabinet d'histoire naturelle... L'administrateur nous montra une espèce de paquet empaillé qu'il nous dit renfermer le squelette d'un dragon : preuve, ajouta-t-il, que le dragon n'est pas un animal fabuleux. »
> (*Mémoires de Jacques Casanova*, Paris, 1843, t. IV, pp. 404, 405.)

CEPENDANT les habitants d'Alca exerçaient les travaux de la paix. Ceux de la côte septentrionale allaient dans des barques pêcher les poissons et les coquillages. Les laboureurs des Dombes cultivaient l'avoine, le seigle et le froment. Les riches Pingouins de la vallées des Dalles élevaient des animaux domestiques et ceux de la baie des Plongeons cultivaient leurs vergers. Des marchands de Port-Alca faisaient avec l'Armorique le commerce des poissons salés. Et l'or des deux Bretagnes, qui commençait à s'introduire dans l'île, y facilitait les échanges. Le peuple pingouin jouissait dans une tranquillité profonde du fruit de son travail quand, tout à coup, une rumeur sinistre courut de village en village. On apprit partout à la fois qu'un dragon affreux avait ravagé deux fermes dans la baie des Plongeons.

Peu de jours auparavant la vierge Orberose avait disparu. On ne s'était pas inquiété tout de suite de son absence parce qu'elle avait été enlevée plusieurs fois par des hommes violents et pleins d'amour. Et les sages ne s'en étonnaient pas, considérant que cette vierge était la plus belle des Pingouines. On remarquait même qu'elle allait parfois au-devant de ses ravisseurs, car nul ne peut échapper à sa destinée. Mais cette fois, ne la voyant point revenir, on craignit que le dragon ne l'eût dévorée.

Aussi bien les habitants de la vallée des Dalles s'aperçurent bientôt que ce dragon n'était pas une fable contée par des femmes autour des fontaines. Car, une nuit, le monstre dévora dans le village d'Anis six poules, un mouton et un jeune enfant orphelin nommé le petit Elo. Des animaux et de l'enfant on ne retrouva rien le lendemain matin.

Aussitôt les Anciens du village s'assemblèrent sur la place publique et siégèrent sur le banc de pierre pour aviser à ce qu'il était expédient de faire en ces terribles circonstances.

Et, ayant appelé tous ceux des Pingouins qui

avaient vu le dragon durant la nuit sinistre, ils leur demandèrent :

« N'avez-vous point observé sa forme et ses habitudes? »

Et chacun répondit à son tour :

« Il a des griffes de lion, des ailes d'aigle et la queue d'un serpent.

— Son dos est hérissé de crêtes épineuses.

— Tout son corps est couvert d'écailles jaunissantes.

— Son regard fascine et foudroie. Il vomit des flammes.

— Il empeste l'air de son haleine.

— Il a une tête de dragon, des griffes de lion, une queue de poisson. »

Et une femme d'Anis, qui passait pour saine d'esprit et de bon jugement et à qui le dragon avait pris trois poules, déposa comme il suit :

« Il est fait comme un homme. A preuve que j'ai cru que c'était mon homme et que je lui ai dit : « Viens donc te coucher, grosse bête. »

D'autres disaient :

« Il est fait comme un nuage.

— Il ressemble à une montagne. »

Et un jeune enfin vint et dit :

« Le dragon, je l'ai vu qui ôtait sa tête dans la grange pour donner un baiser à ma sœur Minnie. »

Et les Anciens demandèrent encore aux habitants :

« Comment le dragon est-il grand? »

Et il leur fut répondu :

« Grand comme un bœuf.

— Comme les grands navires de commerce des Bretons.

— Il est de la taille d'un homme.

— Il est plus haut que le figuier sous lequel vous êtes assis.

— Il est gros comme un chien. »

Interrogés enfin sur sa couleur, les habitants dirent :

« Rouge.

— Verte.

— Bleue.

— Jaune.

— Il a la tête d'un beau vert; les ailes sont orangé vif, lavé de rose, les bords d'un gris d'argent; la croupe et la queue rayées de bandes brunes et roses, le ventre jaune vif, moucheté de noir.

— Sa couleur? Il n'a pas de couleur.

— Il est couleur de dragon. »

Après avoir entendu ces témoignages, les Anciens demeurèrent incertains sur ce qu'il y avait à faire. Les uns proposaient d'épier le dragon, de le surprendre et de l'accabler d'une multitude de flèches. D'autres, considérant qu'il était vain de s'opposer par la force à un monstre si puissant, conseillaient de l'apaiser par des offrandes.

« Payons-lui le tribut, dit l'un d'eux qui passait

pour sage. Nous pourrons nous le rendre propice en lui faisant des présents agréables, des fruits, du vin, des agneaux, une jeune vierge. »

D'autres enfin étaient d'avis d'empoisonner les fontaines où il avait coutume de boire ou de l'enfumer dans sa caverne.

Mais aucun de ces avis ne prévalut. On discuta longuement et les Anciens se séparèrent sans avoir pris aucune résolution.

VII

LE DRAGON D'ALCA
(SUITE)

Durant tout le mois dédié par les Romains à leur faux dieu Mars ou Mavors, le dragon ravagea les fermes des Dalles et des Dombes, enleva cinquante moutons, douze porcs et trois jeunes garçons. Toutes les familles étaient en deuil et l'île se remplissait de lamentations. Pour conjurer le fléau, les Anciens des malheureux villages qu'arrosent le Clange et la Surelle résolurent de se réunir et d'aller ensemble demander secours au bienheureux Maël.

Le cinquième jour du mois dont le nom, chez les Latins, signifie ouverture, parce qu'il ouvre l'année, ils se rendirent en procession au moustier de bois qui s'élevait sur la côte méridionale de l'île. Introduits dans le cloître, ils firent entendre des sanglots et des gémissements. Emu de leurs plaintes, le vieillard Maël, quittant la salle où il se livrait à l'étude de l'astronomie et à la méditation des Ecritures, descendit vers eux, appuyé sur son bâton pastoral. A sa venue les Anciens prosternés tendirent des rameaux verts. Et plusieurs d'entre eux brûlèrent des herbes aromatiques.

Et le saint homme, s'étant assis près de la fontaine claustrale, sous un figuier antique, prononça ces paroles :

« O mes fils, postérité des Pingouins, pourquoi pleurez-vous et gémissez-vous? Pourquoi tendez-vous vers moi ces rameaux suppliants? Pourquoi faites-vous monter vers le ciel la fumée des aromates? Attendez-vous que je détourne de vos têtes quelque calamité? Pourquoi m'implorez-vous? je suis prêt à donner ma vie pour vous. Dites seulement ce que vous espérez de votre père. »

A ces questions le premier des Anciens répondit :

« Père des enfants d'Alca, ô Maël, je parlerai pour tous. Un dragon très horrible ravage nos champs, dépeuple nos étables et ravit dans son antre la fleur de notre jeunesse. Il a dévoré l'enfant Elo et sept jeunes garçons; il a broyé entre ses dents affamées la vierge Orberose, la plus belle des Pingouines. Il n'est point de village où il ne souffle son haleine empoisonnée et qu'il ne remplisse de désolation.

« En proie à ce fléau redoutable, nous venons, ô Maël, te prier, comme le plus sage, d'aviser au salut des habitants de cette île, de peur que la race antique des Pingouins ne s'éteigne.

— O le premier des Anciens d'Alca, répliqua Maël, ton discours me plonge dans une profonde affliction, et je gémis à la pensée que cette île est en proie aux fureurs d'un dragon épouvantable. Un tel fait n'est pas unique, et l'on trouve dans les livres plusieurs histoires de dragons très féroces. Ces monstres se rencontrent principalement dans les cavernes, aux bords des eaux et de préférence chez les peuples païens. Il se pourrait que plusieurs d'entre vous, bien qu'ayant reçu le saint baptême, et tout incorporés qu'ils sont à la famille d'Abraham, aient adoré des idoles, comme les anciens Romains, ou suspendu des images, des tablettes votives, des bandelettes de laine et des guirlandes de fleurs aux branches de quelque arbre sacré. Ou bien encore les Pingouines ont dansé autour d'une pierre magique et bu l'eau des fontaines habitées par les nymphes. S'il en était ainsi, je croirais que le Seigneur a envoyé ce dragon pour punir sur tous les crimes de quelques-uns et afin de vous induire, ô fils des Pingouins, à exterminer du milieu de vous le blasphème, la superstition et l'impiété. C'est pourquoi je vous indiquerai comme remède au grand mal dont vous souffrez de rechercher soigneusement l'idolâtrie dans vos demeures et de l'en extirper. J'estime qu'il sera efficace aussi de prier et de faire pénitence. »

Ainsi parla le saint vieillard Maël. Et les Anciens du peuple pingouin, lui ayant baisé les pieds, retournèrent dans leurs villages avec une meilleure espérance.

VIII

LE DRAGON D'ALCA
(SUITE)

Suivant les conseils du saint homme Maël, les habitants d'Alca s'efforcèrent d'extirper les superstitions qui avaient germé parmi eux. Ils veillèrent à ce que les filles n'allassent plus danser autour de l'arbre des fées, en prononçant des incantations. Ils défendirent sévèrement aux jeunes mères de frotter leurs nourrissons, pour les rendre forts, aux pierres dressées dans les campagnes. Un vieillard des Dombes, qui annonçait l'avenir en secouant des grains d'orge sur un tamis, fut jeté dans un puits.

Cependant, le monstre continuait à ravager chaque nuit les basses-cours et les étables. Les paysans épouvantés se barricadaient dans leurs maisons. Une femme enceinte qui, par une lucarne, vit au clair de lune l'ombre du dragon sur le chemin bleu, en fut si épouvantée qu'elle accoucha incontinent avant terme.

En ces jours d'épreuve, le saint homme Maël méditait sans cesse sur la nature des dragons et sur les moyens de les combattre. Après six mois d'études et de prières, il lui parut bien avoir trouvé ce qu'il cherchait. Un soir, comme il se promenait sur le rivage de la mer, en compagnie d'un jeune religieux nommé Samuel, il lui exprima sa pensée en ces termes :

« J'ai longuement étudié l'histoire et les mœurs des dragons, non pour satisfaire une vaine curiosité, mais afin d'y découvrir des exemples à suivre dans les conjonctures présentes. Et telle est, mon fils Samuel, l'utilité de l'histoire.

« C'est un fait constant que les dragons sont d'une vigilance extrême. Ils ne dorment jamais. Aussi les voit-on souvent employés à garder des trésors. Un dragon gardait à Colchis la toison d'or que Jason conquit sur lui. Un dragon veillait sur les pommes d'or du jardin des Hespérides. Il fut tué par Hercule et transformé par Junon en une étoile du ciel. Le fait est rapporté dans des livres; s'il est véritable, il se produisit par magie, car les dieux des païens sont en réalité des diables. Un dragon défendait aux hommes rudes et ignorants de boire à la fontaine de Castalie. Il faut se rappeler aussi le dragon d'Andromède, qui fut tué par Persée.

« Mais quittons les fables des païens, où l'erreur est mêlée sans cesse à la vérité. Nous rencontrons des dragons dans les histoires du glorieux archange Michel, des saints Georges, Philippe, Jacques le Majeur et Patrice, des saintes Marthe et Marguerite. Et c'est en de tels récits, dignes de toute créance, que nous devons chercher réconfort et conseil.

« L'histoire du dragon de Silène nous offre notamment de précieux exemples. Il faut que vous sachiez, mon fils, que, au bord d'un vaste étang, voisin de cette ville, habitait un dragon effroyable qui s'approchait parfois des murailles et empoisonnait de son haleine tous ceux qui séjournaient dans les faubourgs. Et, pour n'être point dévorés par le monstre, les habitants de Silène lui livraient chaque matin un des leurs. On tirait la victime au sort. Le sort, après cent autres, désigna la fille du roi.

« Or, saint Georges, qui était tribun militaire, passant par la ville de Silène, apprit que la fille du roi venait d'être conduite à l'animal féroce. Aussitôt, il remonta sur son cheval et, s'armant de sa lance, courut à la rencontre du dragon, qu'il atteignit au moment où le monstre allait dévorer la vierge royale. Et, quand saint Georges eut terrassé le dragon, la fille du roi noua sa ceinture autour du cou de la bête, qui la suivit comme un chien qu'on mène en laisse.

« Cela nous est un exemple du pouvoir des vierges sur les dragons. L'histoire de sainte Marthe nous en fournit une preuve plus certaine encore. Connaissez-vous cette histoire, mon fils Samuel?

— Oui, mon père », répondit Samuel.

Et le bienheureux Maël poursuivit :

« Il y avait, dans une forêt, sur les bords du Rhône, entre Arles et Avignon, un dragon mi-quadrupède et mi-poisson, plus gros qu'un bœuf, avec des dents aiguës comme des cornes et de grandes ailes aux épaules. Il coulait les bateaux et dévorait les passagers. Or, sainte Marthe, à la prière du peuple, alla vers ce dragon, qu'elle trouva occupé à dévorer un homme; elle lui passa sa ceinture autour du cou et le conduisit facilement à la ville.

« Ces deux exemples m'induisent à penser qu'il convient de recourir au pouvoir de quelque vierge pour vaincre le dragon qui sème l'épouvante et la mort dans l'île d'Alca.

« C'est pourquoi, mon fils Samuel, ceins tes reins et va, je te prie, avec deux de tes compagnons, dans tous les villages de cette île, et publie partout qu'une vierge pourra seule délivrer l'île du monstre qui la dépeuple.

« Tu chanteras des cantiques et des psaumes, et tu diras :

« — O fils des Pingouins, s'il est parmi vous
« une vierge très pure, qu'elle se lève et que, armée
« du signe de la croix, elle aille combattre le
« dragon! »

Ainsi parla le vieillard, et le jeune Samuel promit d'obéir. Dès le lendemain, il ceignit ses reins et partit avec deux de ses compagnons pour annoncer aux habitants d'Alca qu'une vierge était seule capable de délivrer les Pingouins des fureurs du dragon.

IX

LE DRAGON D'ALCA
(SUITE)

Orberose aimait son époux, mais elle n'aimait pas que lui. A l'heure où Vénus s'allume dans le ciel pâle, tandis que Kraken allait répandant l'effroi sur les villages, elle visitait, en sa maison roulante, un jeune berger des Dalles, nommé Marcel, dont la forme gracieuse enveloppait une infatigable vigueur. La belle Orberose partageait avec délices la couche aromatique du pasteur. Mais, loin de se faire connaître à lui pour ce qu'elle était, elle se donnait le nom de Brigide et se disait la fille d'un jardinier de la baie des Plongeons. Lorsque, échappée à regret de ses bras, elle cheminait, à travers les prairies fumantes, vers le rivage des Ombres, si d'aventure elle rencontrait quelque paysan attardé, aussitôt elle déployait ses voiles comme de grandes ailes et s'écriait :

« Passant, baisse les yeux, pour n'avoir point

à dire : « Hélas! hélas! malheur à moi, car j'ai vu « l'ange du Seigneur. »

Le villageois tremblant s'agenouillait le front contre terre. Et plusieurs disaient, dans l'île, que, la nuit, sur les chemins passaient des anges et qu'on mourait pour les avoir vus.

Kraken ignorait les amours d'Orberose et de Marcel, car il était un héros, et les héros ne pénètrent jamais les secrets de leurs femmes. Mais, tout en ignorant ces amours, Kraken en goûtait les précieux avantages. Il retrouvait chaque nuit sa compagne plus souriante et plus belle, respirant, exhalant la volupté et parfumant le lit conjugal d'une odeur délicieuse de fenouil et de verveine. Elle aimait Kraken d'un amour qui ne devenait jamais importun ni soucieux, parce qu'elle ne l'appesantissait pas sur lui seul.

Et l'heureuse infidélité d'Orberose devait bientôt sauver le héros d'un grand péril et assurer à jamais sa fortune et sa gloire. Car, ayant vu passer dans le crépuscule un bouvier de Belmont, qui piquait ses bœufs, elle se prit à l'aimer plus qu'elle n'avait jamais aimé le berger Marcel. Il était bossu, ses épaules lui montaient par-dessus les oreilles; son corps se balançait sur des jambes inégales; ses yeux torves roulaient des lueurs fauves sous des cheveux en broussailles. De son gosier sortaient une voix rauque et des rires stridents; il sentait l'étable. Cependant il lui était beau. « Tel, comme dit

Gnathon, a aimé une plante, tel autre un fleuve, tel autre une bête. »

Or, un jour que, dans un grenier du village, elle soupirait étendue et détendue entre les bras du bouvier, soudain des sons de trompe, des rumeurs, des bruits de pas, surprirent ses oreilles; elle regarda par la lucarne et vit les habitants assemblés sur la place du marché, autour d'un jeune religieux qui, monté sur une pierre, prononça d'une voix claire ces paroles :

« Habitants de Belmont, l'abbé Maël, notre père vénéré, vous mande par ma bouche que ni la force des bras ni la puissance des armes ne prévaudra contre le dragon; mais la bête sera surmontée par une vierge. Si donc il se trouve parmi vous une vierge très nette et tout à fait intacte, qu'elle se lève et qu'elle aille au-devant du monstre; et quand elle l'aura rencontré, elle lui passera sa ceinture autour du col et le conduira aussi facilement que si c'était un petit chien. »

Et le jeune religieux, ayant relevé sa cucule sur sa tête, s'en fut porter en d'autres villages le mandement du bienheureux Maël.

Il était déjà loin quand, accroupie dans la paille amoureuse, une main sur le genou et le menton sur la main, Orberose méditait encore ce qu'elle venait d'entendre. Bien qu'elle craignît beaucoup moins pour Kraken le pouvoir d'une vierge que la force des hommes armés, elle ne se sentait pas rassurée par le mandement du bienheureux Maël; un instinct vague et sûr, qui dirigeait son esprit, l'avertissait que désormais Kraken ne pouvait plus être dragon avec sécurité.

Elle demanda au bouvier :

« Mon cœur, que penses-tu du dragon? »

Le rustre secoua la tête :

« Il est certain que, dans les temps anciens, des dragons ravageaient la terre; et l'on en voyait de la grosseur d'une montagne. Mais il n'en vient plus, et je crois que ce qu'on prend ici pour un monstre recouvert d'écailles, ce sont des pirates ou des marchands qui ont emporté dans leur navire la belle Orberose et les plus beaux parmi les enfants d'Alca. Et si l'un de ces brigands tente de me voler mes bœufs, je saurai, par force ou par ruse, l'empêcher de me nuire. »

Cette parole du bouvier accrut les appréhensions d'Orberose et ranima sa sollicitude pour un époux qu'elle aimait.

X

LE DRAGON D'ALCA
(SUITE)

Les jours s'écoulèrent et aucune pucelle ne se leva dans l'île pour combattre le monstre. Et, dans le moustier de bois, le vieillard Maël, assis sur un banc, à l'ombre d'un antique figuier, en compagnie d'un religieux plein de piété nommé Régimental, se demandait avec inquiétude et tristesse comment il ne se trouvait point dans Alca une seule vierge capable de surmonter la bête.

Il soupira et le frère Régimental soupira de même. A ce moment le jeune Samuel, venant à passer dans le jardin, le vieillard Maël l'appela et lui dit :

« J'ai médité de nouveau, mon fils, sur les moyens de détruire le dragon qui dévore la fleur de notre jeunesse, de nos troupeaux et de nos récoltes. A cet égard, l'histoire des dragons de saint Riok et de saint Pol de Léon me semble particulièrement instructive. Le dragon de saint Riok était long de six toises; sa tête tenait du coq et du basilic, son corps du bœuf et du serpent; il désolait les rives de l'Elorn, au temps du roi Bristocus. Saint Riok, âgé de deux ans, le mena en laisse jusqu'à la mer où le monstre se noya très volontiers. Le dragon de saint Pol, long de soixante pieds, n'était pas moins terrible. Le bienheureux apôtre de Léon le lia de son étole et le donna à conduire à un jeune seigneur d'une grande pureté. Ces exemples prouvent que, aux yeux de Dieu, un puceau est aussi agréable qu'une pucelle. Le Ciel n'y fait point de différence. C'est pourquoi, mon fils, si vous voulez m'en croire, nous nous rendrons tous deux au rivage des Ombres; parvenus à la caverne du dragon, nous appellerons le monstre à haute voix et, quand il s'approchera, je nouerai mon étole autour de son cou et vous le mènerez en laisse jusqu'à la mer où il ne manquera pas de se noyer. »

A ce discours du vieillard, Samuel baissa la tête et ne répondit pas.

« Vous semblez hésiter, mon fils », dit Maël.

Le frère Régimental, contrairement à son habitude, prit la parole sans être interrogé.

« On hésiterait à moins, fit-il. Saint Riok n'avait que deux ans quand il surmonta le dragon. Qui vous dit que neuf ou dix ans plus tard il en eût encore pu faire autant? Prenez garde, mon père, que le dragon qui désole notre île a dévoré le petit Elo et quatre ou cinq autres jeunes garçons. Frère Samuel n'est pas assez présomptueux pour se croire à dix-neuf ans plus innocent qu'eux à douze et à quatorze.

« Hélas! ajouta le moine en gémissant, qui peut se vanter d'être chaste en ce monde où tout nous donne l'exemple et le modèle de l'amour, où tout dans la nature, bêtes et plantes, nous montre et nous conseille les voluptueux embrassements? Les animaux sont ardents à s'unir selon leurs guises; mais il s'en faut que les divers hymens des quadrupèdes, des oiseaux, des poissons et des reptiles égalent en vénusté les noces des arbres. Tout ce que les païens, dans leurs fables, ont imaginé d'impudicités monstrueuses est dépassé par la plus simple fleur des champs, et, si vous saviez les fornications des lis et des roses, vous écarteriez des autels ces calices d'impureté, ces vases de scandale.

— Ne parlez pas ainsi, frère Régimental, répondit le vieillard Maël. Soumis à la loi naturelle, les animaux et les plantes sont toujours innocents. Ils n'ont pas d'âme à sauver; tandis que l'homme...

— Vous avez raison, répliqua le frère Régimental; c'est une autre paire de manches. Mais n'envoyez pas le jeune Samuel au dragon : le dragon le mangerait. Depuis déjà cinq ans Samuel n'est plus en état d'étonner les monstres par son innocence. L'année de la comète, le Diable, pour le séduire, mit un jour sur son chemin une laitière qui troussait son cotillon pour passer un gué. Samuel fut tenté; mais il surmonta la tentation. Le Diable, qui ne se lasse pas, lui envoya, dans un songe, l'image de cette jeune fille. L'ombre fit ce que n'avait pu faire le corps : Samuel succomba. A son réveil, il trempa de ses larmes sa couche profanée. Hélas! le repentir ne lui rendit point son innocence. »

En entendant ce récit, Samuel se demandait comment son secret pouvait être connu, car il ne savait pas que le Diable avait emprunté l'apparence du frère Régimental, pour troubler en leur cœur les moines d'Alca.

Et le vieillard Maël songeait, et il se demandait avec angoisse :

« Qui nous délivrera de la dent du dragon? Qui nous préservera de son haleine? Qui nous sauvera de son regard? »

Cependant les habitants d'Alca commençaient à prendre courage. Les laboureurs des Dombes et les bouviers de Belmont juraient que, contre un animal féroce, ils vaudraient mieux qu'une fille, et ils s'écriaient, en se tapant le gras du bras : « Ores vienne le dragon! » Beaucoup d'hommes et de femmes l'avaient vu. Ils ne s'entendaient pas sur sa forme et sa figure, mais tous maintenant s'accordaient à dire qu'il n'était pas si grand qu'on avait cru, et que sa taille ne dépassait pas de beaucoup celle d'un homme. On organisait la défense : vers la tombée du jour, des veilleurs se tenaient à l'entrée des villages, prêts à donner l'alarme; des compagnies armées de fourches et de faux gardaient, la nuit, les parcs où les bêtes étaient renfermées. Une fois même, dans le village d'Anis, de hardis laboureurs le surprirent sautant le mur de Morio; armés de fléaux, de faux et de fourches, ils lui coururent sus, et ils le serraient de près. L'un d'eux, vaillant homme et très alerte, pensa bien l'avoir piqué de sa fourche; mais il glissa dans une mare et le laissa échapper. Les autres l'eussent sûrement atteint, s'ils ne s'étaient attardés à rattraper les lapins et les poules qu'il abandonnait dans sa fuite.

Ces laboureurs déclarèrent aux Anciens du village que le monstre leur paraissait de forme et de proportions assez humaines, à part la tête et la queue, qui étaient vraiment épouvantables.

XI

LE DRAGON D'ALCA
(SUITE)

Ce jour-là, Kraken rentra dans sa caverne plus tôt que de coutume. Il tira de sa tête son casque de veau marin surmonté de deux cornes de bœuf et dont la visière s'armait de crocs formidables. Il jeta sur la table ses gants terminés par des griffes horribles : c'étaient des becs d'oiseaux pêcheurs. Il décrocha son ceinturon où pendait une longue queue verte aux replis tortueux. Puis il ordonna à son page Elo de lui tirer ses bottes et, comme l'enfant n'y réussissait pas assez vite, il l'envoya d'un coup de pied à l'autre bout de la grotte.

Sans regarder la belle Orberose, qui filait la laine, il s'assit devant la cheminée où rôtissait un mouton, et murmura :

« Ignobles Pingouins!... Il n'est pas pire métier que de faire le dragon.

— Que dit mon seigneur? demanda la belle Orberose.

— On ne me craint plus, poursuivit Kraken. Autrefois tout fuyait à mon approche. J'emportais dans mon sac poules et lapins; je chassais devant moi moutons et cochons, vaches et bœufs. Aujourd'hui ces rustres font bonne garde; ils veillent. Tantôt, dans le village d'Anis, poursuivi par des laboureurs armés de fléaux, de faux et de fourches fières, je dus lâcher poules et lapins, prendre ma queue sur mon bras et courir à toutes jambes. Or, je vous le demande, est-ce une allure convenable à un dragon de Cappadoce, que de se sauver comme un voleur, sa queue sur le bras? Encore, embarrassé de crêtes, de cornes, de crocs, de griffes, d'écailles, j'échappai à grand-peine à une brute qui m'enfonça un demi-pouce de sa fourche dans la fesse gauche. »

Et, ce disant, il portait la main avec sollicitude à l'endroit offensé.

Et, après s'être livré quelques instants à des méditations amères :

« Quels idiots que ces Pingouins! Je suis las de souffler des flammes au nez de tels imbéciles. Orberose, tu m'entends?... »

Ayant ainsi parlé, le héros souleva entre ses mains le casque épouvantable et le contempla longtemps dans un sombre silence. Puis il prononça ces paroles rapides :

« Ce casque, je l'ai taillé de mes mains, en forme de tête de poisson, dans la peau d'un veau marin. Pour le rendre plus formidable, je l'ai surmonté de cornes de bœuf, et je l'ai armé d'une mâchoire de sanglier; j'y ai fait pendre une queue de cheval, teinte de vermillon. Aucun habitant de cette île n'en pouvait soutenir la vue, quand je m'en coiffais jusqu'aux épaules dans le crépuscule mélancolique. A son approche, femmes, enfants, jeunes hommes, vieillards fuyaient éperdus, et je portais l'épouvante dans la race entière des Pingouins. Par quels conseils ce peuple insolent, quittant ses premières terreurs, ose-t-il aujourd'hui regarder en face cette gueule horrible et poursuivre cette crinière effrayante? »

Et, jetant son casque sur le sol rocheux :

« Péris, casque trompeur! s'écria Kraken. Je jure par tous les démons d'Armor de ne jamais plus te porter sur ma tête. »

Et ayant fait ce serment, il foula aux pieds son casque, ses gants, ses bottes et sa queue aux replis tortueux.

« Kraken, dit la belle Orberose, permettez-vous à votre servante d'user d'artifice pour sauver votre gloire et vos biens? Ne méprisez point l'aide d'une femme. Vous en avez besoin, car les hommes sont tous des imbéciles.

— Femme, demanda Kraken, quels sont tes desseins? »

Et la belle Orberose avertit son époux que des moines allaient par les villes et les campagnes, enseignant aux habitants la manière la plus convenable de combattre le dragon; que, selon leurs instructions, la bête serait surmontée par une vierge et que, si une pucelle passait sa ceinture autour du col du dragon, elle le conduirait aussi facilement que si c'était un petit chien.

« Comment sais-tu que les moines enseignent ces choses? demanda Kraken.

— Mon ami, répondit Orberose, n'interrompez donc pas des propos graves par une question frivole... « Si donc, ajoutèrent ces religieux, il se « trouve dans Alca une vierge très pure, qu'elle « se lève! » Or, j'ai résolu, Kraken, de répondre à leur appel. J'irai trouver le saint vieillard Maël et lui dirai : « Je suis la vierge désignée par le « Ciel pour surmonter le dragon. »

A ces mots Kraken se récria :

« Comment seras-tu cette vierge très pure? Et pourquoi veux-tu me combattre, Orberose? As-tu perdu la raison? Sache bien que je ne me laisserai pas vaincre par toi!

— Avant de se mettre en colère, ne pourrait-on pas essayer de comprendre? » soupira la belle Orberose avec un mépris profond et doux.

Et elle exposa ses desseins subtils.

En l'écoutant, le héros demeurait pensif. Et, quand elle eut cessé de parler :

« Orberose, ta ruse est profonde, dit-il. Et, si tes desseins s'accomplissent selon tes prévisions, j'en tirerai de grands avantages. Mais comment seras-tu la vierge désignée par le Ciel?

— N'en prends nul souci, Kraken, répliqua-t-elle. Et allons nous coucher. »

Le lendemain, dans la caverne parfumée de l'odeur des graisses, Kraken tressait une carcasse très difforme d'osier et la recouvrait de peaux effroyablement hérissées, squameuses et squalides. A l'une des extrémités de cette carcasse, la belle Orberose cousit le cimier farouche et la visière hideuse, que portait Kraken dans ses courses dévastatrices, et, à l'autre bout, elle assujettit la queue aux replis tortueux que le héros avait coutume de traîner derrière lui. Et, quand cet ouvrage fut achevé, ils instruisirent le petit Elo et les cinq autres enfants, qui les servaient, à s'introduire dans cette machine, à la faire marcher, à y souffler dans des trompes et à y brûler de l'étoupe, afin de jeter des flammes et de la fumée par la gueule du dragon.

XII

LE DRAGON D'ALCA
(SUITE)

Orberose, ayant revêtu une robe de bure et ceint une corde grossière, se rendit au moustier et demanda à parler au bienheureux Maël. Et, parce qu'il était interdit aux femmes d'entrer dans l'enceinte du moustier, le vieillard s'avança hors des portes, tenant de sa dextre la crosse pastorale et s'appuyant de la main gauche sur l'épaule du frère Samuel, le plus jeune de ses disciples.

Il demanda :

« Femme, qui es-tu?

— Je suis la vierge Orberose. »

A cette réponse, Maël leva vers le ciel ses bras tremblants.

« Dis-tu vrai, femme? C'est un fait certain qu'Orberose fut dévorée par le dragon. Et je vois Orberose, et je l'entends! Ne serait-ce point, ô ma fille, que dans les entrailles du monstre tu t'armas du signe de la croix et sortis intacte de sa gueule? C'est ce qui me semble le plus croyable.

— Tu ne te trompes pas, mon père, répondit Orberose. C'est précisément ce qui m'advint. Aussitôt sortie des entrailles de la bête, je me réfugiai dans un ermitage sur le rivage des Ombres. J'y vivais dans la solitude, me livrant à la prière et à la méditation et accomplissant des austérités inouïes, quand j'appris par révélation céleste que seule une pucelle pourrait surmonter le dragon, et que j'étais cette pucelle.

— Montre-moi un signe de ta mission, dit le vieillard.

— Le signe c'est moi-même, répondit Orberose.

— Je n'ignore pas le pouvoir de celles qui ont mis un sceau à leur chair, répliqua l'apôtre des Pingouins. Mais es-tu bien telle que tu dis?

— Tu le verras à l'effet », répondit Orberose.

Le moine Régimental s'étant approché :

« Ce sera, dit-il, la meilleure preuve. Le roi Salomon a dit : « Trois choses sont difficiles à « connaître et une quatrième impossible, ce sont « la trace du serpent sur la pierre, de l'oiseau dans « l'air, du navire dans l'eau, de l'homme dans la « femme. » J'estime impertinentes ces matrones qui prétendent en remontrer en de telles matières au plus sage des rois. Mon père, si vous m'en croyez, vous ne les consulterez pas à l'endroit de la pieuse

Orberose. Quand elles vous auront donné leur opinion, vous n'en serez pas plus avancé qu'auparavant. La virginité est non moins difficile à prouver qu'à garder. Pline nous enseigne, en son Histoire, que les signes en sont imaginaires ou très incertains [1]. Telle qui porte sur elle les quatorze marques de la corruption est pure aux yeux des anges et telle au contraire qui, visitée par les matrones au doigt et à l'œil, feuillet par feuillet, sera reconnue intacte, se sait redevable de ces bonnes apparences aux artifices d'une perversité savante. Quant à la pureté de la sainte fille que voici, j'en mettrais ma main au feu. »

Il parlait ainsi parce qu'il était le Diable. Mais le vieillard Maël ne le savait pas. Il demanda à la pieuse Orberose :

« Ma fille, comment vous y prendrez-vous pour vaincre un animal aussi féroce que celui qui vous a dévorée ? »

La vierge répondit :

« Demain, au lever du soleil, ô Maël, tu convoqueras le peuple sur la colline, devant la lande désolée qui s'étend jusqu'au rivage des Ombres, et tu veilleras à ce qu'aucun homme pingouin ne se tienne à moins de cinq cents pas des rochers, car il serait aussitôt empoisonné par l'haleine du monstre. Et le dragon sortira des rochers et je lui

---

[1]. Nous avons cherché vainement cette phrase dans l'*Histoire naturelle* de Pline. (Edit.)

passerai ma ceinture autour du col, et je le conduirai en laisse comme un chien docile.

— Ne te feras-tu pas accompagner d'un homme courageux et plein de piété, qui tuera le dragon? demanda Maël.

— Tu l'as dit, ô vieillard : je livrerai le monstre à Kraken qui l'égorgera de son épée étincelante. Car il faut que tu saches que le noble Kraken, qu'on croyait mort, reviendra parmi les Pingouins et qu'il tuera le dragon. Et du ventre de la bête sortiront les petits enfants qu'elle a dévorés.

— Ce que tu m'annonces, ô vierge, s'écria l'apôtre, me semble prodigieux, et au-dessus de la puissance humaine.

— Ce l'est, répliqua la vierge Orberose. Mais apprends, ô Maël, que j'ai eu révélation que, pour loyer de sa délivrance, le peuple pingouin devra payer au chevalier Kraken un tribut annuel de trois cents poulets, douze moutons, deux bœufs, trois cochons, mil huit cents imaux de blé et les légumes de saison; et qu'en outre, les enfants qui sortiront du ventre du dragon seront donnés et laissés audit Kraken pour le servir et lui obéir en toutes choses.

« Si le peuple pingouin manquait à tenir ses engagements, un nouveau dragon aborderait dans l'île, plus terrible que le premier. J'ai dit. »

XIII

LE DRAGON D'ALCA
(SUITE ET FIN)

Le peuple des Pingouins, convoqué par le vieillard Maël, passa la nuit sur le rivage des Ombres, à la limite que le saint homme avait tracée, afin qu'aucun entre les Pingouins ne fût empoisonné par le souffle du monstre.

Les voiles de la nuit couvraient encore la terre, lorsque, précédé d'un mugissement rauque, le dragon montra sur les rochers du rivage sa forme indistincte et portenteuse. Il rampait comme un serpent et son corps tortueux semblait long de quinze pieds. A sa vue, la foule recule d'épouvante. Mais bientôt tous les regards se tournent vers la vierge Orberose, qui, dans les premières lueurs de l'aube, s'avance vêtue de blanc sur la bruyère rose. D'un pas intrépide et modeste, elle marche vers la bête qui, poussant des hurlements affreux, ouvre une gueule enflammée. Un immense cri de terreur et de pitié s'élève du milieu des Pingouins.

Mais la vierge, déliant sa ceinture de lin, la passe au cou du dragon, qu'elle mène en laisse, comme un chien fidèle, aux acclamations des spectateurs.

Elle a déjà parcouru un long espace de la lande, lorsque apparaît Kraken armé d'une épée étincelante. Le peuple, qui le croyait mort, jette des cris de surprise et de joie. Le héros s'élance sur la bête, la retourne et, de son épée, lui ouvre le ventre dont sortent, en chemise, les cheveux bouclés et les mains jointes, le petit Elo et les cinq autres enfants que le monstre avait dévorés.

Aussitôt, ils se jettent aux genoux de la vierge Orberose qui les prend dans ses bras et leur dit à l'oreille :

« Vous irez par les villages et vous direz : « Nous sommes les pauvres petits enfants que le « dragon a dévorés et nous sommes sortis en che- « mise de son ventre. » Les habitants vous donneront en abondance tout ce que vous pourrez souhaiter. Mais, si vous parlez autrement, vous n'aurez que des nasardes et des fessées. Allez! »

Plusieurs Pingouins, voyant le dragon éventré, se précipitaient pour le mettre en lambeaux, les uns par un sentiment de fureur et de vengeance, les autres afin de s'emparer de la pierre magique, nommée dracontite, engendrée dans sa tête; les mères des enfants ressuscités couraient embrasser leurs chers petits. Mais le saint homme Maël les retint, leur représentant qu'ils n'étaient pas assez saints, les uns et les autres, pour s'approcher du dragon sans mourir.

Et bientôt le petit Elo et les cinq autres enfants vinrent vers le peuple et dirent :

« Nous sommes les pauvres petits enfants que le dragon a dévorés et nous sommes sortis en chemise de son ventre. »

Et tous ceux qui les entendaient disaient en les baisant :

« Enfants bénis, nous vous donnerons en abondance tout ce que vous pourrez souhaiter. »

Et la foule du peuple se sépara, pleine d'allégresse, en chantant des hymnes et des cantiques.

Pour commémorer ce jour où la Providence délivra le peuple d'un cruel fléau, des processions furent instituées dans lesquelles on promenait le simulacre d'un dragon enchaîné.

Kraken leva le tribut et devint le plus riche et le plus puissant des Pingouins. En signe de sa victoire, afin d'inspirer une terreur salutaire, il portait sur sa tête une crête de dragon et il avait coutume de dire au peuple :

« Maintenant que le monstre est mort, c'est moi le dragon. »

Orberose noua longtemps ses généreux bras au cou des bouviers et des pâtres qu'elle égalait aux dieux. Et, quand elle ne fut plus belle, elle se consacra au Seigneur.

Objet de la vénération publique, elle fut admise,

après sa mort, dans le canon des saints et devint la céleste patronne de la Pingouinie.

Kraken laissa un fils qui porta comme son père la crête du dragon et fut, pour cette raison, surnommé Draco. Il fonda la première dynastie royale des Pingouins.

LIVRE III

LE MOYEN AGE ET LA RENAISSANCE

I

BRIAN LE PIEUX
ET LA REINE GLAMORGANE

Les rois d'Alca issus de Draco, fils de Kraken, portaient sur la tête une crête effroyable de dragon, insigne sacré dont la seule vue inspirait aux peuples la vénération, la terreur et l'amour. Ils étaient perpétuellement en lutte soit avec leurs vassaux et leurs sujets, soit avec les princes des îles et des continents voisins.

Les plus anciens de ces rois ont laissé seulement un nom. Encore ne savons-nous ni le prononcer ni l'écrire. Le premier Draconide dont on connaisse l'histoire est Brian le Pieux, estimé pour sa ruse et son courage aux guerres et dans les chasses.

Il était chrétien, aimait les lettres et favorisait les hommes voués à la vie monastique. Dans la salle de son palais où, sous les solives enfumées, pendaient les têtes, les ramures et les cornes des bêtes sauvages, il donnait des festins auxquels étaient conviés tous les joueurs de harpe d'Alca et des îles voisines, et il y chantait lui-même les louanges des héros. Equitable et magnanime, mais enflammé d'un ardent amour de la gloire, il ne pouvait s'empêcher de mettre à mort ceux qui avaient mieux chanté que lui.

Les moines d'Yvern ayant été chassés par les païens qui ravageaient la Bretagne, le roi Brian les appela dans son royaume et fit construire pour eux, près de son palais, un moustier de bois. Chaque jour, il se rendait avec la reine Glamorgane, son épouse, dans la chapelle du moustier, assistait aux cérémonies religieuses et chantait des hymnes.

Or, parmi ces moines, se trouvait un religieux, nommé Oddoul, qui dans la fleur de sa jeunesse, s'ornait de science et de vertus. Le Diable en conçut un grand dépit et essaya plusieurs fois de l'induire en tentation. Il prit diverses formes et lui montra tour à tour un cheval de guerre, une jeune vierge, une coupe d'hydromel; puis il lui fit sonner deux dés dans un cornet et lui dit :

« Veux-tu jouer avec moi les royaumes de ce monde contre un des cheveux de ta tête? »

Mais l'homme du Seigneur, armé du signe de la croix, repoussa l'ennemi. S'apercevant qu'il ne le pourrait séduire, le Diable imagina pour le perdre un habile artifice. Par une nuit d'été, il s'approcha de la reine endormie sur sa couche, lui représenta l'image du jeune religieux qu'elle voyait tous les jours dans le moustier de bois, et il mit un charme sur cette image. Aussitôt l'amour entra comme un poison subtil dans les veines de Glamorgane. Et l'envie d'en faire à son plaisir avec Oddoul la consumait. Elle trouvait sans cesse des prétextes pour l'attirer près d'elle. Plusieurs fois elle lui demanda d'instruire ses enfants dans la lecture et le chant.

« Je vous les confie, lui dit-elle. Et je suivrai les leçons que vous leur donnerez, afin de m'instruire moi-même. Avec les fils vous enseignerez la mère. »

Mais le jeune religieux s'excusait, tantôt sur ce qu'il n'était pas un maître assez savant, tantôt sur ce que son état lui interdisait le commerce des femmes. Ce refus irrita les désirs de Glamorgane. Un jour qu'elle languissait sur sa couche, son mal étant devenu intolérable, elle fit appeler Oddoul dans sa chambre. Il vint par obéissance, mais demeura les yeux baissés sur le seuil de la porte. De ce qu'il ne la regardait point elle ressentait de l'impatience et de la douleur.

« Vois, lui dit-elle, je n'ai plus de force, une ombre est sur mes yeux. Mon corps est brûlant et glacé. »

Et, comme il se taisait et ne faisait pas un mouvement, elle l'appela d'une voix suppliante :

« Viens près de moi, viens! »

Et, de ses bras tendus qu'allongeait le désir, elle tenta de le saisir et de l'attirer à elle.

Mais il s'enfuit en lui reprochant son impudicité.

Alors, outrée de colère, et craignant qu'Oddoul ne publiât la honte où elle était tombée, elle imagina de le perdre lui-même pour n'être point perdue par lui.

D'une voix éplorée qui retentit dans tout le palais, elle appela à l'aide, comme si vraiment elle courait un grand danger. Ses servantes accourues virent le jeune moine qui fuyait et la reine qui ramenait sur elle les draps de sa couche; elles crièrent toutes ensemble au meurtre. Et lorsque, attiré par le bruit, le roi Brian entra dans la chambre, Glamorgane, lui montrant ses cheveux épars, ses yeux luisants de larmes et sa poitrine, que, dans la fureur de son amour, elle avait déchirée de ses ongles :

« Mon seigneur et mon époux, voyez, dit-elle, la trace des outrages que j'ai subis. Poussé d'un désir infâme, Oddoul s'est approché de moi et a tenté de me faire violence. »

En entendant ces plaintes, en voyant ce sang, le roi, transporté de fureur, ordonna à ses gardes de s'emparer du jeune religieux et de le brûler vif devant le palais, sous les yeux de la reine.

Instruit de cette aventure, l'abbé d'Yvern alla trouver le roi et lui dit :

« Roi Brian, connaissez par cet exemple la différence d'une femme chrétienne et d'une femme païenne. Lucrèce romaine fut la plus vertueuse des princesses idolâtres; pourtant elle n'eut pas la force de se défendre contre les attaques d'un jeune efféminé, et, confuse de sa faiblesse elle tomba dans le désespoir, tandis que Glamorgane a résisté victorieusement aux assauts d'un criminel plein de rage et possédé du plus redoutable des démons. »

Cependant Oddoul, dans la prison du palais, attendait le moment d'être brûlé vif. Mais Dieu ne souffrit pas que l'innocent pérît. Il lui envoya un ange qui, ayant pris la forme d'une servante de la reine, nommée Gudrune, le tira de sa prison et le conduisit dans la chambre même qu'habitait cette femme dont il avait l'apparence.

Et l'ange dit au jeune Oddoul :

« Je t'aime parce que tu oses. »

Et le jeune Oddoul, croyant entendre Gudrune elle-même, répondit, les yeux baissés :

« C'est par la grâce du Seigneur que j'ai résisté aux violences de la reine et bravé le courroux de cette femme puissante. »

Et l'ange demanda :

« Comment? tu n'as pas fait ce dont la reine t'accuse?

— En vérité! non, je ne l'ai pas fait, répondit Oddoul, la main sur son cœur.

— Tu ne l'as pas fait?

— Non! je ne l'ai pas fait. La seule pensée d'une pareille action me remplit d'horreur.

— Alors, s'écria l'ange, qu'est-ce que tu fiches ici, espèce d'andouille[1] ! »

Et il ouvrit la porte pour favoriser la fuite du jeune religieux.

Oddoul se sentit violemment poussé dehors. A peine était-il descendu dans la rue qu'une main lui versa un pot de chambre sur la tête; et il songea :

« Tes desseins sont mystérieux, Seigneur, et tes voies impénétrables. »

[1]. Le chroniqueur pingouin qui rapporte le fait emploie cette expression : *Species inductilis*. J'ai traduit littéralement.

II

DRACO LE GRAND. — TRANSLATION DES RELIQUES DE SAINTE ORBEROSE

La postérité directe de Brian le Pieux s'éteignit vers l'an 900, en la personne de Collic au Court-Nez. Un cousin de ce prince, Bosco le Magnanime, lui succéda et prit soin, pour s'assurer le trône, d'assassiner tous ses parents. Il sortit de lui une longue lignée de rois puissants.

L'un d'eux, Draco le Grand, atteignit à une haute renommée d'homme de guerre. Il fut plus souvent battu que les autres. C'est à cette constance dans la défaite qu'on reconnaît les grands capitaines. En vingt ans, il incendia plus de cent mille hameaux, bourgs, faubourgs, villages, villes, cités et universités. Il portait la flamme indifféremment sur les terres ennemies et sur son propre domaine. Et il avait coutume de dire, pour expliquer sa conduite :

« Guerre sans incendie est comme tripes sans moutarde : c'est chose insipide. »

Sa justice était rigoureuse. Quand les paysans qu'il faisait prisonniers ne pouvaient acquitter leur rançon, il les faisait pendre à un arbre, et, si quelque malheureuse femme venait l'implorer en faveur de son mari insolvable, il la traînait par les cheveux à la queue de son cheval. Il vécut en soldat, sans mollesse. On se plaît à reconnaître que ses mœurs étaient pures. Non seulement il ne laissa pas déchoir son royaume de sa gloire héréditaire, mais encore il soutint vaillamment jusque dans ses revers l'honneur du peuple pingouin.

Draco le Grand fit transférer à Alca les reliques de sainte Orberose.

Le corps de la bienheureuse avait été enseveli dans une grotte du rivage des Ombres, au fond d'une lande parfumée. Les premiers pèlerins qui l'allèrent visiter furent les jeunes garçons et les jeunes filles des villages voisins. Ils s'y rendaient, de préférence, par couples, le soir, comme si les pieux désirs cherchaient naturellement, pour se satisfaire, l'ombre et la solitude. Ils vouaient à la sainte un culte fervent et discret, dont ils semblaient jaloux de garder le mystère; ils n'aimaient point à publier trop haut les impressions qu'ils y éprouvaient; mais on les surprenait se murmurant les uns aux autres les mots d'amour, de délices et de ravissement, qu'ils mêlaient au saint nom d'Orberose; les uns soupiraient qu'on y oubliait le monde; d'autres disaient qu'on sortait de la grotte dans le calme et l'apaisement; les jeunes filles entre elles rappelaient les délices dont elles y avaient été pénétrées.

Telles furent les merveilles qu'accomplit la vierge d'Alca à l'aurore de sa glorieuse éternité : elles avaient la douceur et le vague de l'aube. Bientôt le mystère de la grotte, tel qu'un parfum subtil, se répandit dans la contrée; ce fut pour les âmes pures un sujet d'allégrese et d'édification, et les hommes corrompus essayèrent en vain d'écarter, par le mensonge et la calomnie, les fidèles des sources de grâce qui coulaient du tombeau de la sainte. L'Eglise pourvut à ce que ces grâces ne demeurassent point réservées à quelques enfants, mais se répandissent sur toute la chrétienté pingouine. Des religieux s'établirent dans la grotte, bâtirent un monastère, une chapelle, une hôtellerie, sur le rivage, et les pèlerins commencèrent à affluer.

Comme fortifiée par un plus long séjour dans le ciel, la bienheureuse Orberose accomplissait maintenant des miracles plus grands en faveur de ceux qui venaient déposer leur offrande sur sa tombe; elle faisait concevoir des espérances aux femmes jusque-là stériles, envoyait des songes aux vieillards jaloux pour les rassurer sur la fidélité de leurs jeunes épouses injustement soupçonnées, tenait éloignés de la contrée les pestes, les épizooties, les famines, les tempêtes et les dragons de Cappadoce.

Mais, durant les troubles qui désolèrent le

royaume au temps du roi Collic et de ses successeurs, le tombeau de sainte Orberose fut dépouillé de ses richesses, le monastère incendié, les religieux dispersés; le chemin, si longtemps foulé par tant de dévots pèlerins, disparut sous l'ajonc, la bruyère et le chardon bleu des sables. Depuis cent ans, la tombe miraculeuse n'était plus visitée que par les vipères, les belettes, et les chauves-souris, quand la sainte apparut à un paysan du voisinage nommé Momordic.

« Je suis la vierge Orberose, lui dit-elle; je t'ai choisi pour rétablir mon sanctuaire. Avertis les habitants de ces contrées que, s'ils laissent ma mémoire abolie et mon tombeau sans honneurs ni richesses, un nouveau dragon viendra désoler la Pingouinie. »

Des clercs très savants firent une enquête sur cette apparition qu'ils reconnurent véritable, non diabolique, mais toute céleste, et l'on remarqua plus tard qu'en France, dans des circonstances analogues, sainte Foy et sainte Catherine avaient agi de même et tenu un semblable langage.

Le moustier fut relevé et les pèlerins affluèrent de nouveau. La vierge Orberose opérait des miracles de plus en plus grands. Elle guérissait diverses maladies très pernicieuses, notamment le pied bot, l'hydropisie, la paralysie et le mal de saint Guy. Les religieux, gardiens du tombeau, jouissaient d'une enviable opulence quand la sainte, apparue au roi Draco le Grand, lui ordonna de la reconnaître pour la patronne céleste du royaume et de transférer ses restes précieux dans la cathédrale d'Alca.

En conséquence, les reliques bien odorantes de cette vierge furent portées en grande pompe à l'église métropolitaine et déposées au milieu du chœur, dans une châsse d'or et d'émail, ornée de pierres précieuses.

Le Chapitre tint registre des miracles opérés par l'intervention de la bienheureuse Orberose.

Draco le Grand, qui n'avait jamais cessé de défendre et d'exalter la foi chrétienne, mourut dans les sentiments de la plus vive piété, laissant de grands biens à l'Eglise.

III

LA REINE CRUCHA

D'effroyables désordres suivirent la mort de Draco le Grand. On a souvent accusé de faiblesse les successeurs de ce prince. Et il est vrai qu'aucun d'eux ne suivit, même de loin, l'exemple de ce vaillant ancêtre.

Son fils Chum, qui était boiteux, négligea d'accroître le territoire des Pingouins. Bolo, fils de Chum, périt assassiné par les gardes du palais, à l'âge de neuf ans, au moment où il montait sur le trône. Son frère Gun lui succéda. Il n'était âgé que de sept ans et se laissa gouverner par sa mère, la reine Crucha.

Crucha était belle, instruite, intelligente; mais elle ne savait pas résister à ses passions.

Voici en quels termes le vénérable Talpa s'exprime, dans sa chronique, au sujet de cette reine illustre :

« La reine Crucha, pour la beauté du visage et

les avantages de la taille, ne le cède ni à Sémiramis de Babylone, ni à Penthésilée, reine des Amazones, ni à Salomé, fille d'Hérodiade. Mais elle présente dans sa personne certaines singularités qu'on peut trouver belles ou disgracieuses, selon les opinions contradictoires des hommes et les jugements du monde. Elle a deux petites cornes au front, qu'elle dissimule sous les bandeaux abondants de sa chevelure d'or; elle a un œil bleu et un noir, le cou penché à gauche, comme Alexandre de Macédoine, six doigts à la main droite et une petite tête de singe au-dessous du nombril.

« Sa démarche est majestueuse et son abord affable. Elle est magnifique dans ses dépenses, mais elle ne sait pas toujours soumettre sa raison au désir.

« Un jour, ayant remarqué dans les écuries du palais un jeune palefrenier d'une grande beauté, elle se sentit incontinent transportée d'amour pour lui et lui confia le commandement des armées. Ce qu'on doit louer sans réserve dans cette grande reine, c'est l'abondance des dons qu'elle fait aux églises, monastères et chapelles du royaume, et spécialement à la sainte maison de Beargarden, où, par la grâce du Seigneur, j'ai fait profession en ma quatorzième année. Elle a fondé des messes pour le repos de son âme en si grand nombre que tout prêtre, dans l'Eglise pingouine, est, pour ainsi dire, transformé en un cierge allumé au regard du ciel, afin d'attirer la miséricorde divine sur l'auguste Crucha. »

On peut, par ces lignes et par quelques autres dont j'ai enrichi mon texte, juger de la valeur historique et littéraire des *Gesta Pinguinorum*. Malheureusement, cette chronique s'arrête brusquement à la troisième année du règne de Draco le Simple, successeur de Gun le Faible. Parvenu à ce point de mon histoire, je déplore la perte d'un guide aimable et sûr.

Durant les deux siècles qui suivirent, les Pingouins demeurèrent plongés dans une anarchie sanglante. Tous les arts périrent. Au milieu de l'ignorance générale, les moines, à l'ombre du cloître, se livraient à l'étude et copiaient avec un zèle infatigable les saintes Ecritures. Comme le parchemin était rare, ils grattaient les vieux manuscrits pour y transcrire la parole divine. Aussi vit-on fleurir, ainsi qu'un buisson de roses, les Bibles sur la terre pingouine.

Un religieux de l'ordre de saint Benoît, Ermold le Pingouin, effaça à lui seul quatre mille manuscrits grecs et latins, pour copier quatre mille fois l'évangile de saint Jean. Ainsi furent détruits en grand nombre les chefs-d'œuvre de la poésie et de l'éloquence antiques. Les historiens sont unanimes à reconnaître que les couvents pingouins furent le refuge des lettres au Moyen Age.

Les guerres séculaires des Pingouins et des Marsouins remplissent la fin de cette période. Il est extrêmement difficile de connaître la vérité sur ces guerres, non parce que les récits manquent, mais parce qu'il y en a plusieurs. Les chroniqueurs marsouins contredisent sur tous les points les chroniqueurs pingouins. Et, de plus, les Pingouins se contredisent entre eux, aussi bien que les Marsouins. J'ai trouvé deux chroniqueurs qui s'accordent; mais l'un a copié l'autre. Un fait seul est certain, c'est que les massacres, les viols, les incendies et les pillages se succédèrent sans interruption.

Sous le malheureux prince Bosco IX, le royaume fut à deux doigts de sa ruine. A la nouvelle que la flotte marsouine, composée de six cents grandes nefs, était en vue d'Alca, l'évêque ordonna une procession solennelle. Le Chapitre, les magistrats élus, les membres du Parlement et les clercs de l'Université vinrent prendre dans la cathédrale la châsse de sainte Orberose et la promenèrent tout autour de la ville, suivis du peuple entier qui chantait des hymnes. La sainte patronne de la Pingouinie ne fut point invoquée en vain; cependant les Marsouins assiégèrent la ville en même temps par terre et par mer, la prirent d'assaut et, durant trois jours et trois nuits, y tuèrent, pillèrent, violèrent et incendièrent avec l'indifférence qu'engendre l'habitude.

On ne saurait trop admirer que, durant ces longs âges de fer, la foi ait été conservée intacte parmi les Pingouins. La splendeur de la vérité éblouissait alors les âmes qui n'étaient point corrompues par des sophismes. C'est ce qui explique l'unité des croyances. Une pratique constante de l'Eglise contribua sans doute à maintenir cette heureuse communion des fidèles : on brûlait immédiatement tout Pingouin qui pensait autrement que les autres.

IV

LES LETTRES : JOHANNÈS TALPA

C'est sous la minorité du roi Gun que Johannès Talpa, religieux de Beargarden, composa, dans le monastère où il avait fait profession dès l'âge de onze ans et dont il ne sortit jamais un seul jour de sa vie, ses célèbres chroniques latines en douze livres *De Gestis Pinguinorum*.

Le monastère de Beargarden dresse ses hautes murailles sur le sommet d'un pic inaccessible. On n'y découvre alentour que les cimes bleues des monts, coupées par les nuées.

Quand il entreprit de rédiger les *Gesta Pinguinorum*, Johannès Talpa était déjà vieux. Le bon moine a pris soin de nous en avertir dans son livre. « Ma tête a perdu depuis longtemps, dit-il, la parure de ses boucles blondes et mon crâne est devenu semblable à ces miroirs de métal convexes, que consultent avec tant d'étude et de soins les dames pingouines. Ma taille, naturellement courte, s'est, avec les ans abrégée et recourbée. Ma barbe blanche réchauffe ma poitrine. »

Avec une naïveté charmante, Talpa nous instruit de certaines circonstances de sa vie et de quelques traits de son caractère. « Issu, nous dit-il, d'une famille noble et destiné dès l'enfance à l'état ecclésiastique, on m'enseigna la grammaire et la musique. J'appris à lire sous la discipline d'un maître qui s'appelait Amicus et qui eût été mieux nommé Inimicus. Comme je ne parvenais pas facilement à connaître mes lettres, il me fouettait de verges avec violence, de sorte que je puis dire qu'il m'imprima l'alphabet en traits cuisants sur les fesses. »

Ailleurs Talpa confesse son inclination naturelle à la volupté. Voici en quels termes expressifs : « Dans ma jeunesse, l'ardeur de mes sens était telle que, sous l'ombre des bois, j'éprouvais le sentiment de bouillir dans une marmite plutôt que de respirer l'air frais. Je fuyais les femmes. En vain! puisqu'il suffisait d'une sonnette ou d'une bouteille pour me les représenter. »

Tandis qu'il rédigeait sa chronique, une guerre effroyable, à la fois étrangère et civile, désolait la terre pingouine. Les soldats de Crucha, venus pour défendre le monastère de Beargarden contre les barbares marsouins, s'y établirent fortement. Afin de le rendre inexpugnable, ils percèrent des meurtrières dans les murs et enlevèrent de l'église la toiture de plomb pour en faire des balles de fronde. Ils allumaient, à la nuit, dans les cours et les cloîtres, de grands feux auxquels ils rôtissaient des bœufs entiers, embrochés aux sapins antiques de la montagne; et, réunis autour des flammes, dans la fumée chargée d'une odeur de résine et de graisse, ils défonçaient les tonneaux de vin et de cervoise. Leurs chants, leurs blasphèmes et le bruit de leurs querelles couvraient le son des cloches matinales.

Enfin, les Marsouins, ayant franchi les défilés, mirent le siège autour du monastère. C'étaient des guerriers du Nord, vêtus et armés de cuivre. Ils appuyaient aux parois de la roche des échelles de cent cinquante toises qui, dans l'ombre et l'orage, se rompaient sous le poids des corps et des armes et répandaient des grappes d'hommes dans les ravins et les précipices; on entendait, au milieu des ténèbres, descendre un long hurlement, et l'assaut recommençait. Les Pingouins versaient des ruisseaux de poix ardente sur les assaillants qui flambaient comme des torches. Soixante fois, les Marsouins furieux tentèrent l'escalade; ils furent soixante fois repoussés.

Depuis déjà dix mois ils tenaient le monastère étroitement investi, quand, le saint jour de l'Epiphanie, un pâtre de la vallée leur enseigna un sentier caché par lequel ils gravirent la montagne, pénétrèrent dans les souterrains de l'abbaye, se répandirent dans les cloîtres, dans les cuisines, dans l'église, dans les salles capitulaires, dans la librairie, dans la buanderie, dans les cellules, dans les réfectoires, dans les dortoirs, incendièrent les bâtiments, tuèrent et violèrent sans égard à l'âge ni au sexe. Les Pingouins, brusquement réveillés, couraient aux armes; les yeux voilés d'ombre et d'épouvante, ils se frappaient les uns les autres, tandis que les Marsouins se disputaient entre eux, à coups de hache, les vases sacrés, les encensoirs, les chandeliers, les dalmatiques, les châsses, les croix d'or et de pierreries.

L'air était chargé d'une âcre odeur de chair grillée; les cris de mort et les gémissements s'élevaient du milieu des flammes, et, sur le bord des toits croulants, des moines par milliers couraient comme des fourmis et tombaient dans la vallée. Cependant, Johannès Talpa écrivait sa chronique. Les soldats de Crucha, s'étant retirés à la hâte, bouchèrent avec des quartiers de roches toutes les issues du monastère, afin d'enfermer les Marsouins dans les bâtiments incendiés. Et, pour écraser l'ennemi sous l'éboulement des pierre de taille et des pans de murs, ils se servirent comme de béliers des troncs des plus vieux chênes. Les charpentes embrasées s'effondraient avec un bruit de tonnerre et les arceaux sublimes des nefs s'écroulaient sous le choc des arbres géants, balancés par six cents hommes ensemble. Bientôt, il ne resta plus de la riche et vaste abbaye que la cellule de Johannès Talpa, suspendue par un merveilleux hasard, aux débris d'un pignon fumant. Le vieux chroniqueur écrivait encore.

Cette admirable contention d'esprit peut toutefois sembler excessive chez un annaliste qui s'applique à rapporter les faits accomplis de son temps. Mais si distrait et détaché qu'on soit des choses environnantes, on en ressent l'influence. J'ai consulté le manuscrit original de Johannès Talpa à la Bibliothèque nationale où il est conservé, fonds ping. K. L.[6], 12 390 *quater*. C'est un manuscrit sur parchemin de 628 feuillets. L'écriture en est extrêmement confuse; les lettres, loin de suivre une ligne droite, s'échappent dans toutes les directions, se heurtent et tombent les unes sur les autres dans un désordre ou, pour mieux dire, dans un tumulte affreux. Elles sont si mal formées qu'il est la plupart du temps impossible non seulement de les reconnaître, mais même de les distinguer des pâtés d'encre qui y sont abondamment mêlés. Ces pages inestimables se ressentent en cela des troubles au milieu desquels elles ont été tracées. La lecture en est difficile. Au contraire, le style du religieux de Beargarden ne porte la marque d'aucune émotion. Le ton des *Gesta Pinguinorum* ne s'écarte jamais de la simplicité. La narration y est rapide et d'une concision qui va parfois jusqu'à la sécheresse. Les réflexions sont rares et en général judicieuses.

V

LES ARTS :
LES PRIMITIFS DE LA PEINTURE PINGOUINE

Les critiques pingouins affirment à l'envi que l'art pingouin se distingua dès sa naissance par une originalité puissante et délicieuse et qu'on chercherait vainement ailleurs les qualités de grâce et de raison qui caractérisent ses premiers ouvrages. Mais les Marsouins prétendent que leurs artistes furent constamment les initiateurs et les maîtres des Pingouins. Il est difficile d'en juger, parce que les Pingouins, avant d'admirer leurs peintres primitifs, en détruisirent tous les ouvrages.

On ne saurait trop s'affliger de cette perte. Je la ressens pour ma part avec une vivacité cruelle, car je vénère les antiquités pingouines et j'ai le culte des primitifs.

Ils sont délicieux. Je ne dis pas qu'ils se ressemblent tous; ce ne serait point vrai; mais ils ont des caractères communs qu'on retrouve dans toutes les écoles; je veux dire des formules dont ils ne sortent point, et quelque chose d'achevé, car ce qu'ils savent ils le savent bien. On peut heureusement se faire une idée des primitifs pingouins par les primitifs italiens, flamands, allemands et par les primitifs français qui sont supérieurs à tous les autres; comme le dit M. Gruyer, ils ont plus de logique, la logique étant une qualité spécialement française. Tenterait-on de le nier, qu'il faudrait du moins accorder à la France le privilège d'avoir gardé des primitifs quand les autres nations n'en avaient plus. L'exposition des primitifs français au pavillon de Marsan, en 1904, contenait plusieurs petits panneaux contemporains des derniers Valois et de Henri IV.

J'ai fait bien des voyages pour voir les tableaux des frères Van Eyck, de Memling, de Rogier van der Weyden, du maître de la mort de Marie, d'Ambrogio Lorenzetti et des vieux Ombriens. Ce ne fut pourtant ni Bruges, ni Cologne, ni Sienne, ni Pérouse qui acheva mon initiation; c'est dans la petite ville d'Arezzo que je devins un adepte conscient de la peinture ingénue. Il y a de cela dix ans ou même davantage. En ce temps d'indigence et de simplicité, les musées des municipes, à toute heure fermés, s'ouvraient à toute heure aux *forestieri*. Une vieille, un soir, à la chandelle, me montra, pour une demi-lire, le sordide musée d'Arezzo et j'y découvris une peinture de Margaritone, un *saint François,* dont la tristesse pieuse me tira des larmes. Je fus profondément touché; Margaritone d'Arezzo devint, depuis ce jour, mon primitif le plus cher.

Je me figure les primitifs pingouins d'après les ouvrages de ce maître. On ne jugera donc pas superflu que je le considère à cette place avec quelque attention, sinon dans le détail de ses œuvres, du moins sous son aspect le plus général et, si j'ose dire, le plus représentatif.

Nous possédons cinq ou six tableaux signés de sa main. Son œuvre capitale, conservée à la *National Gallery* de Londres, représente la Vierge assise sur un trône et tenant l'enfant Jésus dans ses bras. Ce dont on est frappé d'abord lorsqu'on regarde cette figure, ce sont ses proportions. Le corps, depuis le cou jusqu'aux pieds, n'a que deux fois la hauteur de la tête; aussi paraît-il extrêmement court et trapu. Cet ouvrage n'est pas moins remarquable par la peinture que par le dessin. Le grand Margaritone n'avait en sa possession qu'un petit nombre de couleurs, et il les employait dans toute leur pureté, sans jamais rompre les tons. Il en résulte que son coloris offre plus de vivacité que d'harmonie. Les joues de la Vierge et celles de l'Enfant sont d'un beau vermillon que le vieux maître, par une préférence naïve pour les définitions nettes, a disposé sur chaque visage en deux circonférences si exactes qu'elles semblent tracées au compas.

Un savant critique du XVIIIe siècle, l'abbé Lauzi, a traité les ouvrages de Margaritone avec un profond dédain. « Ce ne sont, a-t-il dit, que de grossiers barbouillages. En ces temps infortunés, on ne savait ni dessiner ni peindre. » Tel était l'avis commun de ces connaisseurs poudrés. Mais le grand Margaritone et ses contemporains devaient être bientôt vengés d'un si cruel mépris. Il naquit au XIX siècle, dans les villages bibliques et les cottages réformés de la pieuse Angleterre, une multitude de petits Samuel et de petits Saint-Jean, frisés comme des agneaux, qui devinrent, vers 1840 et 1850, des savants à lunettes et instituèrent le culte des primitifs.

L'éminent théoricien du préraphaélisme, Sir James Tuckett, ne craint pas de placer la madone de la *National Gallery* au rang des chefs-d'œuvre de l'art chrétien. « En donnant à la tête de la Vierge, dit Sir James Tuckett, un tiers de la hauteur totale de la figure, le vieux maître a attiré et contenu l'attention du spectateur sur les parties les plus sublimes de la personne humaine et notamment sur les yeux qu'on qualifie volontiers d'organes spirituels. Dans cette peinture, le coloris conspire avec le dessin pour produire une impression idéale et mystique. Le vermillon des joues n'y rappelle pas l'aspect naturel de la peau; il semble plutôt que le vieux maître ait appliqué sur les visages de la Vierge et de l'Enfant les roses du Paradis. »

On voit, dans une telle critique, briller, pour ainsi dire, un reflet de l'œuvre qu'elle exalte; cependant le séraphique esthète d'Edimbourg, Mac Silly, a exprimé d'une façon plus sensible encore et plus pénétrante l'impression produite sur son esprit par la vue de cette peinture primitive. « La madone de Margaritone, dit le vénéré Mac Silly, atteint le but transcendant de l'art; elle inspire à ses spectateurs des sentiments d'innocence et de pureté; elle les rend semblables aux petits enfants. Et cela est si vrai que, à l'âge de soixante-six ans, après avoir eu la joie de la contempler pendant trois heures d'affilée, je me sentis subitement transformé en un tendre nourrisson. Tandis qu'un cab m'emportait à travers *Trafalgar square,* j'agitais mon étui de lunettes comme un hochet, en riant et gazouillant. Et, lorsque la bonne de ma pension de famille m'eut servi mon repas, je me versai des cuillerées de potage dans l'oreille avec l'ingénuité du premier âge.

« C'est à de tels effets, ajoute Mac Silly, qu'on reconnaît l'excellence d'une œuvre d'art. »

Margaritone, à ce que rapporte Vasari, mourut à l'âge de soixante-dix-sept ans, « regrettant d'avoir assez vécu pour voir surgir un nouvel art et la renommée couronner de nouveaux artistes ». Ces lignes, que je traduis littéralement, ont inspiré à Sir James Tuckett les pages les plus suaves, peut-être, de son œuvre. Elles font partie du *Bréviaire des esthètes;* tous les préraphaélites les savent par cœur. Je veux les placer ici comme le plus précieux ornement de ce livre. On s'accorde à reconnaître qu'il ne fut rien écrit de plus sublime depuis les prophètes d'Israël.

LA VISION DE MARGARITONE

Margaritone, chargé d'ans et de travaux, visitait un jour l'atelier d'un jeune peintre nouvellement établi dans la ville. Il y remarqua une madone encore toute fraîche, qui, bien que sévère et rigide, grâce à une certaine exactitude dans les proportions et à un assez diabolique mélange d'ombres et de lumières, ne laissait pas que de prendre du relief et quelque air de vie. A cette vue, le naïf et sublime ouvrier d'Arezzo découvrit avec horreur l'avenir de la peinture.

Il murmura, le front dans les mains :

« Que de hontés cette figure me fait pressentir! J'y décerne la fin de l'art chrétien, qui peint les âmes et inspire un ardent désir du ciel. Les peintres futurs ne se borneront pas, comme celui-ci, à rappeler sur un pan de mur ou un panneau de bois la matière maudite dont nos corps sont formés : ils la célébreront et la glorifieront. Ils revêtiront leurs figures des dangereuses apparences de la chair; et ces figures sembleront des personnes naturelles. On leur verra des corps; leurs formes paraîtront à travers leurs vêtements. Sainte Madeleine aura des seins, sainte Marthe un ventre, sainte Barbe des cuisses, sainte Agnès des fesses (buttocks); saint Sébastien dévoilera sa grâce adolescente et saint Georges étalera sous le harnais les richesses musculaires d'une virilité robuste; les apôtres, les confesseurs, les docteurs et Dieu le Père lui-même paraîtront en manière de bons paillards comme vous et moi; les anges affecteront une beauté équivoque, ambiguë, mystérieuse qui troublera les cœurs. Quel désir du Ciel vous donneront ces représentations? Aucun; mais vous y apprendrez à goûter les formes de la vie terrestre. Où s'arrêteront les peintres dans leurs recherches indiscrètes? Ils ne s'arrêteront point. Ils en arriveront à montrer des hommes et des femmes nus comme les idoles des Romains. Il y aura un art profane et un art sacré, et l'art sacré ne sera pas moins profane que l'autre.

« Arrière! démons! » s'écria le vieux maître.

Car, en une vision prophétique, il découvrait les justes et les saints devenus pareils à des athlètes mélancoliques; il découvrait les Apollon jouant du violon, sur la cime fleurie, au milieu des Muses aux tuniques légères; il découvrait les Vénus couchées sous les sombres myrtes et les Danaé exposant à la pluie d'or leurs flancs délicieux; il découvrait les Jésus dans les colonnades, parmi les patriciens, les dames blondes, les musiciens, les pages, les nègres, les chiens et les perroquets; il découvrait, en un enchevêtrement inextricable de membres humains, d'ailes déployées et de draperies envolées, les Nativités tumultueuses, les Saintes Familles opulentes, les Crucifixions emphatiques; il découvrait les sainte Catherine, les sainte Barbe, les sainte Agnès, humiliant les patriciennes par la somptuosité de leurs velours, de leurs brocards, de leurs perles et par la splendeur de leur poitrine; il découvrait les Aurores répandant leurs roses et la multitude des Diane et des Nymphes surprises nues au bord des sources ombreuses. Et le grand Margaritone mourut suffoqué par ce pressentiment horrible de la Renaissance et de l'école de Bologne.

VI

MARBODE

Nous possédons un précieux monument de la littérature pingouine au xve siècle. C'est la relation d'un voyage aux enfers, entrepris par le moine Marbode, de l'ordre de saint Benoît, qui professait pour le poète Virgile une admiration fervente. Cette relation, écrite en assez bon latin, a été publiée par M. du Clos des Lunes. On la trouvera ici traduite pour la première fois en français. Je crois rendre service à mes compatriotes en leur faisant connaître ces pages qui, sans doute, ne sont pas uniques en leur genre dans la littérature latine du Moyen Age. Parmi les fictions qui peuvent en être rapprochées nous citerons *Le Voyage de saint Brendan, La Vision d'Albéric, Le Purgatoire de saint Patrice,* descriptions imaginaires du séjour supposé des morts, comme la *Divine Comédie,* de Dante Alighieri.

Des œuvres composées sur ce thème, la relation

de Marbode est une des plus tardives, mais elle n'en est pas la moins singulière.

LA DESCENTE DE MARBODE AUX ENFERS

En la quatorze cent cinquante-troisième année depuis l'incarnation du Fils de Dieu, peu de jours avant que les ennemis de la Croix n'entrassent dans la ville d'Hélène et du grand Constantin, il me fut donné à moi, frère Marbode, religieux indigne, de voir et d'ouïr ce que personne n'avait encore ouï ni vu. J'ai composé de ces choses une relation fidèle, afin que le souvenir n'en périsse point avec moi, car le temps de l'homme est court.

Le premier jour de mai de ladite année, à l'heure de vêpres, en l'abbaye de Corrigan, assis sur une pierre du cloître, près de la fontaine couronnée d'églantines, je lisais, à mon habitude, quelque chant du poète que j'aime entre tous, Virgile, qui a dit les travaux de la terre, les bergers et les chefs. Le soir suspendait les plis de sa pourpre aux arcs du cloître et je murmurais d'une voix émue les vers qui montrent comment Didon la Phénicienne traîne sous les myrtes des enfers sa blessure encore fraîche. A ce moment, frère Hilaire passa près de moi, suivi de frère Jacinthe, le portier.

Nourri dans des âges barbares, avant la résurrection des Muses, frère Hilaire n'est point initié à la sagesse antique; toutefois la poésie du Mantouan a, comme un flambeau subtil, jeté quelques lueurs dans son intelligence.

« Frère Marbode, me demanda-t-il, ces vers que vous soupirez ainsi, la poitrine gonflée et les yeux étincelants, appartiennent-ils à cette grande *Enéide* dont, matin ni soir, vous ne détournez guère les yeux? »

Je lui répondis que je lisais de Virgile comment le fils d'Anchise aperçut Didon pareille à la lune derrière le feuillage [1].

« Frère Marbode, répliqua-t-il, je suis certain que Virgile exprime en toute occasion de sages maximes et des pensées profondes. Mais les chants qu'il modula sur la flûte syracusaine présentent un sens si beau et une si haute doctrine, qu'on en demeure ébloui.

— Prenez garde, mon père, s'écria frère Jacinthe d'une voix émue. Virgile était un magicien qui accomplissait des prodiges avec l'aide des démons. C'est ainsi qu'il perça une montagne près de Naples et qu'il fabriqua un cheval de bronze ayant le pouvoir de guérir tous les chevaux malades. Il était nécromancien, et l'on montre encore, en une

---

1. Le texte porte
> ... *qualem primo qui surgere mense*
> *Aut videt aut vidisse putat per nubila lunam.*

Frère Marbode, par une étrange inadvertance, substitue à l'image créée par le poète une image toute différente.

certaine ville d'Italie, le miroir dans lequel il faisait apparaître les morts. Et pourtant une femme trompa ce grand sorcier. Une courtisane napolitaine l'invita de sa fenêtre à se hisser jusqu'à elle dans le panier qui servait à monter les provisions; et elle le laissa toute la nuit suspendu entre deux étages. »

Sans paraître avoir entendu ces propos :

« Virgile est un prophète, répliqua frère Hilaire; c'est un prophète et qui laisse loin derrière lui les Sibylles avec leurs carmes sacrés, et la fille du roi Priam, et le grand divinateur des choses futures, Platon d'Athènes. Vous trouverez dans le quatrième de ses chants syracusains la naissance de Notre-Seigneur annoncée en un langage qui semble plutôt du ciel que de la terre [1].

« Au temps de mes études, lorsque je lus pour la première fois : JAM REDIT ET VIRGO, je me sentis plongé dans un ravissement infini; mais tout aussitôt j'éprouvai une vive douleur à la pensée que, privé pour toujours de la présence de Dieu, l'auteur de ce chant prophétique, le plus beau qui soit sorti d'une lèvre humaine, languissait, parmi les gentils, dans les ténèbres éternelles. Cette pensée cruelle ne me quitta plus. Elle me poursuivait jusqu'en mes

---

[1]. Trois siècles avant l'époque où vivait notre Marbode on chantait dans les églises, le jour de Noël :
   Maro, vates gentilium,
   Da Christo testimonium.

études, mes prières, mes méditations et mes travaux ascétiques. Songeant que Virgile était privé de la vue de Dieu et que peut-être même il subissait en enfer le sort des réprouvés, je ne pouvais goûter ni joie ni repos et il m'arriva de m'écrier plusieurs fois par jour, les bras tendus vers le ciel :

« — Révélez-moi, Seigneur, la part que vous fîtes « à celui qui chanta sur la terre comme les « anges chantent dans les cieux! »

« Mes angoisses, après quelques années, cessèrent lorsque je lus dans un livre ancien que le grand apôtre qui appela les gentils dans l'Eglise du Christ, saint Paul, s'étant rendu à Naples, sanctifia de ses larmes le tombeau du prince des poètes [1]. Ce me fut une raison de croire que Virgile, comme l'empereur Trajan, fut admis au Paradis pour avoir eu, dans l'erreur, le pressentiment de la vérité. On n'est point obligé de le croire, mais il m'est doux de me le persuader. »

Ayant ainsi parlé, le vieillard Hilaire me souhaita la paix d'une sainte nuit et s'éloigna avec le frère Jacinthe.

Je repris la délicieuse étude de mon poète. Tandis que, le livre à la main, je méditais comment ceux

---

[1]. *Ad Maronis mausoleum*
Ductus, fudit super eum
Piae rorem lacrymae
Quem te, inquit, reddidissem,
Si te vivum invenissem,
Poetarum maxime!

qu'Amour fit périr d'un mal cruel suivent les sentiers secrets au fond de la forêt myrteuse, le reflet des étoiles vint se mêler en tremblant aux églantines effeuillées dans l'eau de la fontaine claustrale. Soudain, les lueurs, les parfums et la paix du ciel s'abîmèrent. Un monstrueux Borée, chargé d'ombre et d'orage, fondit sur moi en mugissant, me souleva et m'emporta comme un fétu de paille au-dessus des champs, des villes, des fleuves, des montagnes, à travers des nuées tonnantes, durant une nuit faite d'une longue suite de nuits et de jours. Et, lorsque après cette constante et cruelle rage l'ouragan s'apaisa enfin, je me trouvai, loin de mon pays natal, au fond d'un vallon enveloppé de cyprès. Alors une femme d'une beauté farouche et traînant de longs voiles s'approcha de moi. Elle me posa la main gauche sur l'épaule et, levant le bras droit vers un chêne au feuillage épais :

« Vois! » me dit-elle.

Aussitôt je reconnus la Sibylle qui garde le bois sacré de l'Averne et je discernai, parmi les branches touffues de l'arbre que montrait son doigt, le rameau d'or agréable à la belle Proserpine.

M'étant dressé debout :

« Ainsi donc, m'écriai-je, ô Vierge prophétique, devinant mon désir, tu l'as satisfait. Tu m'as révélé l'arbre qui porte la verge resplendissante sans laquelle nul ne peut entrer vivant dans la demeure des morts. Et il est vrai que je souhaitais ardemment de converser avec l'ombre de Virgile. »

Ayant dit, j'arrachai du tronc antique le rameau d'or et m'élançai sans peur dans le gouffre fumant qui conduit aux bords fangeux du Styx, où tournoient les ombres comme des feuilles mortes. A la vue du rameau dédié à Proserpine, Charon me prit dans sa barque, qui gémit sous mon poids, et j'abordai la rive des morts, accueilli par les abois silencieux du triple Cerbère. Je feignis de lui jeter l'ombre d'une pierre et le monstre vain s'enfuit dans son antre. Là vagissent parmi les joncs les enfants dont les yeux s'ouvrirent et se fermèrent en même temps à la douce lumière du jour; là, au fond d'une caverne sombre, Minos juge les humains. Je pénétrai dans le bois de myrtes où se traînent languissamment les victimes de l'amour, Phèdre, Procris, la triste Eriphyle, Evadné, Pasiphaé, Laodamie et Cénis, et Didon la Phénicienne; puis je traversai les champs poudreux réservés aux guerriers illustres. Au-delà, s'ouvrent deux routes : celle de gauche conduit au Tartare, séjour des impies. Je pris celle de droite, qui mène à l'Elysée et aux demeures de Dis. Ayant suspendu le rameau sacré à la porte de la déesse, je parvins dans des campagnes amènes, vêtues d'une lumière pourprée. Les ombres des philosophes et des poètes y conversaient gravement. Les Grâces et les Muses formaient sur l'herbe des chœurs légers. S'accompagnant de sa lyre rustique, le vieil Homère chantait. Ses yeux étaient fermés, mais ses lèvres étincelaient d'images divines. Je vis Solon, Démocrite et Pythagore qui assistaient, dans la prairie, aux jeux des jeunes hommes et j'aperçus, à travers le feuillage d'un antique laurier, Hésiode, Orphée, le mélancolique Euripide et la mâle Sappho. Je passai et reconnus, assis au bord d'un frais ruisseau, le poète Horace, Varius, Gallus, et Lycoris. Un peu à l'écart, Virgile, appuyé au tronc d'une yeuse obscure, pensif, regardait les bois. De haute stature et la taille mince, il avait encore ce teint hâlé, cet air rustique, cette mise négligée, cette apparence inculte qui, de son vivant, cachait son génie. Je le saluai pieusement et demeurai longtemps sans paroles.

Enfin, quand la voix put sortir de ma gorge serrée :

« O toi, si cher aux Muses ausoniennes, honneur du nom latin, Virgile, m'écriai-je, c'est par toi que j'ai senti la beauté; c'est par toi que j'ai connu la table des dieux et le lit des déesses. Souffre les louanges du plus humble de tes adorateurs.

— Lève-toi, étranger, me répondit le poète divin. Je reconnais que tu es vivant à l'ombre que ton corps allonge sur l'herbe en ce soir éternel. Tu n'es pas le premier humain qui soit descendu avant sa mort dans ces demeures, bien qu'entre nous et les vivants tout commerce soit difficile. Mais cesse de me louer : je n'aime pas les éloges; les bruits confus de la gloire ont toujours offensé mes oreilles. C'est pourquoi, fuyant Rome, où j'étais connu des oisifs et des curieux, j'ai travaillé dans la solitude de ma chère Parthénope. Et puis, pour goûter tes louanges, je ne suis pas assez sûr que les hommes de ton siècle comprennent mes vers. Qui es-tu?

— Je me nomme Marbode, du royaume d'Alca. J'ai fait profession en l'abbaye de Corrigan. Je lis tes poèmes le jour et je les lis la nuit. C'est toi que je suis venu voir dans les Enfers : j'étais impatient de savoir quel y est ton sort. Sur la terre, les doctes en disputent souvent. Les uns tiennent pour extrêmement probable qu'ayant vécu sous le pouvoir des démons, tu brûles maintenant dans les flammes inextinguibles; d'autres, mieux avisés, ne se prononcent point, estimant que tout ce qu'on dit des morts est incertain et plein de mensonges; plusieurs, non à la vérité des plus habiles, soutiennent que, pour avoir haussé le ton des Muses siciliennes et annoncé qu'une nouvelle progéniture descendait des cieux, tu fus admis, comme l'empereur Trajan, à jouir dans le paradis chrétien de la béatitude éternelle.

— Tu vois qu'il n'en est rien, répondit l'ombre en souriant.

— Je te rencontre en effet, ô Virgile, parmi les héros et les sages, dans ces Champs Elysées que toi-même as décrits. Ainsi donc, contrairement à ce que plusieurs croient sur la terre, nul n'est venu te chercher de la part de Celui qui règne là-haut? »

Après un assez long silence :
« Je ne te cacherai rien. Il m'a fait appeler; un de ses messagers, un homme simple, est venu me dire qu'on m'attendait et que, bien que je ne fusse point initié à leurs mystères, en considération de mes chants prophétiques, une place m'était réservée parmi ceux de la secte nouvelle. Mais je refusai de me rendre à cette invitation; je n'avais point envie de changer de place. Ce n'est pas que je partage l'admiration des Grecs pour les Champs Elysées et que j'y goûte ces joies qui font perdre à Proserpine le souvenir de sa mère. Je n'ai jamais beaucoup cru moi-même à ce que j'en ai dit dans mon *Enéide*. Instruit par les philosophes et par les physiciens, j'avais un juste pressentiment de la vérité. La vie aux Enfers est extrêmement diminuée; on n'y sent ni plaisir ni peine; on est comme si l'on n'était pas. Les morts n'y ont d'existence que celle que leur prêtent les vivants. Je préférai toutefois y demeurer.

— Mais quelle raison donnas-tu, Virgile, d'un refus si étrange?

— J'en donnai d'excellentes. Je dis à l'envoyé du Dieu que je ne méritais point l'honneur qu'il m'apportait, et que l'on supposait à mes vers un sens qu'ils ne comportaient pas. En effet, je n'ai point trahi dans ma quatrième Eglogue la foi de mes aïeux. Des juifs ignorants ont pu seuls interpréter en faveur d'un dieu barbare un chant qui célèbre le retour de l'âge d'or, prédit par les oracles sibyllins. Je m'excusai donc sur ce que je ne pouvais pas occuper une place qui m'était destinée par erreur et à laquelle je ne me reconnaissais nul droit. Puis, j'alléguai mon humeur et mes goûts, qui ne s'accordaient pas avec les mœurs des nouveaux cieux.

« — Je ne suis point insociable, dis-je à cet
« homme; j'ai montré dans la vie un caractère doux
« et facile. Bien que la simplicité extrême de mes
« habitudes m'ait fait soupçonner d'avarice, je ne
« gardais rien pour moi seul; ma bibliothèque était
« ouverte à tous, et j'ai conformé ma conduite à
« cette belle parole d'Euripide : « Tout doit être
« commun entre amis. » Les louanges qui m'étaient
« importunes quand je les recevais, me devenaient
« agréables lorsqu'elles s'adressaient à Varius ou à
« Macer. Mais, au fond, je suis rustique et sau-
« vage, je me plais dans la société des bêtes; je
« mis tant de soin à les observer, je prenais d'elles
« un tel souci que je passai, non point tout à fait
« à tort, pour un très bon vétérinaire. On m'a

« dit que les gens de votre secte s'accordaient
« une âme immortelle et en refusaient une aux
« animaux : c'est un non-sens qui me fait douter
« de leur raison. J'aime les troupeaux et peut-
« être un peu trop le berger. Cela ne serait pas
« bien vu chez vous. Il y a une maxime à laquelle
« je m'efforçai de conformer mes actions : rien de
« trop. Plus encore que ma faible santé, ma phi-
« losophie m'instruisit à user des choses avec me-
« sure. Je suis sobre; une laitue et quelques olives,
« avec une goutte de falerne, composaient tout
« mon repas. J'ai fréquenté modérément le lit des
« femmes étrangères; et je ne me suis pas attardé
« outre mesure à voir, dans la taverne, danser,
« au son du crotale, la jeune Syrienne[1]. Mais, si
« j'ai contenu mes désirs, ce fut pour ma satisfac-
« tion et par bonne discipline : craindre le plaisir
« et fuir la volupté m'eût paru le plus abject ou-
« trage qu'on pût faire à la nature. On m'assure
« que durant leur vie certains parmi les élus de
« ton Dieu s'abstenaient de nourriture et fuyaient
« les femmes par amour de la privation et s'expo-
« saient volontairement à d'inutiles souffrances. Je
« craindrais de rencontrer ces criminels dont la fré-
« nésie me fait horreur. Il ne faut pas demander
« à un poète de s'attacher trop strictement à une
« doctrine physique et morale; je suis Romain,

---

1. Cette phrase semble bien indiquer que, si l'on en croyait Marbode, la *Copa* serait de Virgile.

« d'ailleurs, et les Romains ne savent pas comme
« les Grecs conduire subtilement des spéculations
« profondes; s'ils adoptent une philosophie, c'est
« surtout pour en tirer des avantages pratiques.
« Siron, qui jouissait parmi nous d'une haute
« renommée, en m'enseignant le système d'Epicure,
« m'a affranchi des vaines terreurs et détourné
« des cruautés que la religion persuade aux
« hommes ignorants; j'ai appris de Zénon à sup-
« porter avec constance les maux inévitables; j'ai
« embrassé les idées de Pythagore sur les âmes des
« hommes et des animaux, qui sont les unes et les
« autres d'essence divine, ce qui nous invite à
« nous regarder sans orgueil ni sans honte. J'ai su
« des Alexandrins comment la terre, d'abord molle
« et ductile, s'affermit à mesure que Nérée s'en
« retirait pour creuser ses demeures humides; com-
« ment, insensiblement, se formèrent les choses; de
« quelle manière, tombant des nuées allégées, les
« pluies nourrirent les forêts silencieuses et par
« quel progrès enfin de rares animaux commen-
« cèrent à errer sur les montagnes innomées. Je ne
« pourrais plus m'accoutumer à votre cosmogonie,
« mieux faite pour les chameliers des sables de
« Syrie que pour un disciple d'Aristarque de Sa-
« mos. Et que deviendrai-je dans le séjour de votre
« béatitude, si je n'y trouve pas mes amis, mes
« ancêtres, mes maîtres et mes dieux, et s'il ne
« m'est pas donné d'y voir le fils auguste de Rhéa,

« Vénus, au doux sourire, mère des Enéades,
« Pan, les jeunes Dryades, les Sylvains et le vieux
« Silène barbouillé par Eglé de la pourpre des
« mûres? »

« Voilà les raisons que je priai cet homme
simple de faire valoir au successeur de Jupiter.

— Et depuis lors, ô grande ombre, tu n'as plus
reçu de messages?

— Je n'en ai reçu aucun.

— Pour se consoler de ton absence, Virgile,
ils ont trois poètes : Commodien, Prudence
et Fortunat qui naquirent tous trois en des
jours ténébreux où l'on ne savait plus ni la
prosodie ni la grammaire. Mais, dis-moi, ne
reçus-tu jamais, ô Mantouan, d'autres nouvelles
du Dieu dont tu refusas si délibérément la compagnie?

— Jamais, qu'il me souvienne.

— Ne m'as-tu point dit que je n'étais pas le
premier qui, descendu vivant dans ces demeures,
se présenta devant toi?

— Tu m'y fais songer. Il y a un siècle et demi,
autant qu'il me semble (il est difficile aux ombres
de compter les jours et les années), je fus troublé
dans ma profonde paix par un étrange visiteur.
Comme j'errais sous les livides feuillages qui
bordent le Styx, je vis se dresser devant moi une
forme humaine plus opaque et plus sombre que
celle des habitants de ces rives : je reconnus un

vivant. Il était de haute taille, maigre, le nez aquilin, le menton aigu, les joues creuses; ses yeux noirs jetaient des flammes; un chaperon rouge, ceint d'une couronne de lauriers, serrait ses tempes décharnées. Ses os perçaient la robe étroite et brune qui lui descendait jusqu'aux talons. Il me salua avec une déférence que relevait un air de fierté sauvage et m'adressa la parole en un langage plus incorrect et plus obscur que celui des Gaulois dont le divin Julius remplit les légions et la curie. Je finis par comprendre qu'il était né près de Fésules, dans une colonie étrusque fondée par Sylla au bord de l'Arnus, et devenue prospère; qu'il y avait obtenu les honneurs municipaux, mais que, des discordes sanglantes ayant éclaté entre le sénat, les chevaliers et le peuple, il s'y était jeté d'un cœur impétueux et que maintenant, vaincu, banni, il traînait par le monde un long exil. Il me peignit l'Italie déchirée de plus de discordes et de guerres qu'au temps de ma jeunesse et soupirant après la venue d'un nouvel Auguste. Je plaignis ses malheurs, me souvenant de ce que j'avais autrefois enduré.

« Une âme audacieuse l'agitait sans cesse et son esprit nourrissait de vastes pensées, mais il témoignait, hélas! par sa rudesse et son ignorance, du triomphe de la barbarie. Il ne connaissait ni la poésie, ni la science, ni même la langue des Grecs et ne possédait sur l'origine du monde et la nature des dieux aucune tradition antique. Il récitait gravement des fables qui, de mon temps, à Rome, eussent fait rire les petits enfants qui ne payent pas encore pour aller au bain. Le vulgaire croit facilement aux monstres. Les Etrusques particulièrement ont peuplé les Enfers de démons hideux, pareils aux songes d'un malade. Que les imaginations de leur enfance ne les aient point quittés après tant de siècles, c'est ce qu'expliquent assez la suite et les progrès de l'ignorance et de la misère; mais qu'un de leurs magistrats, dont l'esprit s'élève au-dessus de la commune mesure, partage les illusions populaires et s'effraie de ces démons hideux que, au temps de Porsena, les habitants de cette terre peignaient sur les murs de leurs tombeaux, voilà ce dont le sage lui-même peut s'attrister. Mon Etrusque me récita des vers composés par lui dans un dialecte nouveau, qu'il appelait la langue vulgaire, et dont je ne pouvais comprendre le sens. Mes oreilles furent plus surprises que charmées d'entendre que, pour marquer le rythme, il ramenait à intervalles réguliers trois ou quatre fois le même son. Cet artifice ne me semble point ingénieux; mais ce n'est pas aux morts à juger les nouveautés.

« Au reste, que ce colon de Sylla, né dans des temps infortunés, fasse des vers inharmonieux, qu'il soit, s'il se peut, aussi mauvais poète que Bavius et Maevius, ce n'est pas ce que je lui reprocherai;

j'ai contre lui des griefs qui me touchent davantage. Chose vraiment monstrueuse et à peine croyable! cet homme, retourné sur la terre, y sema, à mon sujet, d'odieux mensonges; il affirma, en plusieurs endroits de ses poèmes sauvages, que je lui avais servi de compagnon dans le moderne Tartare, que je ne connais pas; il publia insolemment que j'avais traité les dieux de Rome de dieux faux et menteurs et tenu pour vrai Dieu le successeur actuel de Jupiter. Ami, quand, rendu à la douce lumière du jour, tu reverras ta patrie, démens ces fables abominables; dis bien à ton peuple que le chantre du pieux Enée n'a jamais encensé le Dieu des Juifs.

« On m'assure que sa puissance décline et qu'on reconnaît, à des signes certains, que sa chute est proche. Cette nouvelle me causerait quelque joie si l'on pouvait se réjouir dans ces demeures où l'on n'éprouve ni craintes ni désirs. »

Il dit et, avec un geste d'adieu, s'éloigna. Je contemplai son ombre qui glissait sur les asphodèles sans en courber les tiges; je vis qu'elle devenait plus ténue et plus vague à mesure qu'elle s'éloignait de moi; elle s'évanouit avant d'atteindre le bois des lauriers toujours verts. Alors, je compris le sens de ces paroles : « Les morts n'ont de vie que celle que leur prêtent les vivants », et je m'acheminai, pensif, à travers la pâle prairie, jusqu'à la porte de corne.

J'affirme que tout ce qui se trouve dans cet écrit est véritable [1].

1. Il y a dans la relation de Marbode un endroit bien digne de remarque, c'est celui où le religieux de Corrigan décrit l'Alighieri tel que nous nous le figurons aujourd'hui. Les miniatures peintes dans un très vieux manuscrit de la *Divine Comédie,* le *Codex venetianus,* représentent le poète sous l'aspect d'un petit homme gros, vêtu d'une tunique courte dont la jupe lui remonte sur le ventre. Quant à Virgile, il porte encore, sur les bois du XVIe siècle, la barbe philosophique.

On n'aurait pas cru non plus que ni Marbode ni même Virgile connussent les tombeaux étrusques de Chiusi et de Corneto, où se trouvent en effet des peintures pleines de diables horribles et burlesques, auxquels ceux d'Orcagna ressemblent beaucoup. Néanmoins, l'authenticité de la *Descente de Marbode aux Enfers* est incontestable : M. du Clos des Lunes l'a solidement établie; en douter serait douter de la paléographie.

VII

SIGNES DANS LA LUNE

Alors que la Pingouinie était encore plongée dans l'ignorance et dans la barbarie, Gilles Loisellier, moine franciscain, connu par ses écrits sous le nom d'Ægidius Aucupis, se livrait avec une infatigable ardeur à l'étude des lettres et des sciences. Il donnait ses nuits à la mathématique et à la musique, qu'il appelait les deux sœurs adorables, filles harmonieuses du Nombre et de l'Imagination. Il était versé dans la médecine et dans l'astrologie. On le soupçonnait de pratiquer la magie et il semble vrai qu'il opérât des métamorphoses et découvrît des choses cachées.

Les religieux de son couvent, ayant trouvé dans sa cellule des livres grecs qu'ils ne pouvaient lire, s'imaginèrent que c'étaient des grimoires, et dénoncèrent comme sorcier leur frère trop savant. Ægidius Aucupis s'enfuit et gagna l'île d'Irlande où il vécut trente ans dans l'étude. Il allait de monastère en monastère, cherchant les manuscrits grecs et latins qui y étaient renfermés, et il en faisait des copies. Il étudiait aussi la physique et l'alchimie. Il acquit une science universelle et découvrit notamment des secrets sur les animaux, les plantes et les pierres. On le surprit un jour enfermé avec une femme parfaitement belle qui chantait en s'accompagnant du luth et que, plus tard, on reconnut être une machine qu'il avait construite de ses mains.

Il passait souvent la mer d'Irlande pour se rendre dans le pays de Galles et y visiter les librairies des moustiers. Pendant une de ces traversées, se tenant la nuit sur le pont du navire, il vit sous les eaux deux esturgeons qui nageaient de conserve. Il avait l'ouïe fine et connaissait le langage des poissons. Or, il entendit que l'un des esturgeons disait à l'autre :

« L'homme qu'on voyait depuis longtemps, dans la lune, porter des fagots sur ses épaules est tombé dans la mer. »

Et l'autre esturgeon dit à son tour :

« Et l'on verra dans le disque d'argent l'image de deux amants qui se baisent sur la bouche. »

Quelques années plus tard, rentré dans son pays, Ægidius Aucupis y trouva les lettres antiques restaurées, les sciences remises en honneur. Les mœurs s'adoucissaient; les hommes ne poursuivaient plus de leurs outrages les nymphes des fontaines, des bois et des montagnes; ils plaçaient dans leurs jardins les images des Muses et des Grâces décentes et rendaient à la Déesse aux lèvres d'ambroisie, volupté des hommes et des dieux, ses antiques honneurs. Ils se réconciliaient avec la nature; ils foulaient aux pieds les vaines terreurs et levaient les yeux au ciel sans crainte d'y lire, comme autrefois, des signes de colère et des menaces de damnation. A ce spectacle, Ægidius Aucupis rappela dans son esprit ce qu'avaient annoncé les deux esturgeons de la mer d'Erin.

LIVRE IV

LES TEMPS MODERNES

TRINCO

I

LA ROUQUINE

Ægidius Aucupis, l'Erasme des Pingouins, ne s'était pas trompé; son temps fut celui du libre examen. Mais ce grand homme prenait pour douceur de mœurs les élégances des humanistes et ne prévoyait pas les effets du réveil de l'intelligence chez les Pingouins. Il amena la réforme religieuse; les catholiques massacrèrent les réformés; les réformés massacrèrent les catholiques : tels furent les premiers progrès de la liberté de pensée. Les catholiques l'emportèrent en Pingouinie. Mais l'esprit d'examen avait, à leur insu, pénétré en eux; ils associaient la raison à la croyance et prétendaient dépouiller la religion des pratiques superstitieuses qui la déshonoraient, comme plus tard on dégagea les cathédrales des échoppes que les savetiers, regrattiers et ravaudeuses y avaient adossées. Le mot de légende, qui indiquait d'abord ce que le fidèle doit lire, impliqua bientôt l'idée de fables pieuses et de contes puérils.

Les saints et les saintes eurent à souffrir de cet état d'esprit. Un petit chanoine, notamment, très savant, très austère et très âpre, nommé Princeteau, en signala un si grand nombre comme indignes d'être chômés, qu'on le surnomma le dénicheur de saints. Il ne pensait pas que l'oraison de sainte Marguerite, appliquée en cataplasme sur le ventre des femmes en travail, calmât les douleurs de l'enfantement.

La vénérable patronne de la Pingouinie n'échappa point à sa critique sévère. Voici ce qu'il en dit dans ses *Antiquités d'Alca*.

« Rien de plus incertain que l'histoire et même l'existence de sainte Orberose. Un vieil annaliste anonyme, le religieux des Dombes, rapporte qu'une femme du nom d'Orberose fut possédée par le diable dans une caverne où, de son temps encore, les petits gars et les petites garces du village venaient faire, en manière de jeu, le diable et la belle Orberose. Il ajoute que cette femme devint la concubine d'un horrible dragon qui désolait la contrée. Cela n'est guère croyable, mais l'histoire d'Orberose, telle qu'on l'a contée depuis, ne semble pas beaucoup plus digne de foi.

« La vie de cette sainte par l'abbé Simplicissimus est de trois cents ans postérieure aux prétendus événements qu'elle rapporte; l'auteur s'y montre crédule à l'excès et dénué de toute critique. »

Le soupçon s'attaqua même aux origines surnaturelles des Pingouins. L'historien Ovidius Capito alla jusqu'à nier le miracle de leur transformation. Il commence ainsi ses *Annales de la Pingouinie* :

« Une épaisse obscurité enveloppe cette histoire et il n'est pas exagéré de dire qu'elle est tissue de fables puériles et de contes populaires. Les Pingouins se prétendent sortis des oiseaux baptisés par saint Maël et que Dieu changea en hommes par l'intercession de ce glorieux apôtre. Ils enseignent que, située d'abord dans l'océan glacial, leur île, flottante comme Délos, était venue mouiller dans les mers aimées du ciel dont elle est aujourd'hui la reine. Je conjecture que ce mythe rappelle les antiques migrations des Pingouins. »

Au siècle suivant, qui fut celui des philosophes, le scepticisme devint plus aigu : je n'en veux pour preuve que ce passage célèbre de l'*Essai moral* :

« Venus on ne sait d'où (car enfin leurs origines ne sont pas limpides), successivement envahis et conquis par quatre ou cinq peuples du midi, du couchant, du levant, du septentrion; croisés, métissés, amalgamés, brassés, les Pingouins vantent la pureté de leur race, et ils ont raison, car ils sont devenus une race pure. Ce mélange de toutes les humanités, rouge, noire, jaune, blanche, têtes rondes, têtes longues, a formé, au cours des siècles, une famille humaine suffisamment homogène et reconnaissable à certains caractères dus à la communauté de la vie et des mœurs.

« Cette idée qu'ils appartiennent à la plus belle race du monde, et qu'ils en sont la plus belle famille, leur inspire un noble orgueil, un courage indomptable et la haine du genre humain.

« La vie d'un peuple n'est qu'une suite de misères, de crimes et de folies. Cela est vrai de la nation pingouine comme de toutes les nations. A cela près, son histoire est admirable d'un bout à l'autre. »

Les deux siècles classiques des Pingouins sont trop connus pour que j'y insiste; mais ce qui n'avait pas été suffisamment observé, c'est comment les théologiens rationalistes, tels que le chanoine Princeteau, donnèrent naissance aux incrédules du siècle suivant. Les premiers se servirent de leur raison pour détruire tout ce qui dans la religion ne leur paraissait point essentiel; ils laissèrent seuls intacts les articles de foi stricte; leurs successeurs intellectuels, instruits par eux à faire usage de la science et de la raison, s'en servirent contre ce qui restait de croyances; la théologie raisonnable engendra la philosophie naturelle.

C'est pourquoi (s'il m'est permis de passer des Pingouins d'autrefois au Souverain Pontife qui gouverne aujourd'hui l'Eglise universelle) on ne saurait trop admirer la sagesse du pape Pie X qui condamne les études d'exégèse comme contraires à la vérité révélée, funestes à la bonne doctrine théologique et mortelles à la foi. S'il se trouve des religieux pour soutenir contre lui les droits de la science, ce sont des docteurs pernicieux et des maîtres pestilents, et si quelque chrétien les approuve, à moins que ce ne soit une grande linotte, je jure qu'il est de la vache à Colas.

A la fin du siècle des philosophes, l'antique régime de la Pingouinie fut détruit de fond en comble, le roi mis à mort, les privilèges de la noblesse abolis et la République proclamée au milieu des troubles, sous le coup d'une guerre effroyable. L'assemblée qui gouvernait alors la Pingouinie ordonna que tous les ouvrages de métal contenus dans les Eglises fussent mis à la fonte. Les patriotes violèrent les tombes des rois. On raconte que, dans son cercueil ouvert, Draco le Grand apparut, noir comme l'ébène et si majestueux, que les violateurs s'enfuirent épouvantés. Selon d'autres témoignages, ces hommes grossiers lui mirent une pipe à la bouche et lui offrirent, par dérision, un verre de vin.

Le dix-septième jour du mois de la fleur, la châsse de sainte Orberose, offerte depuis cinq siècles, en l'église Saint-Maël, à la vénération du peuple, fut transportée dans la maison de ville et soumise aux experts désignés par la commune; elle était de cuivre doré, en forme de nef, toute couverte d'émaux et ornée de pierreries qui furent reconnues fausses. Dans sa prévoyance, le Chapitre en avait ôté les rubis, les saphirs, les émeraudes et les grandes boules de cristal de roche, et y avait substitué des morceaux de verre. Elle ne contenait qu'un peu de poussière et de vieux linges qu'on jeta dans un grand feu allumé sur la place de Grève pour y consumer les reliques des saints. Le peuple dansait autour en chantant des chansons patriotiques.

Du seuil de leur échoppe adossée à la maison de ville, le Rouquin et la Rouquine regardaient cette ronde de forcenés. Le rouquin tondait les chiens et coupait les chats; il fréquentait les cabarets. La Rouquine était rempailleuse et entremetteuse; elle ne manquait pas de sens.

« Tu le vois, Rouquin, dit-elle à son homme : ils commettent un sacrilège. Ils s'en repentiront.

— Tu n'y connais rien, ma femme, répliqua le Rouquin; ils sont devenus philosophes, et quand on est philosophe, c'est pour la vie.

— Je te dis, Rouquin, qu'ils regretteront tôt ou tard ce qu'ils font aujourd'hui. Ils maltraitent les saints qui ne les ont pas suffisamment assistés; mais les cailles ne leur tomberont pas pour cela toutes rôties dans le bec; ils se trouveront aussi gueux que devant et, quand ils auront beaucoup tiré la langue, ils redeviendront dévots. Un jour arrivera, et plus tôt qu'on ne croit, où la Pingouinie recommencera d'honorer sa benoîte patronne. Rouquin, il serait sage de garder pour ce jour-là, en notre logis, au fond d'un vieux pot, une poignée de cendres, quelques os et des chiffons. Nous dirons que ce sont les reliques de sainte Orberose, que nous avons sauvées des flammes, au péril de notre vie. Je me trompe bien si nous n'en recueillerons pas honneur et profit. Cette bonne action pourra nous valoir, dans notre vieillesse, d'être chargés par monsieur le curé de vendre les cierges et de louer les chaises dans la chapelle de sainte Orberose. »

Ce jour même, la Rouquine prit à son foyer un peu de cendres et quelques os rongés et les mit dans un vieux pot de confitures, sur l'armoire.

II

TRINCO

La Nation souveraine avait repris les terres de la noblesse et du clergé pour les vendre à vil prix aux bourgeois et aux paysans. Les bourgeois et les paysans jugèrent que la révolution était bonne pour y acquérir des terres et mauvaise pour les y conserver.

Les législateurs de la République firent des lois terribles pour la défense de la propriété et édictèrent la mort contre quiconque proposerait le partage des biens. Mais cela ne servit de rien à la République. Les paysans, devenus propriétaires, s'avisaient qu'elle avait, en les enrichissant, porté le trouble dans les fortunes et ils souhaitaient l'avènement d'un régime plus respectueux du bien des particuliers et plus capable d'assurer la stabilité des institutions nouvelles.

Ils ne devaient pas l'attendre longtemps. La République, comme Agrippine, portait dans ses flancs son meurtrier.

Ayant de grandes guerres à soutenir, elle créa les forces militaires qui devaient la sauver et la détruire. Ses législateurs pensaient contenir les généraux par la terreur des supplices; mais, s'ils tranchèrent quelquefois la tête aux soldats malheureux, ils n'en pouvaient faire autant aux soldats heureux qui se donnaient sur elle l'avantage de la sauver.

Dans l'enthousiasme de la victoire, les Pingouins régénérés se livrèrent à un dragon plus terrible que celui de leurs fables, qui, comme une cigogne au milieu des grenouilles, durant quatorze années, d'un bec insatiable les dévora.

Un demi-siècle après le règne du nouveau dragon, un jeune maharajah de Malaisie, nommé Djambi, désireux de s'instruire en voyageant, comme le Scythe Anacharsis, visita la Pingouinie et fit de son séjour une intéressante relation, dont voici la première page.

VOYAGE DU JEUNE DJAMBI EN PINGOUINIE

Après quatre-vingt-dix jours de navigation j'abordai dans le port vaste et désert des Pingouins philomaques et me rendis à travers des campagnes incultes jusqu'à la capitale en ruine. Ceinte de remparts, pleine de casernes et d'arsenaux, elle avait l'air martial et désolé. Dans les rues, des hommes rachitiques et bistournés traînaient avec fierté de vieux uniformes et des ferrailles rouillées.

« Qu'est-ce que vous voulez? me demanda rudement, sous la porte de la ville, un militaire dont les moustaches menaçaient le ciel.

— Monsieur, répondis-je, je viens, en curieux, visiter cette île.

— Ce n'est pas une île, répliqua le soldat.

— Quoi! m'écriai-je, l'île des Pingouins n'est point une île?

— Non, monsieur, c'est une insule. On l'appelait autrefois île, mais, depuis un siècle, elle porte par décret le nom d'insule. C'est la seule insule de tout l'univers. Vous avez un passeport?

— Le voici.

— Allez le faire viser au ministère des relations extérieures. »

Un guide boiteux, qui me conduisait, s'arrêta sur une vaste place.

« L'insule, dit-il, a donné le jour, vous ne l'ignorez pas, au plus grand génie de l'univers, Trinco, dont vous voyez la statue devant vous; cet obélisque, dressé à votre droite, commémore la naissance de Trinco; la colonne qui s'élève à votre gauche porte à son faîte Trinco, ceint du diadème. Vous découvrez d'ici l'arc de triomphe dédié à la gloire de Trinco et de sa famille.

— Qu'a-t-il fait de si extraordinaire, Trinco? demandai-je.

— La guerre.

— Ce n'est pas une chose extraordinaire. Nous la faisons constamment, nous autres malais.

— C'est possible, mais Trinco est le plus grand homme de guerre de tous les pays et de tous les temps. Il n'a jamais existé d'aussi grand conquérant que lui. En venant mouiller dans notre port, vous avez vu, à l'est, une île volcanique, en forme de cône, de médiocre étendue, mais renommée pour ses vins, Ampélophore, et, à l'ouest, une île plus spacieuse qui dresse sous le ciel une longue rangée de dents aiguës; aussi l'appelle-t-on la Mâchoire-du-Chien. Elle est riche en mines de cuivre. Nous les possédions toutes deux avant le règne de Trinco; là se bornait notre empire. Trinco étendit la domination pingouine sur l'archipel des Turquoises et le Continent Vert, soumit la sombre Marsouinie, planta ses drapeaux dans les glaces du pôle et dans les sables brûlants du désert africain. Il levait des troupes dans tous les pays qu'il avait conquis et, quand défilaient ses armées, à la suite de nos voltigeurs philomaques et de nos grenadiers insulaires, de nos hussards et de nos dragons, de nos artilleurs et de nos tringlots, on voyait des guerriers jaunes, pareils, dans leur armures bleues, à des écrevisses dressées sur leurs queues; des hommes rouges coiffés de plumes de perroquets, tatoués de figures solaires et génésiques, faisant sonner sur leur dos un carquois de flèches empoisonnées; des noirs tout nus, armés de leurs dents et de leurs ongles; des pygmées montés sur des grues; des gorilles, se soutenant d'un tronc d'arbre, conduits par un vieux mâle qui portait à sa poitrine velue la croix de la Légion d'honneur. Et toutes ces troupes, emportées sous les étendards de Trinco par le souffle d'un patriotisme ardent, volaient de victoire en victoire. Durant trente ans de guerres Trinco conquit la moitié du monde connu.

— Quoi! m'écriai-je, vous possédez la moitié du monde?

— Trinco nous l'a conquise et nous l'a perdue. Aussi grand dans ses défaites que dans ses victoires, il a rendu tout ce qu'il avait conquis. Il s'est fait prendre même ces deux îles que nous possédions avant lui, Ampélophore et la Mâchoire-du-Chien. Il a laissé la Pingouinie appauvrie et dépeuplée. La fleur de l'insule a péri dans ses guerres. Lors de sa chute, il ne restait dans notre patrie que les bossus et les boiteux dont nous descendons. Mais il nous a donné la gloire.

— Il vous l'a fait payer cher!

— La gloire ne se paie jamais trop cher », répliqua mon guide.

III

VOYAGE DU DOCTEUR OBNUBILE

Après une succession de vicissitudes inouïes, dont le souvenir est perdu en grande partie par l'injure du temps et le mauvais style des historiens, les Pingouins établirent le gouvernement des Pingouins par eux-mêmes. Ils élurent une diète ou assemblée et l'investirent du privilège de nommer le chef de l'Etat. Celui-ci, choisi parmi les simples Pingouins, ne portait pas au front la crête formidable du monstre, et n'exerçait point sur le peuple une autorité absolue. Il était lui-même soumis aux lois de la nation. On ne lui donnait pas le titre de roi; un nombre ordinal ne suivait pas son nom. Il se nommait Paturle, Janvion, Truffaldin, Coquenpot, Bredouille. Ces magistrats ne faisaient point la guerre. Ils n'avaient pas d'habits pour cela.

Le nouvel Etat reçut le nom de chose publique ou république. Ses partisans étaient appelés républicanistes ou républicains. On les nommait aussi chosards et parfois fripouilles; mais ce dernier terme était pris en mauvaise part.

La démocratie pingouine ne se gouvernait point par elle-même; elle obéissait à une oligarchie financière qui faisait l'opinion par les journaux, et tenait dans sa main les députés, les ministres et le président. Elle ordonnait souverainement des finances de la république et dirigeait la politique extérieure du pays.

Les empires et les royaumes entretenaient alors des armées et des flottes énormes; obligée, pour sa sûreté, de faire comme eux, la Pingouinie succombait sous le poids des armements. Tout le monde déplorait ou feignait de déplorer une si dure nécessité; cependant les riches, les gens de négoce et d'affaires s'y soumettaient de bon cœur par patriotisme et parce qu'ils comptaient sur les soldats et les marins pour défendre leurs biens et acquérir au-dehors des marchés et des territoires; les grands industriels poussaient à la fabrication des canons et des navires par zèle pour la défense nationale et afin d'obtenir des commandes. Parmi les citoyens de condition moyenne et de professions libérales, les uns se résignaient sans plainte à cet état de choses, estimant qu'il durerait toujours; les autres en attendaient impatiemment la fin et pensaient amener les puissances au désarmement simultané.

L'illustre professeur Obnubile était de ces derniers.

« La guerre, disait-il, est une barbarie que le progrès de la civilisation fera disparaître. Les grandes démocraties sont pacifiques et leur esprit s'imposera bientôt aux autocrates eux-mêmes. »

Le professeur Obnubile, qui menait depuis soixante ans une vie solitaire et recluse, dans son laboratoire où ne pénétraient point les bruits du dehors, résolut d'observer par lui-même l'esprit des peuples. Il commença ses études par la plus grande des démocraties et s'embarqua pour la Nouvelle-Atlantide.

Après quinze jours de navigation son paquebot entra, la nuit, dans le bassin de Titanport où mouillaient des milliers de navires. Un pont de fer, jeté au-dessus des eaux, tout resplendissant de lumières, s'étendait entre deux quais si distants l'un de l'autre que le professeur Obnubile crut naviguer sur les mers de Saturne et voir l'anneau merveilleux qui ceint la planète du Vieillard. Et cet immense transbordeur charriait plus du quart des richesses du monde. Le savant pingouin, ayant débarqué, fut servi dans un hôtel de quarante-huit étages par des automates, puis il prit la grande voie ferrée qui conduit à Gigantopolis, capitale de la Nouvelle-Atlantide. Il y avait dans le train des restaurants, des salles de jeux, des arènes athlétiques, un bureau de dépêches commerciales et financières, une chapelle évangélique et l'imprimerie d'un grand journal que le docteur ne put lire, parce qu'il ne connaissait point la langue des Nouveaux Atlantes. Le train rencontrait, au bord des grands fleuves, des villes manufacturières qui obscurcissaient le ciel de la fumée de leurs fourneaux : villes noires le jour, villes rouges la nuit, pleines de clameurs sous le soleil et de clameurs dans l'ombre.

« Voilà, songeait le docteur, un peuple bien trop occupé d'industrie et de négoce pour faire la guerre. Je suis, dès à présent, certain que les Nouveaux Atlantes suivent une politique de paix. Car c'est un axiome admis par tous les économistes que la paix au-dehors et la paix au-dedans sont nécessaires au progrès du commerce et de l'industrie. »

En parcourant Gigantopolis, il se confirma dans cette opinion. Les gens allaient par les voies, emportés d'un tel mouvement, qu'ils culbutaient tout ce qui se trouvait sur leur passage. Obnubile, plusieurs fois renversé, y gagna d'apprendre à se mieux comporter : après une heure de course, il renversa lui-même un Atlante.

Parvenu sur une grande place, il vit le portique d'un palais de style classique dont les colonnes corinthiennes élevaient à soixante-dix mètres au-dessus du stylobate leurs chapiteaux d'acanthe arborescente.

Comme il admirait immobile, la tête renversée, un homme d'apparence modeste l'aborda et lui dit en pingouin:

« Je vois à votre habit que vous êtes de Pingouinie. Je connais votre langue; je suis interprète juré. Ce palais est celui du Parlement. En ce moment, les députés des Etats délibèrent. Voulez-vous assister à la séance? »

Introduit dans une tribune, le docteur plongea ses regards sur la multitude des législateurs qui siégeaient dans des fauteuils de jonc, les pieds sur leur pupitre.

Le président se leva et murmura plutôt qu'il n'articula, au milieu de l'inattention générale, les formules suivantes, que l'interprète traduisit aussitôt au docteur :

« La guerre pour l'ouverture des marchés mongols étant terminée à la satisfaction des Etats, je vous propose d'en envoyer les comptes à la commission des finances...

« Il n'y a pas d'opposition?...

« La proposition est adoptée.

« La guerre pour l'ouverture des marchés de la Troisième-Zélande étant terminée à la satisfaction des Etats, je vous propose d'en envoyer les comptes à la commission des finances...

« Il n'y a pas d'opposition?...

« La proposition est adoptée.

— Ai-je bien entendu? demanda le professeur Obnubile. Quoi? vous, un peuple industriel, vous vous êtes engagés dans toutes ces guerres!

— Sans doute, répondit l'interprète : ce sont des

guerres industrielles. Les peuples qui n'ont ni commerce ni industrie ne sont pas obligés de faire la guerre; mais un peuple d'affaires est astreint à une politique de conquêtes. Le nombre de nos guerres augmente nécessairement avec notre activité productrice. Dès qu'une de nos industries ne trouve pas à écouler ses produits, il faut qu'une guerre lui ouvre de nouveaux débouchés. C'est ainsi que nous avons eu cette année une guerre de charbon, une guerre de cuivre, une guerre de coton. Dans la Troisième-Zélande nous avons tué les deux tiers des habitants afin d'obliger le reste à nous acheter des parapluies et des bretelles. »

A ce moment, un gros homme qui siégeait au centre de l'assemblée monta à la tribune.

« Je réclame, dit-il, une guerre contre le gouvernement de la république d'Emeraude, qui dispute insolemment à nos porcs l'hégémonie des jambons et des saucissons sur tous les marchés de l'univers.

— Qu'est-ce que ce législateur? demanda le docteur Obnubile.

— C'est un marchand de cochons.

— Il n'y a pas d'opposition? dit le président. Je mets la proposition aux voix. »

La guerre contre la république d'Emeraude fut votée à mains levées à une très forte majorité.

« Comment? dit Obnubile à l'interprète; vous avez voté une guerre avec cette rapidité et cette indifférence!...

— Oh ! c'est une guerre sans importance, qui coûtera à peine huit millions de dollars.
— Et des hommes...
— Les hommes sont compris dans les huit millions de dollars. »
Alors le docteur Obnubile se prit la tête dans les mains et songea amèrement :
« Puisque la richesse et la civilisation comportent autant de causes de guerres que la pauvreté et la barbarie, puisque la folie et la méchanceté des hommes sont inguérissables, il reste une bonne action à accomplir. Le sage amassera assez de dynamite pour faire sauter cette planète. Quand elle roulera par morceaux à travers l'espace, une amélioration imperceptible sera accomplie dans l'univers et une satisfaction sera donnée à la conscience universelle, qui d'ailleurs n'existe pas. »

LIVRE V

LES TEMPS MODERNES

CHATILLON

I

LES RÉVÉRENDS PÈRES AGARIC
ET CORNEMUSE

Tout régime fait des mécontents. La république ou chose publique en fit d'abord parmi les nobles dépouillés de leurs antiques privilèges et qui tournaient des regards pleins de regrets et d'espérances vers le dernier des Draconides, le prince Crucho, paré des grâces de la jeunesse et des tristesses de l'exil. Elle fit aussi des mécontents parmi les petits marchands qui, pour des causes économiques très profondes, ne gagnaient plus leur vie et croyaient que c'était la faute de la république, qu'ils avaient d'abord adorée et dont ils se détachaient de jour en jour davantage.

Tant chrétiens que juifs, les financiers devenaient par leur insolence et leur cupidité le fléau du pays, qu'ils dépouillaient et avilissaient, et le scandale d'un régime qu'ils ne songeaient ni à détruire ni a conserver, assurés qu'ils étaient d'opérer sans entraves sous tous les gouvernements. Toutefois leurs sympathies allaient au pouvoir le plus absolu, comme au mieux armé contre les socialistes, leurs adversaires chétifs mais ardents. Et, de même qu'ils imitaient les mœurs des aristocrates, ils en imitaient les sentiments politiques et religieux. Leurs femmes surtout, vaines et frivoles, aimaient le prince et rêvaient d'aller à la cour.

Cependant la république gardait des partisans et des défenseurs. S'il ne lui était pas permis de croire à la fidélité de ses fonctionnaires, elle pouvait compter sur le dévouement des ouvriers manuels, dont elle n'avait pas soulagé la misère et qui, pour la défendre aux jours de péril, sortaient en foule des carrières et des ergastules et défilaient longuement, hâves, noirs, sinistres. Ils seraient tous morts pour elle : elle leur avait donné l'espérance.

Or, sous le principat de Théodore Formose, vivait dans un faubourg paisible de la ville d'Alca un moine nommé Agaric, qui instruisait les enfants et faisait des mariages. Il enseignait dans son école la piété, l'escrime et l'équitation aux jeunes fils des antiques familles, illustres par la naissance, mais déchus de leurs biens comme de leurs privilèges. Et, dès qu'ils en avaient l'âge, il les mariait avec les jeunes filles de la caste opulente et méprisée des financiers.

Grand, maigre, noir, Agaric se promenait sans cesse, son bréviaire à la main, dans les corridors de l'école et les allées du potager, pensif et le front chargé de soucis. Il ne bornait pas ses soins à inculquer à ses élèves des doctrines absconses et des préceptes mécaniques, et à leur donner ensuite des femmes légitimes et riches. Il formait des desseins politiques et poursuivait la réalisation d'un plan gigantesque. La pensée de sa pensée, l'œuvre de son œuvre était de renverser la république. Il n'y était pas mû par un intérêt personnel. Il jugeait l'état démocratique contraire à la société sainte à laquelle il appartenait corps et âme. Et tous les moines ses frères en jugeaient de même. La république était en luttes perpétuelles avec la congrégation des moines et l'assemblée des fidèles. Sans doute, c'était une entreprise difficile et périlleuse, que de conspirer la mort du nouveau régime. Du moins Agaric était-il à même de former une conjuration redoutable. A cette époque, où les religieux dirigeaient les castes supérieures des Pingouins, ce moine exerçait sur l'aristocratie d'Alca une influence profonde.

La jeunesse, qu'il avait formée, n'attendait que le moment de marcher contre le pouvoir populaire. Les fils des antiques familles ne cultivaient point les arts et ne faisaient point de négoce. Ils étaient presque tous militaires et servaient la république. Ils la servaient, mais ils ne l'aimaient pas; ils regrettaient la crête du dragon. Et les belles juives partageaient leurs regrets afin qu'on les prît pour de nobles chrétiennes.

Un jour de juillet, en passant par une rue du faubourg qui finissait sur des champs poussiéreux, Agaric entendit des plaintes qui montaient d'un puits moussu, déserté des jardiniers. Et, presque aussitôt, il apprit d'un savetier du voisinage qu'un homme mal vêtu, ayant crié : « Vive la chose publique! » des officiers de cavalerie qui passaient l'avaient jeté dans le puits où la vase lui montait par-dessus les oreilles. Agaric donnait volontiers à un fait particulier une signification générale. De l'empuisement de ce chosard, il induisit une grande fermentation de toute la caste aristocratique et militaire, et conclut que c'était le moment d'agir.

Dès le lendemain il alla visiter, au fond du bois des Conils, le bon père Cornemuse. Il trouva le religieux en un coin de son laboratoire, qui passait à l'alambic une liqueur dorée.

C'était un petit homme gros et court, coloré de vermillon, le crâne poli très précieusement. Ses yeux, comme ceux des cobayes, avaient des prunelles de rubis. Il salua gracieusement son visiteur et lui offrit un petit verre de la liqueur de Sainte-Orberose, qu'il fabriquait et dont la vente lui procurait d'immenses richesses.

Agaric fit de la main un geste de refus. Puis, planté sur ses longs pieds et serrant contre son ventre son chapeau mélancolique, il garda le silence.

« Donnez-vous donc la peine de vous asseoir », lui dit Cornemuse.

Agaric s'assit sur un escabeau boiteux et demeura muet.

Alors, le religieux des Conils :

« Donnez-moi, je vous prie, des nouvelles de vos jeunes élèves. Ces chers enfants pensent-ils bien?

— J'en suis très satisfait, répondit le magister. Le tout est d'être nourri dans les principes. Il faut bien penser avant que de penser. Car ensuite il est trop tard... Je trouve autour de moi de grands sujets de consolation. Mais nous vivons dans une triste époque.

— Hélas! soupira Cornemuse.

— Nous traversons de mauvais jours...

— Des heures d'épreuve.

— Toutefois, Cornemuse, l'esprit public n'est pas si complètement gâté qu'il semble.

— C'est possible.

— Le peuple est las d'un gouvernement qui le ruine et ne fait rien pour lui. Chaque jour éclatent de nouveaux scandales. La république se noie dans la honte. Elle est perdue.

— Dieu vous entende!

— Cornemuse, que pensez-vous du prince Crucho?

— C'est un aimable jeune homme et, j'ose dire, le digne rejeton d'une tige auguste. Je le plains d'endurer, dans un âge si tendre, les douleurs de l'exil. Pour l'exilé le printemps n'a point de fleurs, l'automne n'a point de fruits. Le prince Crucho pense bien; il respecte les prêtres; il pratique notre religion; il fait une grande consommation de mes petits produits.

— Cornemuse, dans beaucoup de foyers, riches ou pauvres, on souhaite son retour. Croyez-moi, il reviendra.

— Puissé-je ne pas mourir avant d'avoir jeté mon manteau devant ses pas! » soupira Cornemuse.

Le voyant dans ces sentiments, Agaric lui dépeignit l'état des esprits tel qu'il se le figurait lui-même. Il lui montra les nobles et les riches exaspérés contre le régime populaire, l'armée refusant de boire de nouveaux outrages, les fonctionnaires prêts à trahir, le peuple mécontent, l'émeute déjà grondant, et les ennemis des moines, les suppôts du pouvoir, jetés dans les puits d'Alca. Il conclut que c'était le moment de frapper un grand coup.

« Nous pouvons, s'écria-t-il, sauver le peuple pingouin, nous pouvons le délivrer de ses tyrans, le délivrer de lui-même, restaurer la crête du Dragon, rétablir l'ancien Etat, le bon Etat, pour l'honneur de la foi et l'exaltation de l'Eglise. Nous le pouvons si nous le voulons. Nous possédons de grandes richesses et nous exerçons de secrètes influences; par nos journaux crucifères et fulminants, nous communiquons avec tous les ecclésiastiques des villes et des campagnes, et nous leur insufflons l'enthousiasme qui nous soulève, la foi qui nous dévore. Ils en embraseront leurs pénitents et leurs fidèles. Je dispose des plus hauts chefs de l'armée; j'ai des intelligences avec les gens du peuple; je dirige, à leur insu, les marchands de parapluies, les débitants de vin, les commis de nouveautés, les crieurs de journaux, les demoiselles galantes et les agents de police. Nous avons plus de monde qu'il ne nous en faut. Qu'attendons-nous? Agissons!

— Que pensez-vous faire? demanda Cornemuse.
— Former une vaste conjuration, renverser la république, rétablir Crucho sur le trône des Draconides. »

Cornemuse se passa plusieurs fois la langue sur les lèvres. Puis il dit avec onction :

« Certes, la restauration des Draconides est désirable; elle est éminemment désirable; et, pour ma part, je la souhaite de tout mon cœur. Quant à la république, vous savez ce que j'en pense... Mais ne vaudrait-il pas mieux l'abandonner à son sort et la laisser mourir des vices de sa constitution? Sans doute, ce que vous proposez, cher Agaric, est noble et généreux. Il serait beau de sauver ce grand et malheureux pays, de le rétablir dans sa splendeur première. Mais songez-y : nous sommes chrétiens avant que d'être Pingouins. Et il nous faut bien prendre garde de ne point compromettre la religion dans des entreprises politiques. »

Agaric répliqua vivement :

« Ne craignez rien. Nous tiendrons tous les fils du complot, mais nous resterons dans l'ombre. On ne nous verra pas.

— Comme des mouches dans du lait », murmura le religieux des Conils.

Et, coulant sur son compère ses fines prunelles de rubis :

« Prenez garde, mon ami. La république est peut-être plus forte qu'il ne semble. Il se peut aussi que nous raffermissions ses forces en la tirant de la molle quiétude où elle repose à cette heure. Sa malice est grande : si nous l'attaquons, elle se défendra. Elle fait de mauvaises lois qui ne nous atteignent guère; quand elle aura peur, elle en fera de terribles contre nous. Ne nous engageons pas à la légère dans une aventure où nous pouvons laisser des plumes. L'occasion est bonne, pensez-vous; je ne le crois pas, et je vais vous dire pourquoi. Le régime actuel n'est pas encore connu de tout le monde et ne l'est autant dire de personne. Il proclame qu'il est la chose publique, la chose commune. Le populaire le croit et reste démocrate et républicain. Mais patience! Ce même peuple exigera un jour que la chose publique soit vraiment la chose du peuple. Je n'ai pas besoin de vous dire combien de telles prétentions me paraissent insolentes, déréglées et contraires à la politique tirée des Ecritures. Mais le peuple les aura, et il les fera valoir, et ce sera la fin du régime actuel. Ce moment ne peut beaucoup tarder. C'est alors que nous devrons agir dans l'intérêt de notre auguste corps! Attendons! Qui nous presse? Notre existence n'est point en péril. Elle ne nous est pas rendue absolument intolérable. La république manque à notre égard de respect et de soumission; elle ne rend pas aux prêtres les honneurs qu'elle leur doit. Mais elle nous laisse vivre. Et telle est l'excellence de notre état que, pour nous, vivre, c'est prospérer. La chose publique nous est hostile, mais les femmes nous révèrent. Le pénitent Formose n'assiste pas à la célébration de nos mystères; mais j'ai vu sa femme et ses filles à mes pieds. Elles achètent mes fioles à la grosse. Je n'ai pas de meilleures clientes, même dans l'aristocratie. Disons-nous-le bien : il n'y a pas au monde un pays qui, pour les prêtres et les moines, vaille la Pingouinie. En quelle autre contrée trouverions-nous à vendre, en si grande quantité et à si haut prix, notre cire vierge, notre encens mâle, nos chapelets, nos scapulaires, nos eaux bénites et notre liqueur de Sainte-Orberose? Quel autre peuple paierait, comme les Pingouins, cent écus d'or un geste de notre main, un son de notre bouche, un mouvement de nos lèvres? Pour ce qui est de moi, je gagne mille fois plus, en cette douce, fidèle et docile Pingouinie, à extraire l'essence d'une botte de serpolet, que je ne le saurais faire en m'époumonant à prêcher quarante ans la rémission des péchés dans les Etats les plus populeux d'Europe et d'Amérique. De bonne foi, la Pingouinie en sera-t-elle plus heureuse quand un commissaire de police me viendra tirer hors d'ici et conduire dans un pyroscaphe en partance pour les îles de la Nuit? »

Ayant ainsi parlé, le religieux des Conils se leva et conduisit son hôte sous un vaste hangar où des centaines d'orphelins, vêtus de bleu, emballaient des bouteilles, clouaient des caisses, collaient des étiquettes. L'oreille était assourdie par le bruit des marteaux mêlés aux grondements sourds des colis sur les rails.

« C'est ici que se font les expéditions, dit Cornemuse. J'ai obtenu du gouvernement une ligne ferrée à travers le bois et une station à ma porte. Je remplis tous les jours trois voitures de mon produit. Vous voyez que la république n'a pas tué toutes les croyances. »

Agaric fit un dernier effort pour engager le sage distillateur dans l'entreprise. Il lui montra le succès heureux, prompt, certain, éclatant.

« N'y voulez-vous point concourir? ajouta-t-il. Ne voulez-vous point tirer votre roi d'exil?

— L'exil est doux aux hommes de bonne volonté, répliqua le religieux des Conils. Si vous m'en croyez, bien cher frère Agaric, vous renoncerez pour le moment à votre projet. Quant à moi je ne me fais pas d'illusions. Je sais ce qui m'attend. Que je sois ou non de la partie, si vous la perdez, je paierai comme vous. »

Le père Agaric prit congé de son ami et regagna satisfait son école. « Cornemuse, pensait-il, ne pouvant empêcher le complot, voudra le faire réussir, et donnera de l'argent. » Agaric ne se trompait pas. Telle était, en effet, la solidarité des prêtres et des moines, que les actes d'un seul d'entre eux les engageaient tous. C'était là, tout à la fois, le meilleur et le pire de leur affaire.

II

LE PRINCE CRUCHO

Agaric résolut de se rendre incontinent auprès du prince Crucho qui l'honorait de sa familiarité. A la brune, il sortit de l'école, par la petite porte, déguisé en marchand de bœufs, et prit passage sur le *Saint-Maël*.

Le lendemain il débarqua en Marsouinie. C'est sur cette terre hospitalière, dans le château de Chitterlings, que Crucho mangeait le pain amer de l'exil.

Agaric le rencontra sur la route, en auto, faisant du cent trente avec deux demoiselles. A cette vue, le moine agita son parapluie rouge et le prince arrêta sa machine.

« C'est vous, Agaric? Montez donc! Nous sommes déjà trois; mais on se serrera un peu. Vous prendrez une de ces demoiselles sur vos genoux. »

Le pieux Agaric monta.

« Quelles nouvelles, mon vieux père? demanda le jeune prince.

— De grandes nouvelles, répondit Agaric. Puis-je parler?

— Vous le pouvez. Je n'ai rien de caché pour ces deux demoiselles.

— Monseigneur, la Pingouinie vous réclame. Vous ne serez pas sourd à son appel. »

Agaric dépeignit l'état des esprits et exposa le plan d'un vaste complot.

« A mon premier signal, dit-il, tous vos partisans se soulèveront à la fois. La croix à la main et la robe troussée, vos vénérables religieux conduiront la foule en armes dans le palais de Formose. Nous porterons la terreur et la mort parmi vos ennemis. Pour prix de nos efforts, nous vous demandons seulement, monseigneur, de ne point les rendre inutiles. Nous vous supplions de venir vous asseoir sur un trône que nous aurons préparé. »

Le prince répondit simplement :

« J'entrerai dans Alca sur un cheval vert. »

Agaric prit acte de cette mâle réponse. Bien qu'il eût, contrairement à ses habitudes, une demoiselle sur ses genoux, il adjura avec une sublime hauteur d'âme le jeune prince d'être fidèle à ses devoirs royaux.

« Monseigneur, s'écria-t-il en versant des larmes, vous vous rappellerez un jour que vous avez été tiré de l'exil, rendu à vos peuples, rétabli sur le trône de vos ancêtres par la main de vos moines et couronné par leurs mains de la crête auguste du Dragon. Roi Crucho, puissiez-vous égaler en gloire votre aïeul Draco le Grand! »

Le jeune prince ému se jeta sur son restaurateur pour l'embrasser; mais il ne put l'atteindre qu'à travers deux épaisseurs de demoiselles, tant on était serré dans cette voiture historique.

« Mon vieux père, dit-il, je voudrais que la Pingouinie tout entière fût témoin de cette étreinte.

— Ce serait un spectacle réconfortant », dit Agaric.

Cependant l'auto, traversant en trombe les hameaux et les bourgs, écrasait sous ses pneus insatiables poules, oies, dindons, canards, pintades, chats, chiens, cochons, enfants, laboureurs et paysannes.

Et le pieux Agaric roulait en son esprit ses grands desseins. Sa voix, sortant de derrière la demoiselle, exprima cette pensée :

« Il faudra de l'argent, beaucoup d'argent.

— C'est votre affaire », répondit le prince.

Mais déjà la grille du parc s'ouvrait à l'auto formidable.

Le dîner fut somptueux. On but à la crête du Dragon. Chacun sait qu'un gobelet fermé est signe de souveraineté. Aussi le prince Crucho et la princesse Gudrune son épouse burent-ils dans des gobelets couverts comme des ciboires. Le prince fit remplir plusieur fois le sien des vin rouges et blancs de Pingouinie.

Crucho avait reçu une instruction vraiment princière : il excellait dans la locomotion automobile, mais il n'ignorait pas non plus l'histoire. On le disait très versé dans les antiquités et illustrations de sa famille; et il donna en effet au dessert une preuve remarquable de ses connaissances à cet égard. Comme on parlait de diverses particularités singulières remarquées en des femmes célèbres :

« Il est parfaitement vrai, dit-il, que la reine Crucha, dont je porte le nom, avait une petite tête de singe au-dessous du nombril. »

Agaric eut dans la soirée un entretien décisif avec trois vieux conseillers du prince. On décida de demander des fonds au beau-père de Crucho, qui souhaitait d'avoir un gendre roi, à plusieurs dames juives, impatientes d'entrer dans la noblesse, et enfin au prince régent des Marsouins, qui avait promis son concours aux Draconides, pensant affaiblir, par la restauration de Crucho, les Pingouins, ennemis héréditaires de son peuple.

Les trois vieux conseillers se partagèrent entre eux les trois premiers offices de la cour, chambellan, sénéchal et pannetier, et autorisèrent le religieux à distribuer les autres charges au mieux des intérêts du prince.

« Il faut récompenser les dévouements, affirmèrent les trois vieux conseillers.

— Et les trahisons, dit Agaric.

— C'est trop juste », répliqua l'un d'eux, le marquis des Septplaies, qui avait l'expérience des révolutions.

On dansa. Après le bal, la princesse Gudrune déchira sa robe verte pour en faire des cocardes; elle en cousit de sa main un morceau sur la poitrine du moine, qui versa des larmes d'attendrissement et de reconnaissance.

M. de Plume, écuyer du prince, partit le soir même à la recherche d'un cheval vert.

III

LE CONCILIABULE

De retour dans la capitale de la Pingouinie, le révérend père Agaric s'ouvrit de ses projets au prince Adélestan des Boscénos, dont il connaissait les sentiments draconiens.

Le prince appartenait à la plus haute noblesse. Les Torticol des Boscénos remontaient à Brian le Pieux et avaient occupé sous les Draconides les plus hautes charges du royaume. En 1179, Philippe Torticol, grand émiral de Pingouinie, brave, fidèle, généreux, mais vindicatif, livra le port de La Crique et la flotte pingouine aux ennemis du royaume, sur le soupçon que la reine Crucha, dont il était l'amant, le trompait avec un valet d'écurie. C'est cette grande reine qui donna aux Boscénos la bassinoire d'argent qu'ils portent dans leurs armes. Quant à leur devise, elle remonte seulement au XVIe siècle; en voici l'origine. Une nuit de fête, mêlé à la foule des courtisans qui, pressés dans le jardin du roi, regardaient le feu d'artifice, le duc Jean des

Boscénos s'approcha de la duchesse de Skull, et mit la main sous la jupe de cette dame qui n'en fit aucune plainte. Le roi, venant à passer, les surprit et se contenta de dire : « Ainsi qu'on se trouve. » Ces quatre mots devinrent la devise des Boscénos.

Le prince Adélestan n'était point dégénéré de ses ancêtres; il gardait au sang des Draconides une inaltérable fidélité et ne souhaitait rien tant que la restauration du prince Crucho, présage, à ses yeux, de celle de sa fortune ruinée. Aussi entra-t-il volontiers dans la pensée du révérend père Agaric. Il s'associa immédiatement aux projets du religieux et s'empressa de le mettre en rapport avec les plus ardents et les plus loyaux royalistes de sa connaissance, le comte Cléna, M. de la Trumelle, le vicomte Olive, M. Bigourd. Ils se réunirent une nuit dans la maison de campagne du duc d'Ampoule, à deux lieues à l'est d'Alca, afin d'examiner les voies et moyens.

M. de la Trumelle se prononça pour l'action légale :

« Nous devons rester dans la légalité, dit-il en substance. Nous sommes des hommes d'ordre. C'est par une propagande infatigable que nous poursuivrons la réalisation de nos espérances. Il faut changer l'esprit du pays. Notre cause triomphera parce qu'elle est juste. »

Le prince des Boscénos exprima un avis contraire. Il pensait que, pour triompher, les causes justes ont besoin de la force autant et plus que les causes injustes.

« Dans la situation présente, dit-il avec tranquillité, trois moyens d'action s'imposent : embaucher les garçons bouchers, corrompre les ministres et enlever le président Formose.

— Enlever Formose, ce serait une faute, objecta M. de la Trumelle. Le président est avec nous. »

Qu'un Dracophile proposât de mettre la main sur le président Formose et qu'un autre Dracophile le traitât en ami, c'est ce qu'expliquaient l'attitude et les sentiments du chef de la chose commune. Formose se montrait favorable aux royalistes, dont il admirait et imitait les manières. Toutefois, s'il souriait quand on lui parlait de la crête du Dragon, c'était à la pensée de la mettre sur sa tête. Le pouvoir souverain lui faisait envie, non qu'il se sentît capable de l'exercer, mais il aimait à paraître. Selon la forte expression d'un chroniqueur pingouin, « c'était un dindon ».

Le prince des Boscénos maintint sa proposition de marcher à main armée sur le palais de Formose et sur la Chambre des députés.

Le comte Cléna fut plus énergique encore :

« Pour commencer, dit-il, égorgeons, étripons, décervelons les républicains et tous les chosards du gouvernement. Nous verrons après. »

M. de la Trumelle était un modéré. Les modérés s'opposent toujours modérément à la violence. Il reconnut que la politique de M. le comte Cléna s'inspirait d'un noble sentiment, qu'elle était généreuse, mais il objecta timidement qu'elle n'était peut-être pas conforme aux principes et qu'elle présentait certains dangers. Enfin, il s'offrit à la discuter.

« Je propose, ajouta-t-il, de rédiger un appel au peuple. Faisons savoir qui nous sommes. Pour moi, je vous réponds que je ne mettrai pas mon drapeau dans ma poche. »

M. Bigourd prit la parole :

« Messieurs, les Pingouins sont mécontents de l'ordre nouveau, parce qu'ils en jouissent et qu'il est naturel aux hommes de se plaindre de leur condition. Mais, en même temps, les Pingouins ont peur de changer de régime, car les nouveautés effraient. Ils n'ont pas connu la crête du Dragon; et, s'il leur arrive de dire parfois qu'ils la regrettent, il ne faut pas les en croire : on s'apercevrait bientôt qu'ils ont parlé sans réflexion et de mauvaise humeur. Ne nous faisons pas d'illusions sur leurs sentiments à notre égard. Ils ne nous aiment pas. Ils haïssent l'aristocratie tout à la fois par une basse envie et par un généreux amour de l'égalité. Et ces deux sentiments réunis sont très forts dans un peuple. L'opinion publique n'est pas contre nous parce qu'elle nous ignore. Mais, quand elle saura ce que nous voulons, elle ne nous suivra pas. Si nous laissons voir que nous voulons détruire le régime démocratique et relever la tête du Dragon, quels seront nos partisans? Les garçons bouchers et les petits boutiquiers d'Alca. Et même ces boutiquiers, pourrons-nous bien compter sur eux jusqu'au bout? Ils sont mécontents, mais ils sont chosards dans le fond de leurs cœurs. Ils ont plus d'envie de vendre leurs méchantes marchandises que de revoir Crucho. En agissant à découvert, nous effrayerons.

« Pour qu'on nous trouve sympathiques et qu'on nous suive, il faut que l'on croie que nous voulons, non pas renverser la république, mais au contraire la restaurer, la nettoyer, la purifier, l'embellir, l'orner, la parer, la décorer, la parfumer, la rendre enfin magnifique et charmante. Aussi ne devons-nous pas agir par nous-mêmes. On sait que nous ne sommes pas favorables à l'ordre actuel. Il faut nous adresser à un ami de la république, et, pour bien faire, à un défenseur de ce régime. Nous n'aurons que l'embarras du choix. Il conviendra de préférer le plus populaire et, si j'ose dire, le plus républicain. Nous le gagnerons par des flatteries, par des présents et surtout par des promesses. Les promesses coûtent moins que les présents et valent beaucoup plus. Jamais on ne donne autant que lorsqu'on donne des espérances. Il n'est pas nécessaire qu'il soit très intelligent. Je préférerais même qu'il n'eût pas d'esprit. Les imbéciles ont dans la fourberie des grâces inimitables. Croyez-moi, messieurs, faites renverser la chose publique par un chosard de la chose. Soyons prudents! La prudence n'exclut pas l'énergie. Si vous avez besoin de moi, vous me trouverez toujours à votre service. »

Ce discours ne laissa pas que de faire impression sur les auditeurs. L'esprit du pieux Agaric en fut particulièrement frappé. Mais chacun songeait surtout à s'allouer des honneurs et des bénéfices. On organisa un gouvernement secret, dont toutes les personnes présentes furent nommées membres effectifs. Le duc d'Ampoule, qui était la grande capacité financière du parti, fut délégué aux recettes et chargé de centraliser les fonds de propagande.

La réunion allait prendre fin quand retentit dans les airs une voix rustique, qui chantait sur un vieil air :

> Boscénos est un gros cochon;
> On en va faire des andouilles,
> Des saucisses et du jambon
> Pour le réveillon des pauv' bougres.

C'était une chanson connue, depuis deux cents ans, dans les faubourgs d'Alca. Le prince des Boscénos n'aimait pas à l'entendre. Il descendit sur la place et, s'étant aperçu que le chanteur était un ouvrier, qui remettait des ardoises sur le faîte de l'église, il le pria poliment de chanter autre chose.

« Je chante ce qui me plaît, répondit l'homme.

— Mon ami, pour me faire plaisir...

— Je n'ai pas envie de vous faire plaisir. »

Le prince des Boscénos était placide à son ordinaire, mais irascible et d'une force peu commune.

« Coquin, descends ou je monte », s'écria-t-il d'une voix formidable.

Et, comme le couvreur, à cheval sur la crête, ne faisait pas mine de bouger, le prince grimpa vivement par l'escalier de la tour jusqu'au toit et se jeta sur le chanteur qui, assommé d'un coup de poing, roula démantibulé dans une gouttière. A ce moment, sept ou huit charpentiers qui travaillaient dans les combles, émus par les cris du compagnon, mirent le nez aux lucarnes et, voyant le prince sur le faîte, s'en furent à lui par une échelle qui se trouvait couchée sur l'ardoise, l'atteignirent au moment où il se coulait dans la tour et lui firent descendre, la tête la première, les cent trente-sept marches du limaçon.

IV

LA VICOMTESSE OLIVE

Les Pingouins avaient la première armée du monde. Les Marsouins aussi. Et il en était de même des autres peuples de l'Europe. Ce qui ne saurait surprendre pour peu qu'on y réfléchisse. Car toutes les armées sont les premières du monde. La seconde armée du monde, s'il pouvait en exister une, se trouverait dans un état d'infériorité notoire; elle serait assurée d'être battue. Il faudrait la licencier tout de suite. Aussi toutes les armées sont-elles les premières du monde. C'est ce que comprit, en France, l'illustre colonel Marchand quand, interrogé par des journalistes sur la guerre russo-japonaise avant le passage du Yalou, il n'hésita pas à qualifier l'armée russe de première du monde ainsi que l'armée japonaise. Et il est à remarquer que, pour avoir essuyé les plus effroyables revers, une armée ne déchoit pas de son rang de première du monde. Car, si les peuples rapportent leurs victoires à l'intelligence des généraux et au courage des soldats, ils attribuent toujours leurs défaites à une inexplicable fatalité. Au rebours, les flottes sont classées par le nombre de leurs bateaux. Il y en a une première, une deuxième, une troisième et ainsi de suite. Aussi ne subsiste-t-il aucune incertitude sur l'issue des guerres navales.

Les Pingouins avaient la première armée et la seconde flotte du monde. Cette flotte était commandée par le fameux Chatillon qui portait le titre d'émiral ahr, et par abréviation d'émiral. C'est ce même mot, qui, malheureusement corrompu, désigne encore aujourd'hui, dans plusieurs nations européennes, le plus haut grade des armées de mer. Mais, comme il n'y avait chez les Pingouins qu'un seul émiral, un prestige singulier, si j'ose dire, était attaché à ce grade.

L'émiral n'appartenait pas à la noblesse; enfant du peuple, le peuple l'aimait; et il était flatté de voir couvert d'honneurs un homme sorti de lui. Chatillon était beau; il était heureux; il ne pensait à rien. Rien n'altérait la limpidité de son regard.

Le révérend père Agaric, se rendant aux raisons de M. Bigourd, reconnut qu'on ne détruirait le régime actuel que par un de ses défenseurs et jeta ses vues sur l'émiral Chatillon. Il alla demander une grosse somme d'argent à son ami, le révérend père

Cornemuse, qui la lui remit en soupirant. Et, de cet argent, il paya six cents garçons bouchers d'Alca pour courir derrière le cheval de Chatillon en criant : « Vive l'émiral! »

Chatillon ne pouvait désormais faire un pas sans être acclamé.

La vicomtesse Olive lui demanda un entretien secret. Il la reçut à l'Amirauté[1] dans un pavillon orné d'ancres, de foudres et de grenades.

Elle était discrètement vêtue de gris bleu. Un chapeau de roses couronnait sa jolie tête blonde. A travers la voilette ses yeux brillaient comme des saphirs. Il n'y avait pas, dans la noblesse, de femme plus élégante que celle-ci, qui tirait son origine de la finance juive. Elle était longue et bien faite; sa forme était celle de l'année; sa taille, celle de la saison.

« Emiral, dit-elle d'une voix délicieuse, je ne puis vous cacher mon émotion... Elle est bien naturelle... devant un héros...

— Vous êtes trop bonne. Veuillez me dire, madame la vicomtesse, ce qui me vaut l'honneur de votre visite.

— Il y avait longtemps que je désirais vous voir, vous parler... Aussi me suis-je chargée bien volontiers d'une mission pour vous.

— Donnez-vous donc la peine de vous asseoir.

— Comme c'est calme ici!

---

1. Ou mieux *Emirauté*.

— En effet, c'est assez tranquille.
— On entend chanter les oiseaux.
— Asseyez-vous donc, chère madame. »
Et il lui tendit un fauteuil.
Elle prit une chaise à contre-jour :
« Emiral, je viens vers vous, chargée d'une mission très importante, d'une mission...
— Expliquez-vous.
— Emiral, vous n'avez jamais vu le prince Crucho?
— Jamais. »
Elle soupira.
« C'est bien là le malheur. Il serait si heureux de vous voir! Il vous estime et vous apprécie. Il a votre portrait sur sa table de travail, à côté de celui de la princesse sa mère. Quel dommage qu'on ne le connaisse pas! C'est un charmant prince, et si reconnaissant de ce qu'on fait pour lui! Ce sera un grand roi. Car il sera roi : n'en doutez pas. Il reviendra, et plus tôt qu'on ne croit... Ce que j'ai à vous dire, la mission qui m'est confiée se rapporte précisément à... »
L'émiral se leva :
« Pas un mot de plus, chère madame. J'ai l'estime, j'ai la confiance de la république. Je ne la trahirai pas. Et pourquoi la trahirais-je? Je suis comblé d'honneurs et de dignités.
— Vos honneurs, vos dignités, mon cher émiral, permettez-moi de vous le dire, sont bien loin

d'égaler vos mérites. Si vos services étaient récompensés, vous seriez émiralissime et généralissime, commandant supérieur des troupes de terre et de mer. La république est bien ingrate à votre égard.

— Tous les gouvernements sont plus ou moins ingrats.

— Oui, mais les chosards sont jaloux de vous. Ces gens-là craignent toutes les supériorités. Ils ne peuvent souffrir les militaires. Tout ce qui touche la marine et l'armée leur est odieux. Ils ont peur de vous.

— C'est possible.

— Ce sont des misérables. Ils perdent le pays. Ne voulez-vous pas sauvez la Pingouinie?

— Comment cela?

— En balayant tous ces fripons de la chose publique, tous les chosards.

— Qu'est-ce que vous me proposez là, chère madame?

— De faire ce qui se fera certainement. Si ce n'est pas par vous, ce sera par un autre. Le généralissime, pour ne parler que de celui-là, est prêt à jeter tous les ministres, tous les députés et tous les sénateurs dans la mer et à rappeler le prince Crucho.

— Ah! la canaille, la crapule! s'écria l'émiral.

— Ce qu'il ferait contre vous, faites-le contre lui. Le prince saura reconnaître vos services. Il vous donnera l'épée de connétable et une magnifique dotation. Je suis chargée, en attendant, de vous remettre un gage de sa royale amitié. »

En prononçant ces mots, elle tira de son sein une cocarde verte.

« Qu'est-ce que c'est que ça? demanda l'émiral.
— C'est Crucho qui vous envoie ses couleurs.
— Voulez-vous bien remporter ça?
— Pour qu'on les offre au généralissime qui les acceptera, lui!... Non! mon émiral, laissez-moi les mettre sur votre glorieuse poitrine. »

Chatillon écarta doucement la jeune femme. Mais depuis quelques minutes il la trouvait extrêmement jolie; et il sentit croître encore cette impression quand deux bras nus et les paumes roses de deux mains délicates le vinrent effleurer. Presque tout de suite il se laissa faire. Olive fut lente à nouer le ruban. Puis, quand ce fut fait, elle salua Chatillon, avec une grande révérence, du titre de connétable.

« J'ai été ambitieux comme les camarades, répondit l'homme de mer, je ne le cache pas; je le suis peut-être encore; mais, ma parole d'honneur, en vous voyant, le seul souhait que je forme, c'est une chaumière et un cœur. »

Elle fit tomber sur lui les rayons charmants des saphirs qui brillaient sous ses paupières.

« On peut avoir cela aussi... Qu'est-ce que vous faites là, émiral?

— Je cherche le cœur. »

En sortant du pavillon de l'Amirauté, la vicomtesse alla tout de suite rendre compte au révérend père Agaric de sa visite.

« Il y faut retourner, chère madame », lui dit le moine austère.

V

LE PRINCE DES BOSCÉNOS

Matin et soir, les journaux aux gages des Dracophiles publiaient les louanges de Chatillon et jetaient la honte et l'opprobre aux ministres de la république.

On criait le portrait de Chatillon sur les boulevards d'Alca. Les jeunes neveux de Rémus, qui portent des figures de plâtre sur la tête, vendaient, à l'abord des ponts, les bustes de Chatillon.

Chatillon faisait tous les soirs, sur son cheval blanc, le tour de la prairie de la Reine, fréquentée des gens à la mode. Les Dracophiles apostaient sur le passage de l'émiral une multitude de Pingouins nécessiteux, qui chantaient : « C'est Chatillon qu'il nous faut. » La bourgeoisie d'Alca en concevait une admiration profonde pour l'émiral. Les dames du commerce murmuraient : « Il est beau. » Les femmes élégantes, dans leurs autos ralenties, lui envoyaient, en passant, des baisers, au milieu des hourras d'un peuple en délire.

Un jour, comme il entrait dans un bureau de tabac, deux Pingouins, qui mettaient des lettres dans la boîte, reconnurent Chatillon et crièrent à pleine bouche : « Vive l'émiral! A bas les chosards! » Tous les passants s'arrêtèrent devant la boutique. Chatillon alluma son cigare au regard d'une foule épaisse de citoyens éperdus, agitant leurs chapeaux et poussant des acclamations. Cette foule ne cessait de s'accroître; la ville entière, marchant à la suite de son héros, le reconduisit, en chantant des hymnes, jusqu'au pavillon de l'Amirauté.

L'émiral avait un vieux compagnon d'armes dont les états de service étaient superbes, le subémiral Volcanmoule. Franc comme l'or, loyal comme son épée, Volcanmoule, qui se targuait d'une farouche indépendance, fréquentait les partisans de Crucho et les ministres de la république et disait aux uns et aux autres leurs vérités. M. Bigourd prétendait méchamment qu'il disait aux uns les vérités des autres. En effet il avait commis plusieurs fois des indiscrétions fâcheuses où l'on se plaisait à voir la liberté d'un soldat étranger aux intrigues. Il se rendait tous les matins chez Chatillon, qu'il traitait avec la rudesse cordiale d'un frère d'armes.

« Eh bien, mon vieux canard, te voilà populaire, lui disait-il. On vend ta gueule en têtes de pipe et en bouteilles de liqueur, et tous les ivrognes d'Alca rotent ton nom dans les ruisseaux... Chatillon, héros des Pingouins! Chatillon, défenseur de la gloire et de la puissance pingouines! Qui l'eût dit? Qui l'eût cru? »

Et il riait d'un rire strident. Puis, changeant de ton :

« Blague à part, est-ce que tu n'es pas un peu surpris de ce qui t'arrive?

— Mais non! » répondait Chatillon.

Et le loyal Volcanmoule sortait en faisant claquer les portes.

Cependant, Chatillon avait loué, pour recevoir la vicomtesse Olive, un petit rez-de-chaussée au fond de la cour, au numéro 18 de la rue Johannès-Talpa. Ils se voyaient tous les jours. Il l'aimait éperdument. En sa vie martiale et neptunienne, il avait possédé des multitudes de femmes, rouges, noires, jaunes ou blanches, et quelques-unes fort belles; mais, avant d'avoir connu celle-là, il ne savait pas ce que c'est qu'une femme. Quand la vicomtesse Olive l'appelait son ami, son doux ami, il se sentait au ciel, et il lui semblait que les étoiles se prenaient dans ses cheveux.

Elle entrait, un peu en retard, posait son petit sac sur le guéridon et disait avec recueillement :

« Laissez-moi me mettre là, à vos genoux. »

Et elle lui tenait des propos inspirés par le pieux Agaric; et elle les entrecoupait de baisers et de soupirs. Elle lui demandait d'éloigner tel officier, de donner un commandement à tel autre, d'envoyer l'escadre ici ou là.

Et elle s'écriait à point :

« Comme vous êtes jeune, mon ami! »

Et il faisait tout ce qu'elle voulait, car il était simple, car il avait envie de porter l'épée de connétable et de recevoir une riche dotation, car il ne lui déplaisait pas de jouer un double jeu, car il avait vaguement l'idée de sauver la Pingouinie, car il était amoureux.

Cette femme délicieuse l'amena à dégarnir de troupes le port de La Crique, où devait débarquer Crucho. On était de la sorte assuré que le prince entrerait sans obstacle en Pingouinie.

Le pieux Agaric organisait des réunions publiques, afin d'entretenir l'agitation. Les Dracophiles en donnaient chaque jour une ou deux ou trois dans un des trente-six districts d'Alca, et, de préférence, dans les quartiers populaires. On voulait conquérir les gens de petit état, qui sont le plus grand nombre. Il fut donné notamment, le quatre mai, une très belle réunion dans la vieille halle aux grains, au cœur d'un faubourg populeux plein de ménagères assises sur le pas des portes et d'enfants jouant dans les ruisseaux. Il était venu là deux mille personnes, à l'estimation des républicains, et six mille au compte des Dracophiles. On reconnaissait dans l'assistance la fleur de la société pingouine, le prince et la princesse des Boscénos, le comte Cléna, M. de la Trumelle, M. Bigourd et quelques riches dames israélites.

Le généralissime de l'armée nationale était venu en uniforme. Il fut acclamé.

Le bureau se constitua laborieusement. Un homme du peuple, un ouvrier, mais qui pensait bien, M. Rauchin, secrétaire des syndicats jaunes, fut appelé à présider, entre le comte Cléna et M. Michaud, garçon boucher.

En plusieurs discours éloquents, le régime que la Pingouinie s'était librement donné reçut les noms d'égout et de dépotoir. Le président Formose fut ménagé. Il ne fut question ni de Crucho ni des prêtres.

La réunion était contradictoire; un défenseur de l'État moderne et de la république, homme de profession manuelle, se présenta.

« Messieurs, dit le président Rauchin, nous avons annoncé que la réunion serait contradictoire. Nous n'avons qu'une parole; nous ne sommes pas comme nos contradicteurs, nous sommes honnêtes. Je donne la parole au contradicteur. Dieu sait ce que vous allez entendre! Messieurs, je vous prie de contenir le plus longtemps qu'il vous sera possible l'expression de votre mépris, de votre dégoût et de votre indignation.

— Messieurs », dit le contradicteur...

Aussitôt il fut renversé, foulé aux pieds par la

foule indignée et ses restes méconnaissables jetés hors de la salle.

Le tumulte grondait encore lorsque le comte Cléna monta à la tribune. Aux huées succédèrent les acclamations et, quand le silence se fut rétabli, l'orateur prononça ces paroles :

« Camarades, nous allons voir si vous avez du sang dans les veines. Il s'agit d'égorger, d'étriper, de décerveler les chosards. »

Ce discours déchaîna un tel tonnerre d'applaudissements que le vieux hangar en fut ébranlé et qu'une épaisse poussière, sortie des murs sordides et des poutres vermoulues, enveloppa l'assistance de ses âcres et sombres nuées.

On vota un ordre du jour flétrissant le gouvernement et acclamant Chatillon. Et les assistants sortirent en chantant l'hymne libérateur : « C'est Chatillon qu'il nous faut. »

La vieille halle n'avait pour issue qu'une longue allée boueuse, resserrée entre des remises d'omnibus et des magasins de charbon. La nuit était sans lune; une bruine froide tombait. Les gardes de police, assemblés en grand nombre, fermaient l'allée au niveau du faubourg et obligeaient les Dracophiles à s'écouler par petits groupes. Telle était en effet la consigne qu'ils avaient reçue de leur chef, qui s'étudiait à rompre l'élan d'une foule en délire.

Les Dracophiles maintenus dans l'allée marquaient le pas en chantant : « C'est Chatillon qu'il nous faut. » Bientôt, impatients de ces lenteurs, dont ils ne connaissaient pas la cause, ils commencèrent à pousser ceux qui se trouvaient devant eux. Ce mouvement, propagé le long de l'allée, jetait les premiers sortis contre les larges poitrines des gardes de police. Ceux-ci n'avaient point de haine contre les Dracophiles; dans le fond de leur cœur ils aimaient Chatillon; mais il est naturel de résister à l'agression et d'opposer la violence à la violence; les hommes forts sont portés à se servir de leur force. C'est pourquoi les gardes de police recevaient les Dracophiles à grands coups de bottes ferrées. Il en résultait des refoulements brusques. Les menaces et les cris se mêlaient aux chants.

« Assassins! Assassins!... « C'est Chatillon qu'il nous faut! » Assassins! Assassins! »

Et, dans la sombre allée : « Ne poussez pas », disaient les plus sages. Parmi ceux-là, dominant de sa haute taille la foule agitée, déployant parmi les membres foulés et les côtes défoncées, ses larges épaules et ses poumons robustes, doux, inébranlable, placide, se dressait dans les ténèbres le prince des Boscénos. Il attendait, indulgent et serein. Cependant, la sortie s'opérant par intervalles réguliers entre les rangs des gardes de police, les coudes, autour du prince, commençaient à s'imprimer moins profondément dans les poitrines; on se reprenait à respirer.

« Vous voyez bien que nous finirons par sortir, dit ce bon géant avec un doux sourire. Patience et longueur de temps... »

Il tira un cigare de son étui, le porta à ses lèvres et frotta une allumette. Soudain il vit à la clarté de la flamme la princesse Anne, sa femme, pâmée dans les bras du comte Cléna. A cette vue, il se précipita sur eux et les frappa à grands coups de canne, eux et les personnes qui se trouvaient alentour. On le désarma, non sans peine. Mais on ne put le séparer de son adversaire. Et, tandis que la princesse évanouie passait, de bras en bras, sur la foule émue et curieuse, jusqu'à sa voiture, les deux hommes se livraient à une lutte acharnée. Le prince des Boscénos y perdit son chapeau, son lorgnon, son cigare, sa cravate, son portefeuille bourré de lettres intimes et de correspondances politiques; il y perdit jusqu'aux médailles miraculeuses qu'il avait reçues du bon père Cornemuse. Mais il assena dans le ventre de son adversaire un coup si formidable, que le malheureux en traversa un grillage de fer et passa, la tête la première, par une porte vitrée, dans un magasin de charbon.

Attirés par le bruit de la lutte et les clameurs des assistants, les gardes de police se précipitèrent sur le prince, qui leur opposa une furieuse résistance. Il en étala trois pantelants à ses pieds, en fit fuir sept autres, la mâchoire fracassée, la lèvre fendue, le nez versant des flots vermeils, le crâne ouvert, l'oreille décollée, la clavicule démise, les côtes défoncées. Il tomba pourtant, et fut traîné sanglant, défiguré, ses vêtements en lambeaux, au poste voisin, où il passa la nuit, bondissant et rugissant.

Jusqu'au jour, des groupes de manifestants parcoururent la ville en chantant : « C'est Chatillon qu'il nous faut », et en brisant les vitres des maisons habitées par les ministres de la chose publique.

VI

LA CHUTE DE L'ÉMIRAL

Cette nuit marqua l'apogée du mouvement dracophile. Les monarchistes ne doutaient plus du triomphe. Les principaux d'entre eux envoyaient au prince Crucho des félicitations par télégraphe sans fil. Les dames lui brodaient des écharpes et des pantoufles. M. de Plume avait trouvé le cheval vert.

Le pieux Agaric partageait la commune espérance. Toutefois, il travaillait encore à faire des partisans au prétendant.

« Il faut, disait-il, atteindre les couches profondes. »

Dans ce dessein, il s'aboucha avec trois syndicats ouvriers.

En ce temps-là, les artisans ne vivaient plus, comme au temps des Draconides, sous le régime des corporations. Ils étaient libres, mais ils n'avaient pas de gain assuré. Après s'être longtemps tenus isolés les uns des autres, sans aide et sans appui, ils s'étaient constitués en syndicats. Les caisses de ces syndicats étaient vides, les syndiqués n'ayant pas coutume de payer leur cotisation. Il y avait des syndicats de trente mille membres; il y en avait de mille, de cinq cents, de deux cents. Plusieurs comptaient deux ou trois membres seulement, ou même un peu moins. Mais, les listes des adhérents n'étant point publiées, il n'était pas facile de distinguer les grands syndicats des petits.

Après de sinueuses et ténébreuses démarches, le pieux Agaric fut mis en rapport, dans une salle du Moulin de la Galette, avec les camarades Dagobert, Tronc et Balafille, secrétaires de trois syndicats professionnels, dont le premier comptait quatorze membres, le second vingt-quatre et le troisième un seul. Agaric déploya, dans cette entrevue, une extrême habileté.

« Messieurs, dit-il, nous n'avons pas, à beaucoup d'égards, vous et moi, les mêmes idées politiques et sociales; mais il est des points sur lesquels nous pouvons nous entendre. Nous avons un ennemi commun. Le gouvernement vous exploite et se moque de vous. Aidez-nous à le renverser; nous vous en fournissons autant que possible les moyens; et vous pourrez, au surplus, compter sur notre reconnaissance.

— Compris. Aboulez la galette », dit Dagobert.

Le révérend père posa sur la table un sac que lui avait remis, les larmes aux yeux, le distillateur des Conils.

« Topez là », firent les trois compagnons.

Ainsi fut scellé ce pacte solennel.

Aussitôt que le moine fut parti, emportant la joie d'avoir acquis à sa cause les masses profondes, Dagobert, Tronc et Balafille sifflèrent leurs femmes, Amélie, Reine et Mathilde, qui, dans la rue, guettaient le signal, et tous les six, se tenant par la main, dansèrent autour du sac en chantant :

> J'ai du bon pognon;
> Tu n'l'auras pas, Chatillon!
> Hou! hou! la calotte!

Et ils commandèrent un saladier de vin chaud.

Le soir, ils allèrent tous les six, de troquet en troquet, modulant leur chanson nouvelle. Elle plut, car les agents de la police secrète rapportèrent que le nombre croissait chaque jour des ouvriers chantant dans les faubourgs :

> J'ai du bon pognon;
> Tu n'l'auras pas, Chatillon!
> Hou! hou! la calotte!

L'agitation dracophile ne s'était pas propagée dans les provinces. Le pieux Agaric en cherchait la raison, sans pouvoir la découvrir, quand le vieillard Cornemuse vint la lui révéler.

« J'ai acquis la preuve, soupira le religieux des Conils, que le trésorier des Dracophiles, le duc d'Ampoule, a acheté des immeubles en Marsouinie avec les fonds qu'il avait reçus pour la propagande. »

Le parti manquait d'argent. Le prince des Boscénos avait perdu son portefeuille dans une rixe, et il était réduit à des expédients pénibles, qui répugnaient à son caractère impétueux. La vicomtesse Olive coûtait très cher. Cornemuse conseilla de limiter les mensualités de cette dame.

« Elle nous est très utile, objecta le pieux Agaric

— Sans doute, répliqua Cornemuse. Mais, en nous ruinant, elle nous nuit. »

Un schisme déchirait les Dracophiles. La mésintelligence régnait dans leurs conseils. Les uns voulaient que, fidèle à la politique de M. Bigourd et du pieux Agaric, on affectât jusqu'au bout le dessein de réformer la république; les autres, fatigués d'une longue contrainte, étaient résolus à acclamer la crête du Dragon et juraient de vaincre sous ce signe.

Ceux-ci alléguaient l'avantage des situations nettes et l'impossibilité de feindre plus longtemps. Dans le fait, le public commençait à voir où tendait l'agitation et que les partisans de l'émiral voulaient détruire jusque dans ses fondements la chose commune.

Le bruit se répandait que le prince devait débarquer à La Crique et faire son entrée à Alca sur un cheval vert.

Ces rumeurs exaltaient les moines fanatiques, ravissaient les gentilshommes pauvres, contentaient les riches dames juives et mettaient l'espérance au cœur des petits marchands. Mais bien peu d'entre eux étaient disposés à acheter ces bienfaits au prix d'une catastrophe sociale et d'un effondrement du crédit public; et ils étaient moins nombreux encore ceux qui eussent risqué dans l'affaire leur argent, leur repos, leur liberté ou seulement une heure de leurs plaisirs. Au contraire les ouvriers se tenaient prêts, comme toujours, à donner une journée de travail à la république; une sourde résistance se formait dans les faubourgs.

« Le peuple est avec nous », disait le pieux Agaric.

Pourtant, à la sortie des ateliers, hommes, femmes, enfants hurlaient d'une seule voix :

A bas Chatillon!
Hou! hou! la calotte!

Quant au gouvernement, il montrait cette faiblesse, cette indécision, cette mollesse, cette incurie ordinaires à tous les gouvernements, et dont aucun n'est jamais sorti que pour se jeter dans l'arbitraire et la violence. En trois mots, il ne savait rien, ne voulait rien, ne pouvait rien. Formose, au fond du palais présidentiel, demeurait aveugle, muet, sourd, énorme, invisible, cousu dans son orgueil comme dans un édredon.

Le comte Olive conseilla de faire un dernier appel de fonds et de tenter un grand coup tandis qu'Alca fermentait encore.

Un comité exécutif, qui s'était lui-même élu, décida d'enlever la Chambre des députés et avisa aux voies et moyens.

L'affaire fut fixée au 28 juillet. Ce jour-là le soleil se leva radieux sur la ville. Devant le palais législatif les ménagères passaient avec leurs paniers, les marchands ambulants criaient les pêches, les poires et les raisins, et les chevaux de fiacre, le nez dans leur musette, broyaient leur avoine. Personne ne s'attendait à rien; non que le secret eût été gardé, mais la nouvelle n'avait trouvé que des incrédules. Personne ne croyait à une révolution, d'où l'on pouvait induire que personne n'en souhaitait une. Vers deux heures, les députés commencèrent à passer, rares, inaperçus, sous la petite porte du palais. A trois heures, quelques groupes d'hommes mal habillés se formèrent. A trois heures et demie des masses noires, débouchant des rues adjacentes, se répandirent sur la place de la Révolution. Ce vaste espace fut bientôt submergé par un océan de chapeaux mous, et la foule des manifestants, sans cesse accrue par les curieux, ayant franchi le pont, battait de son flot sombre les murs de l'enceinte législative. Des cris, des grondements, des chants montaient vers le ciel serein. « C'est Chatillon qu'il nous faut! A bas les députés! A bas la république! Mort aux chosards! » Le bataillon sacré des Dracophiles, conduit par le prince des Boscénos, entonna le cantique auguste :

> Vive Crucho,
> Vaillant et sage,
> Plein de courage
> Dès le berceau!

Derrière le mur le silence seul répondait.

Ce silence et l'absence de gardes encourageaient et effrayaient tout à la fois la foule. Soudain, une voix formidable cria :

« A l'assaut! »

Et l'on vit le prince des Boscénos dressant sur le mur armé de pointes et d'artichauts de fer sa forme gigantesque. Derrière lui ses compagnons s'élancèrent et le peuple suivit. Les uns frappaient dans le mur pour y faire des trous, d'autres s'efforçaient de desceller les artichauts et d'arracher les pointes. Ces défenses avaient cédé par endroits. Quelques envahisseurs chevauchaient déjà le pignon dégarni. Le prince des Boscénos agitait un immense drapeau vert. Tout à coup la foule oscilla et il en sortit un long cri de terreur. La garde de police et les carabiniers de la république, sortant à la fois par toutes les issues du palais, se formaient en colonne sous le mur en un moment désassiégé. Après une longue minute d'attente, on entendit un bruit d'armes, et la garde de police, la baïonnette au fusil, chargea la foule. Un instant après, sur la place déserte, jonchée de cannes et de chapeaux, régnait un silence sinistre. Deux fois encore les Dracophiles essayèrent de se reformer, deux fois ils furent repoussés. L'émeute était vaincue. Mais le prince des Boscénos, debout sur le mur du palais ennemi, son drapeau à la main, repoussait l'assaut d'une brigade entière. Il renversait tous ceux qui s'approchaient. Enfin, secoué, déraciné, il tomba sur un artichaut de fer, et y demeura accroché, étreignant encore l'étendard des Draconides.

Le lendemain de cette journée, les ministres de la république et les membres du parlement résolurent de prendre des mesures énergiques. En vain, cette fois, le président Formose essaya-t-il d'éluder les responsabilités. Le gouvernement examina la question de destituer Chatillon de ses grades et dignités et de le traduire devant la Haute Cour comme factieux, ennemi du bien public, traître, etc.

A cette nouvelle, les vieux compagnons d'armes de l'émiral, qui l'obsédaient, la veille encore, de leurs adulations, ne dissimulèrent pas leur joie. Cependant Chatillon restait populaire dans la bourgeoisie d'Alca et l'on entendait encore retentir sur les boulevards l'hymne libérateur : « C'est Chatillon qu'il nous faut. »

Les ministres étaient embarrassés. Ils avaient l'intention de traduire Chatillon devant la Haute Cour. Mais ils ne savaient rien; ils demeuraient dans cette totale ignorance réservée à ceux qui gouvernent les hommes. Ils se trouvaient incapables de relever contre Chatillon des charges de quelque poids. Ils ne fournissaient à l'accusation que les mensonges ridicules de leurs espions. La participation de Chatillon au complot, ses relations avec le prince Crucho restaient le secret de trente mille Dracophiles. Les ministres et les députés avaient des soupçons, et même des certitudes; ils n'avaient pas de preuves. Le procureur de la République disait au ministre de la Justice : « Il me faut bien peu pour intenter des poursuites politiques, mais je n'ai rien du tout; ce n'est pas assez. » L'affaire ne marchait pas. Les ennemis de la chose en triomphaient.

Le 18 septembre, au matin, la nouvelle courut dans Alca que Chatillon avait pris la fuite. L'émoi, la surprise étaient partout. On doutait, on ne pouvait comprendre.

Voici ce qui s'était passé :

Un jour qu'il se trouvait, comme par hasard, dans le cabinet de M. Barbotan, ministre des

Affaires internes, le brave subémiral Volcanmoule dit avec sa franchise coutumière :

« Monsieur Barbotan, vos collègues ne me paraissent pas bien dégourdis; on voit qu'ils n'ont pas commandé en mer. Cet imbécile de Chatillon leur donne une frousse de tous les diables. »

Le ministre, en signe de dénégation, fendit avec son couteau à papier l'air sur toute l'étendue de son bureau.

« Ne riez pas, répliqua Volcanmoule. Vous ne savez pas comment vous débarrasser de Chatillon. Vous n'osez pas le traduire devant la Haute Cour, parce que vous n'êtes pas sûr de réunir des charges suffisantes. Bigourd le défendra, et Bigourd est un habile avocat... Vous avez raison, monsieur Barbotan, vous avez raison. Ce procès serait dangereux...

— Ah! mon ami, fit le ministre d'un ton dégagé, si vous saviez comme nous sommes tranquilles... Je reçois de mes préfets les nouvelles les plus rassurantes. Le bon sens des Pingouins fera justice des intrigues d'un soldat révolté. Pouvez-vous supposer un moment qu'un grand peuple, un peuple intelligent, laborieux, attaché aux institutions libérales qui... »

Volcanmoule l'interrompit par un grand soupir :

« Ah! si j'en avais le loisir, je vous tirerais d'affaire; je vous escamoterais mon Chatillon comme une muscade. Je vous l'enverrais d'une pichenette en Marsouinie. »

Le ministre dressa l'oreille.

« Ce ne serait pas long, poursuivit l'homme de mer. En un tournemain je vous débarrasserais de cet animal... Mais, en ce moment, j'ai d'autres chiens à fouetter.. Je me suis flanqué une forte culotte au bac. Il faut que je trouve une grosse somme. L'honneur avant tout, que diable!... »

Le ministre et le subémiral se regardèrent un moment en silence. Puis Barbotan dit avec autorité :

« Subémiral Volcanmoule, débarrassez-nous d'un soldat séditieux. Vous rendrez un grand service à la Pingouinie et le ministre des Affaires internes vous assurera les moyens de payer vos dettes de jeu. »

Le soir même, Volcanmoule se présenta devant Chatillon et le contempla longtemps avec une expression de douleur et de mystère.

« Pourquoi fais-tu cette tête-là? » demanda l'émiral inquiet.

Alors Volcanmoule lui dit avec une mâle tristesse :

« Mon vieux frère d'armes, tout est découvert. Depuis une demi-heure, le gouvernement sait tout. »

A ces mots, Chatillon atterré s'écroula.

Volcanmoule poursuivit :

« Tu peux être arrêté d'un moment à l'autre. Je te conseille de ficher le camp. »

Et, tirant sa montre :

« Pas une minute à perdre.

— Je peux tout de même passer chez la vicomtesse Olive?

— Ce serait une folie, dit Volcanmoule, qui lui tendit un passeport et des lunettes bleues et lui souhaita du courage.

— J'en aurai, dit Chatillon.

— Adieu! vieux frère.

— Adieu et merci! Tu m'as sauvé la vie...

— Cela se doit. »

Un quart d'heure après, le brave émiral avait quitté la ville d'Alca.

Il s'embarqua de nuit, à La Crique, sur un vieux cotre, et fit voile pour la Marsouinie. Mais, à huit milles de la côte, il fut capturé par un aviso qui naviguait sans feux, sous le pavillon de la reine des Iles-Noires. Cette reine nourrissait depuis longtemps pour Chatillon un amour fatal.

VII

CONCLUSION

Nunc est bibendum. Délivré de ses craintes, heureux d'avoir échappé à un si grand péril, le gouvernement résolut de célébrer par des fêtes populaires l'anniversaire de la régénération pingouine et de l'établissement de la république.

Le président Formose, les ministres, les membres de la Chambre et du Sénat étaient présents à la cérémonie.

Le généralissime des armées pingouines s'y rendit en grand uniforme. Il fut acclamé.

Précédés du drapeau noir de la misère et du drapeau rouge de la révolte, les délégations des ouvriers défilèrent, farouches et tutélaires.

Président, ministres, députés, fonctionnaires, chefs de la magistrature et de l'armée, en leur nom et au nom du peuple souverain, renouvelèrent l'antique serment de vivre libres ou de mourir. C'était une alternative dans laquelle ils se mettaient résolument. Mais ils préféraient vivre libres. Il y eut des jeux, des discours et des chants.

Après le départ des représentants de l'Etat, la foule des citoyens s'écoula à flots lents et paisibles, en criant : « Vive la république! Vive la liberté! Hou! hou! la calotte! »

Les journaux ne signalèrent qu'un fait regrettable dans cette belle journée. Le prince des Boscénos fumait tranquillement un cigare sur la prairie de la Reine quand y défila le cortège de l'Etat. Le prince s'approcha de la voiture des ministres et dit d'une voix retentissante : « Mort aux chosards! » Il fut immédiatement appréhendé par les agents de police, auxquels il opposa la plus désespérée résistance. Il en abattit une multitude à ses pieds; mais il succomba sous le nombre et fut traîné, contus, écorché, tuméfié, scarifié, méconnaissable, enfin, à l'œil même d'une épouse, par les rues joyeuses, jusqu'au fond d'une prison obscure.

Les magistrats instruisirent curieusement le procès de Chatillon. On trouva dans le pavillon de l'Amirauté des lettres qui révélaient la main du révérend père Agaric dans le complot. Aussitôt l'opinion publique se déchaîna contre les moines; et le parlement vota coup sur coup une douzaine de lois qui restreignaient, diminuaient, limitaient, délimitaient, supprimaient, tranchaient et retranchaient leurs droits, immunités, franchises, privilèges et fruits, et leur créaient des incapacités multiples et dirimantes.

Le révérend père Agaric supporta avec constance la rigueur des lois par lesquelles il était personnellement visé, atteint, frappé, et la chute épouvantable de l'émiral, dont il était la cause première. Loin de se soumettre à la mauvaise fortune, il la regardait comme une étrangère de passage. Il formait de nouveaux desseins politiques, plus audacieux que les premiers.

Quand il eut suffisamment mûri ses projets, il s'en alla un matin par le bois des Conils. Un merle sifflait dans un arbre, un petit hérisson traversait d'un pas maussade le sentier pierreux. Agaric marchait à grandes enjambées en prononçant des paroles entrecoupées.

Parvenu au seuil du laboratoire où le pieux industriel avait, au cours de tant de belles années, distillé la liqueur dorée de Sainte-Orberose, il trouva la place déserte et la porte fermée. Ayant longé les bâtiments, il rencontra sur le derrière le vénérable Cornemuse, qui, sa robe troussée, grimpait à une échelle appuyée au mur.

« C'est vous, cher ami? lui dit-il. Que faites-vous là?

— Vous le voyez, répondit d'une voix faible le religieux des Conils, en tournant sur Agaric un regard douloureux. Je rentre chez moi. »

Ses prunelles rouges n'imitaient plus l'éclat

triomphal du rubis; elles jetaient des lueurs sombres et troubles. Son visage avait perdu sa plénitude heureuse. Le poli de son crâne ne charmait plus les regards; une sueur laborieuse et des plaques enflammées en altéraient l'inestimable perfection.

« Je ne comprends pas, dit Agaric.

— C'est pourtant facile à comprendre. Et vous voyez ici les conséquences de votre complot. Visé par une multitude de lois, j'en ai éludé le plus grand nombre. Quelques-unes, pourtant, m'ont frappé. Ces hommes vindicatifs ont fermé mes laboratoires et mes magasins, confisqué mes bouteilles, mes alambics et mes cornues; ils ont mis les scellés sur ma porte. Il me faut maintenant rentrer par la fenêtre. C'est à peine si je puis extraire en secret, de temps en temps, le suc des plantes, avec des appareils dont ne voudrait pas le plus humble des bouilleurs de cru.

— Vous souffrez la persécution, dit Agaric. Elle nous frappe tous. »

Le religieux des Conils passa la main sur son front désolé :

« Je vous l'avais bien dit, frère Agaric; je vous l'avais bien dit que votre entreprise retomberait sur nous.

— Notre défaite n'est que momentanée, répliqua vivement Agaric. Elle tient à des causes uniquement accidentelles; elle résulte de pures contingences.

Chatillon était un imbécile; il s'est noyé dans sa propre ineptie. Ecoutez-moi, frère Cornemuse. Nous n'avons pas un moment à perdre. Il faut affranchir le peuple pingouin, il faut le délivrer de ses tyrans, le sauver de lui-même, restaurer la crête du Dragon, rétablir l'ancien Etat, le bon-Etat, pour l'honneur de la religion et l'exaltation de la foi catholique. Chatillon était un mauvais instrument; il s'est brisé dans nos mains. Prenons, pour le remplacer, un instrument meilleur. Je tiens l'homme par qui la démocratie impie sera détruite. C'est un civil; c'est Gomoru. Les Pingouins en raffolent. Il a déjà trahi son parti pour un plat de riz. Voilà l'homme qu'il nous faut! »

Dès le début de ce discours, le religieux des Conils avait enjambé sa fenêtre et tiré l'échelle.

« Je le prévois, répondit-il, le nez entre les deux châssis de la croisée : vous n'aurez pas de cesse que vous ne nous ayez fait tous expulser jusqu'au dernier de cette belle, amène et douce terre de Pingouinie. Bonsoir, Dieu vous garde! »

Agaric, planté devant le mur, adjura son bien cher frère de l'écouter un moment :

« Comprenez mieux votre intérêt, Cornemuse! La Pingouinie est à nous. Que nous faut-il pour la conquérir? Encore un effort... encore un léger sacrifice d'argent, et... »

Mais, sans en entendre davantage, le religieux des Conils retira son nez et ferma sa fenêtre.

LIVRE VI

LES TEMPS MODERNES

L'AFFAIRE DES
QUATRE-VINGT MILLE BOTTES DE FOIN

Ζεῦ πάτερ, ἀλλὰ σὺ ῥῦσαι ὑπ' ἠέρος υἷας Ἀχαιῶν,
ποίησον δ' αἴθρην, δὸς δ' ὀφθαλμοῖσιν ἰδέσθαι·
ἐν δὲ φάει καὶ ὄλεσσον, ἐπεὶ νύ τοι εὔαδεν οὕτως.

(*Iliad.*, XVII, v. 645 et seq.)

LE GÉNÉRAL GREATAUK, DUC DU SKULL

Peu de temps après la fuite de l'émiral, un juif de condition médiocre, nommé Pyrot, jaloux de frayer avec l'aristocratie et désireux de servir son pays, entra dans l'armée des Pingouins. Le ministre de la Guerre, qui était alors Greatauk, duc du Skull, ne pouvait le souffrir : il lui reprochait son zèle, son nez crochu, sa vanité, son goût pour l'étude, ses lèvres lippues et sa conduite exemplaire. Chaque fois qu'on cherchait l'auteur d'un méfait, Greatauk disait :

« Ce doit être Pyrot! »

Un matin, le général Panther, chef d'état-major, instruisit Greatauk d'une affaire grave. Quatre-vingt mille bottes de foin, destinées à la cavalerie, avaient disparu; on n'en trouvait plus trace.

Greatauk s'écria spontanément :

« Ce doit être Pyrot qui les a volées! »

Il demeura quelque temps pensif et dit :

« Plus j'y songe et plus je me persuade que Pyrot a volé ces quatre-vingt mille bottes de foin. Et où je le reconnais, c'est qu'il les a dérobées pour les vendre à vil prix aux Marsouins, nos ennemis acharnés. Trahison infâme!

— C'est certain, répondit Panther; il ne reste plus qu'à le prouver. »

Ce même jour, passant devant un quartier de cavalerie, le prince des Boscénos entendit des cuirassiers qui chantaient en balayant la cour :

> Boscénos est un gros cochon;
> On en va faire des andouilles,
> Des saucisses et du jambon
> Pour le réveillon des pauv' bougres.

Il lui parut contraire à toute discipline que des soldats chantassent ce refrain, à la fois domestique et révolutionnaire, qui jaillissait, aux jours d'émeute, du gosier des ouvriers goguenards. A cette occasion, il déplora la déchéance morale de l'armée et songea avec un âpre sourire que son vieux camarade Greatauk, chef de cette armée déchue, la livrait bassement aux rancunes d'un gouvernement antipatriote. Et il se promit d'y mettre bon ordre, avant peu.

« Ce coquin de Greatauk, se disait-il, ne restera pas longtemps ministre. »

Le prince des Boscénos était le plus irréconciliable adversaire de la démocratie moderne, de la libre pensée et du régime que les Pingouins s'étaient librement donné. Il nourrissait contre les juifs une haine vigoureuse et loyale et travaillait en public, en secret, nuit et jour, à la restauration du sang des Draconides. Son royalisme ardent s'exaltait encore par la considération de ses affaires privées, dont le mauvais état empirait d'heure en heure; car il ne pensait voir la fin de ses embarras pécuniaires qu'à l'entrée de l'héritier de Draco le Grand dans sa ville d'Alca.

De retour en son hôtel, le prince tira de son coffre-fort une liasse de vieilles lettres, correspondance privée, très secrète, qu'il tenait d'un commis infidèle, et de laquelle il résultait que son vieux camarade Greatauk, duc du Skull, avait tripoté dans les fournitures et reçu d'un industriel, nommé Maloury, un pot-de-vin, qui n'était pas énorme et dont la modicité même ôtait toute excuse au ministre qui l'avait accepté.

Le prince relut ces lettres avec une âpre volupté, les remit soigneusement dans le coffre-fort et courut au ministère de la Guerre. Il était d'un caractère résolu. Sur cet avis que le ministre ne recevait pas, il renversa les huissiers, culbuta les ordonnances, foula aux pieds les employés civils et militaires, enfonça les portes et pénétra dans le cabinet de Greatauk étonné.

« Parlons peu, mais parlons bien, lui dit-il. Tu

es une vieille crapule. Mais ce ne serait encore rien. Je t'ai demandé de fendre l'oreille au général Monchin, l'âme damnée des chosards; tu n'as pas voulu. Je t'ai demandé de donner un commandement au général des Clapiers qui travaille pour les Draconides et qui m'a obligé personnellement; tu n'as pas voulu. Je t'ai demandé de déplacer le général Tandem, qui commande à Port-Alca, qui m'a volé cinquante louis au bac et m'a fait mettre les menottes quand j'ai été traduit devant la Haute Cour comme complice de l'émiral Chatillon; tu n'as pas voulu. Je t'ai demandé la fourniture de l'avoine et du son; tu n'as pas voulu. Je t'ai demandé une mision secrète en Marsouinie; tu n'as pas voulu. Et, non content de m'opposer un invariable refus, tu m'as signalé à tes collègues du gouvernement comme un individu dangereux qu'il faut surveiller, et je te dois d'être filé par la police, vieux traître! Je ne te demande plus rien et je n'ai qu'un seul mot à dire : Fous le camp! on t'a trop vu. D'ailleurs, pour te remplacer, nous imposerons à ta sale chose publique quelqu'un des nôtres. Tu sais que je suis homme de parole. Si dans vingt-quatre heures tu n'as pas donné ta démission, je publie dans les journaux le dossier Maloury. »

Mais Greatauk, plein de calme et de sérénité :
« Tiens-toi donc tranquille, idiot. Je suis en train d'envoyer un juif au bagne. Je livre Pyrot

à la justice comme coupable d'avoir volé quatre-vingt mille bottes de foin. »

Le prince des Boscénos, dont la fureur tomba comme un voile, sourit.

« C'est vrai ?...

— Tu le verras bien.

— Mes compliments, Greatauk. Mais, comme avec toi il faut toujours prendre ses précautions, je publie immédiatement la bonne nouvelle. On lira ce soir dans tous les journaux d'Alca l'arrestation de Pyrot... »

Et il murmura en s'éloignant :

« Ce Pyrot ! je me doutais qu'il finirait mal. »

Un instant après, le général Panther se présenta devant Greatauk.

« Monsieur le ministre, je viens d'examiner l'affaire des quatre-vingt mille bottes de foin. On n'a pas de preuves contre Pyrot.

— Qu'on en trouve, répondit Greatauk, la justice l'exige. Faites immédiatement arrêter Pyrot. »

II

PYROT

Toute la Pingouinie apprit avec horreur le crime de Pyrot; en même temps, on éprouvait une sorte de satisfaction à savoir que ce détournement, compliqué de trahison et confinant au sacrilège, avait été commis par un petit juif. Pour comprendre ce sentiment, il faut connaître l'état de l'opinion publique à l'égard des grands et des petits juifs. Comme nous avons eu déjà l'occasion de le dire dans cette histoire, la caste financière, universellement exécrée et souverainement puissante, se composait de chrétiens et de juifs. Les juifs qui en faisaient partie, et sur lesquels le peuple ramassait toute sa haine, étaient les grands juifs; ils possédaient d'immenses biens et détenaient, disait-on, plus d'un cinquième de la fortune pingouine. En dehors de cette caste redoutable, il se trouvait une multitude de petits juifs d'une condition médiocre, qui n'étaient pas plus aimés que les grands et beaucoup moins craints. Dans tout Etat policé, la richesse est chose sacrée; dans les démocraties, elle est la seule chose sacrée. Or, l'Etat pingouin était démocratique; trois ou quatre compagnies financières y exerçaient un pouvoir plus étendu et surtout plus effectif et plus continu que celui des ministres de la république, petits seigneurs qu'elles gouvernaient secrètement, qu'elles obligeaient, par intimidation ou par corruption, à les favoriser aux dépens de l'Etat, et qu'elles détruisaient par les calomnies de la presse, quand ils restaient honnêtes. Malgré le secret des caisses, il en paraissait assez pour indigner le pays, mais les bourgeois pingouins, des plus gros aux moindres, conçus et enfantés dans le respect de l'argent, et qui tous avaient du bien, soit beaucoup, soit peu, sentaient fortement la solidarité des capitaux et comprenaient que la petite richesse n'est assurée que par la sûreté de la grande. Aussi concevaient-ils pour les milliards israélites comme pour les milliards chrétiens un respect religieux et, l'intérêt étant plus fort chez eux que l'aversion, ils eussent craint autant que la mort de toucher à un seul des cheveux de ces grands juifs qu'ils exécraient. Envers les petits, ils se sentaient moins vérécondieux, et, s'ils voyaient quelqu'un de ceux-là à terre, ils le trépignaient. C'est pourquoi la nation entière apprit avec un farouche contentement que le traître était un juif, mais petit. On pouvait se venger sur lui de tout Israël, sans craindre de compromettre le crédit public.

Que Pyrot eût volé les quatre-vingt mille bottes de foin, personne autant dire n'hésita un moment à le croire. On ne douta point, parce que l'ignorance où l'on était de cette affaire ne permettait pas le doute, qui a besoin de motifs, car on ne doute pas sans raisons comme on croit sans raisons. On ne douta point, parce que la chose était partout répétée et qu'à l'endroit du public répéter c'est prouver. On ne douta point, parce qu'on désirait que Pyrot fût coupable et qu'on croit ce qu'on désire, et parce qu'enfin la faculté de douter est rare parmi les hommes; un très petit nombre d'esprits en portent en eux les germes, qui ne se développent pas sans culture. Elle est singulière, exquise, philosophique, immorale, transcendante, monstrueuse, pleine de malignité, dommageable aux personnes et aux biens, contraire à la police des Etats et à la prospérité des empires, funeste à l'humanité, destructive des dieux, en horreur au ciel et à la terre. La foule des Pingouins ignorait le doute : elle eut foi dans la culpabilité de Pyrot, et cette foi devint aussitôt un des principaux articles de ses croyances nationales et une des vérités essentielles de son symbole patriotique.

Pyrot fut jugé secrètement et condamné.

Le général Panther alla aussitôt informer le ministre de la Guerre de l'issue du procès.

« Par bonheur, dit-il, les juges avaient une certitude, car il n'y avait pas de preuves.

— Des preuves, murmura Greatauk, des preuves, qu'est-ce que cela prouve? Il n'y a qu'une preuve certaine, irréfragable : les aveux du coupable. Pyrot a-t-il avoué?

— Non, mon général.

— Il avouera : il le doit. Panther, il faut l'y résoudre; dites-lui que c'est son intérêt. Promettez-lui que, s'il avoue, il obtiendra des faveurs, une réduction de peine, sa grâce; promettez-lui que, s'il avoue, on reconnaîtra son innocence; on le décorera. Faites appel à ses bons sentiments. Qu'il avoue par patriotisme, pour le drapeau, par ordre, par respect de la hiérarchie, sur commandement spécial du ministre de la Guerre, militairement... Mais, dites-moi, Panther, est-ce qu'il n'a pas déjà avoué? Il y a des aveux tacites; le silence est un aveu.

— Mais, mon général, il ne se tait pas; il crie comme un putois qu'il est innocent.

— Panther, les aveux d'un coupable résultent parfois de la véhémence de ses dénégations. Nier désespérément, c'est avouer. Pyrot a avoué; il nous faut des témoins de ses aveux, la justice l'exige. »

Il y avait dans la Pingouinie occidentale un port de mer nommé La Crique, formé de trois petites anses, autrefois fréquentées des navires, maintenant ensablées et désertes; des lagunes recouvertes de moisissures s'étendaient tout le long des côtes basses, exhalant une odeur empestée, et la fièvre planait sur le sommeil des eaux. Là, s'élevait au bord de la mer une haute tour carrée, semblable à l'ancien Campanile de Venise, au flanc de laquelle, près du faîte, au bout d'une chaîne attachée à une poutre transversale, pendait une cage à claire-voie dans laquelle, au temps des Draconides, les inquisiteurs d'Alca mettaient les clercs hérétiques. Dans cette cage, vide depuis trois cents ans, Pyrot fut enfermé, sous la garde de soixante argousins qui, logés dans la tour, ne le perdaient de vue ni jour ni nuit, épiant ses aveux, pour en faire, à tour de rôle, un rapport au ministre de la Guerre, car, scrupuleux et prudent, Greatauk voulait des aveux et des suraveux. Greatauk, qui passait pour un imbécile, était, en réalité, plein de sagesse et d'une rare prévoyance.

Cependant Pyrot, brûlé du soleil, dévoré de moustiques, trempé de pluie, de grêle et de neige, glacé de froid, secoué furieusement par la tempête, obsédé par les croassements sinistres des corbeaux perchés sur sa cage, écrivait son innocence sur des morceaux de sa chemise avec un cure-dents trempé de sang. Ces chiffons se perdaient dans la mer ou tombaient aux mains des geôliers. Quelques-uns pourtant furent mis sous les yeux du public. Mais les protestations de Pyrot ne touchaient personne, puisqu'on avait publié ses aveux.

III

LE COMTE DE MAUBEC
DE LA DENTDULYNX

Les mœurs des petits juifs n'étaient pas toujours pures; le plus souvent, ils ne se refusaient à aucun des vices de la civilisation chrétienne, mais ils gardaient de l'âge patriarcal la reconnaissance des liens de famille et l'attachement aux intérêts de la tribu. Les frères, demi-frères, oncles, grands-oncles, cousins et petits-cousins, neveux et petits-neveux, agnats et cognats de Pyrot, au nombre de sept cents, d'abord accablés du coup qui frappait un des leurs, s'enfermèrent dans leurs maisons, se couvrirent de cendre et, bénissant la main qui les châtiait, durant quarante jours gardèrent un jeûne austère. Puis ils prirent un bain et résolurent de poursuivre, sans repos, au prix de toutes les fatigues, à travers tous les dangers, la démonstration d'une innocence dont ils ne doutaient pas. Et comment en eussent-ils douté? L'innocence de Pyrot leur était révélée comme était révélé son crime à la Pingouinie chrétienne; car ces choses, étant cachées, revêtaient un caractère mystique et prenaient l'autorité des vérités religieuses. Les sept cents Pyrots se mirent à l'œuvre avec autant de zèle que de prudence et firent secrètement des recherches approfondies. Ils étaient partout; on ne les voyait nulle part; on eût dit que, comme le pilote d'Ulysse, ils cheminaient librement sous terre. Ils pénétrèrent dans les bureaux de la Guerre, approchèrent, sous des déguisements, les juges, les greffiers, les témoins de l'affaire. C'est alors que parut la sagesse de Greatauk : les témoins ne savaient rien, les juges, les greffiers ne savaient rien. Des émissaires parvinrent jusqu'à Pyrot et l'interrogèrent anxieusement dans sa cage, aux longs bruits de la mer et sous les croassements rauques des corbeaux. Ce fut en vain : le condamné ne savait rien. Les sept cents Pyrots ne pouvaient détruire les preuves de l'accusation, parce qu'ils ne pouvaient les connaître et ils ne pouvaient les connaître parce qu'il n'y en avait pas. La culpabilité de Pyrot était indestructible par son néant même. Et c'est avec un légitime orgueil que Greatauk, s'exprimant en véritable artiste, dit un jour au général Panther : « Ce procès est un chef-d'œuvre : il est fait de rien. » Les sept cents Pyrots désespéraient d'éclaircir jamais cette ténébreuse affaire quand tout à coup ils découvrirent, par une lettre volée, que les quatre-vingt mille bottes de foin n'avaient jamais existé, qu'un gentilhomme des plus distingués, le comte de Maubec, les avait vendues à l'Etat, qu'il en avait reçu le prix, mais qu'il ne les avait jamais livrées, attendu que, issu des plus riches propriétaires fonciers de l'ancienne Pingouinie, héritier des Maubec de la Dentdulynx, jadis possesseurs de quatre duchés, de soixante comtés, de six cents douze marquisats, baronnies et vidamies, il ne possédait pas de terres la largeur de la main et qu'il aurait été bien incapable de couper seulement une fauchée de fourrage sur ses domaines. Quant à se faire livrer un fétu d'un propriétaire ou de quelque marchand, c'est ce qui lui eût été tout à fait impossible, car tout le monde, excepté les ministres de l'Etat et les fonctionnaires du gouvernement, savait qu'il était plus facile de tirer de l'huile d'un caillou qu'un centime de Maubec.

Les sept cents Pyrots, ayant procédé à une enquête minutieuse sur les ressources financières du comte de Maubec de la Dentdulynx, constatèrent que ce gentilhomme tenait ses principales ressources d'une maison où des dames généreuses donnaient à tout venant deux jambons pour une andouille. Ils le dénoncèrent publiquement comme coupable du vol des quatre-vingt mille bottes de foin pour lequel un innocent avait été condamné et mis en cage.

Maubec était d'une illustre famille, alliée aux

Draconides. Il n'y a rien que les démocraties estiment plus que la noblesse de naissance. Maubec avait servi dans l'armée pingouine, et les Pingouins, depuis qu'ils étaient tous soldats, aimaient leur armée jusqu'à l'idolâtrie. Maubec avait, sur les champs de bataille, reçu la croix, qui est le signe de l'honneur chez les Pingouins, et qu'ils préfèrent même au lit de leurs épouses. Toute la Pingouinie se déclara pour Maubec et la voix du peuple, qui commençait à gronder, réclama des châtiments sévères contre les sept cents Pyrots calomniateurs.

Maubec était gentilhomme : il défia les sept cents Pyrots à l'épée, au sabre, au pistolet, à la carabine, au bâton.

« Sales youpins, leur écrivit-il dans une lettre fameuse, vous avez crucifié mon Dieu et vous voulez ma peau; je vous préviens que je ne serai pas aussi couillon que lui et que je vous couperai les quatorze cents oreilles. Recevez mon pied dans vos sept cents derrières. »

Le chef du gouvernement était alors un villageois nommé Robin Mielleux, homme doux aux riches et aux puissants et durs aux pauvres gens, de petit courage et ne connaissant que son intérêt. Par une déclaration publique, il se porta garant de l'innocence et de l'honneur de Maubec et déféra les sept cents Pyrots aux tribunaux correctionnels, qui les condamnèrent, comme diffamateurs, à des peines afflictives, à d'énormes amendes et à tous les dommages et intérêts que réclamait leur innocente victime.

Il semblait que Pyrot dût rester à jamais enfermé dans sa cage où se perchaient les corbeaux. Cependant, tous les Pingouins voulant savoir et prouver que ce juif était coupable, les preuves qu'on en donnait n'étaient pas toutes bonnes et il y en avait de contradictoires. Les officiers de l'état-major montraient du zèle et certains manquaient de prudence. Tandis que Greatauk gardait un admirable silence, le général Panther se répandait en intarissables discours et démontrait tous les matins, dans les journaux, la culpabilité du condamné. Il aurait peut-être mieux fait de n'en rien dire : elle était évidente; l'évidence ne se démontre pas. Tant de raisonnements troublaient les esprits; la foi, toujours vive, devenait moins sereine. Plus on apportait de preuves à la foule, plus elle en demandait.

Toutefois le danger de trop prouver n'eût pas été grand s'il ne s'était trouvé en Pingouinie, comme il s'en trouve partout ailleurs, des esprits formés au libre examen, capables d'étudier une question difficile, et enclins au doute philosophique. Il y en avait peu; ils n'étaient pas tous disposés à parler; le public n'était nullement préparé à les entendre. Pourtant ils ne devaient pas rencontrer que des sourds. Les grands juifs, tous les milliardaires israélites d'Alca, quand on leur parlait de

Pyrot, disaient : « Nous ne connaissons point cet homme »; mais ils songeaient à le sauver. Ils gardaient la prudence où les attachait leur fortune et souhaitaient que d'autres fussent moins timides. Leur souhait devait s'accomplir.

IV

COLOMBAN

Quelques semaines après la condamnation des sept cents Pyrots, un petit homme myope, renfrogné, tout en poil, sortit un matin de sa maison avec un pot de colle, une échelle et un paquet d'affiches et s'en alla par les rues, collant sur les murs des placards où se lisait en gros caractères : *Pyrot est innocent, Maubec est coupable.* Son état n'était pas de coller des affiches; il s'appelait Colomban; auteur de cent soixante volumes de sociologie pingouine, il comptait parmi les plus laborieux et les plus estimés des écrivains d'Alca. Après y avoir suffisamment réfléchi, ne doutant plus de l'innocence de Pyrot, il la publiait de la manière qu'il jugeait la plus éclatante. Il posa sans encombre quelques affiches dans les rues peu fréquentées; mais, arrivé aux quartiers populeux, chaque fois qu'il montait sur son échelle, les curieux amassés sous lui, muets de surprise et d'indignation, lui jetaient des regards menaçants qu'il supportait avec le calme que donnent le courage et la myopie. Tandis que sur ses talons les concierges et les boutiquiers arrachaient ses affiches, il allait traînant son attirail et suivi par les petits garçons qui, leur panier sous le bras et leur gibecière sur le dos, n'étaient pas pressés d'arriver à l'école : et il placardait studieusement. Aux indignations muettes se joignaient maintenant contre lui les protestations et les murmures. Mais Colomban ne daignait rien voir ni rien entendre. Comme il apposait, à l'entrée de la rue Sainte-Orberose, un de ses carrés de papier portant imprimé : *Pyrot est innocent, Maubec est coupable,* la foule ameutée donna les signes de la plus violente colère. « Traître, voleur, scélérat, canaille! » lui criait-on. Une ménagère, ouvrant sa fenêtre, lui versa une boîte d'ordures sur la tête; un cocher de fiacre lui fit sauter d'un coup de fouet son chapeau de l'autre côté de la rue, aux acclamations de la foule vengée; un garçon boucher le fit tomber avec sa colle, son pinceau et ses affiches, du haut de son échelle dans le ruisseau, et les Pingouins enorgueillis sentirent alors la grandeur de leur patrie. Colomban se releva luisant d'immondices, estropié du coude et du pied, tranquille et résolu.

« Viles brutes », murmura-t-il en haussant les épaules.

Puis il se mit à quatre pattes dans le ruisseau pour

y chercher son lorgnon qu'il avait perdu dans sa chute. Il apparut alors que son habit était fendu depuis le col jusqu'aux basques et son pantalon foncièrement disloqué. L'animosité de la foule à son égard s'en accrut.

De l'autre côté de la rue s'étendait la grande épicerie Sainte-Orberose. Des patriotes saisirent à la devanture tout ce qu'ils trouvaient sous la main, et le jetèrent sur Colomban, oranges, citrons, pots de confitures, tablettes de chocolat, bouteilles de liqueurs, boîtes de sardines, terrines de foie gras, jambon, volailles, stagnons d'huile et sacs de haricots. Couvert de débris alimentaires, contus et déchiré, boiteux, aveugle, il prit la fuite suivi de garçons de boutiques, de mitrons, de rôdeurs, de bourgeois, de polissons dont le nombre grossissait de minute en minute et qui hurlaient « A l'eau! à mort le traître! à l'eau! » Ce torrent de vulgaire humanité roula tout le long des boulevards et s'engouffra dans la rue Saint-Maël. La police faisait son devoir : de toutes les voies adjacentes débouchaient des agents qui, la main gauche sur le fourreau de leur sabre, prenaient au pas de course la tête des poursuivants. Ils allongeaient déjà des mains énormes sur Colomban, quand il leur échappa soudain en tombant, par un regard ouvert, au fond d'un égout.

Il y passa la nuit, assis dans les ténèbres, au bord des eaux fangeuses, parmi les rats humides et gras.

Il songeait à sa tâche; son cœur agrandi s'emplissait de courage et de pitié. Et, quand l'aube mit un pâle rayon au bord du soupirail, il se leva et dit, se parlant à lui-même :

« Je discerne que la lutte sera rude. »

Incontinent, il composa un mémoire où il exposait clairement que Pyrot n'avait pu voler au ministère de la Guerre quatre-vingt mille bottes de foin qui n'y étaient jamais entrées, puisque Maubec ne les avait jamais fournies, bien qu'il en eût touché le prix. Colomban fit distribuer ce factum par les rues d'Alca. Le peuple refusait de le lire et le déchirait avec colère. Les boutiquiers montraient le poing aux distributeurs qui décampaient, poursuivis, le balai dans les reins, par des furies ménagères. Les têtes s'échauffèrent et l'effervescence dura toute la journée. Le soir, des bandes d'hommes farouches et déguenillés parcouraient les rues en hurlant : « Mort à Colomban! » Des patriotes arrachaient aux camelots des paquets entiers du factum, qu'ils brûlaient sur les places publiques, et ils dansaient autour de ces feux de joie des rondes éperdues avec des filles troussées jusqu'au ventre.

Les plus ardents allèrent casser les carreaux de la maison où Colomban vivait, depuis quarante ans, de son travail, dans la douceur d'une paix profonde.

Les Chambres s'émurent et demandèrent au chef du gouvernement quelles mesures il comptait prendre pour réprimer les odieux attentats commis par Colomban contre l'honneur de l'armée nationale et la sûreté de la Pingouinie. Robin Mielleux flétrit l'audace impie de Colomban et annonça, aux applaudissements des législateurs, que cet homme serait traduit devant les tribunaux pour y répondre de son infâme libelle.

Le ministre de la Guerre, appelé à la tribune, y parut transfiguré. Il n'avait plus l'air, comme autrefois, d'une oie sacrée des citadelles pingouines; maintenant, hérissé, le cou tendu, le bec en croc, il semblait le vautour symbolique attaché au foie des ennemis de la patrie.

Dans le silence auguste de l'assemblée, il prononça ces seuls mots :

« Je jure que Pyrot est un scélérat. »

Cette parole de Greatauk, répandue dans toute la Pingouinie, soulagea la conscience publique.

V

LES RÉVÉRENDS PÈRES AGARIC ET CORNEMUSE

Colomban portait avec surprise et douceur le poids de la réprobation générale; il ne pouvait sortir de chez lui sans être lapidé; aussi ne sortait-il point; il écrivait dans son cabinet, avec un entêtement magnifique, de nouveaux mémoires en faveur de l'encagé innocent. Cependant, parmi le peu de lecteurs qu'il trouva, quelques-uns, une douzaine, furent frappés de ses raisons et commencèrent à douter de la culpabilité de Pyrot. Ils s'en ouvrirent à leurs proches, s'efforcèrent de répandre autour d'eux la lumière qui naissait dans leur esprit. L'un d'eux était un ami de Robin Mielleux à qui il confia ses perplexités et qui, dès lors, refusa de le recevoir. Un autre demanda, par lettre ouverte, des explications au ministre de la Guerre; un troisième publia un pamphlet terrible : celui-là, Kerdanic, était le plus redouté des polémistes. Le public en demeura stupide. On disait que ces défenseurs du traître étaient soudoyés par les grands juifs; on les flétrit du nom de pyrotins et les patriotes jurèrent de les exterminer. Il n'y avait que mille ou douze cents pyrotins dans la vaste république; on croyait en voir partout; on craignait d'en trouver dans les promenades, dans les assemblées, dans les réunions, dans les salons mondains, à la table de famille, dans le lit conjugal. La moitié de la population était suspecte à l'autre moitié. La discorde mit le feu dans Alca.

Or, le père Agaric, qui dirigeait une grande école de jeunes nobles, suivait les événements avec une anxieuse attention. Les malheurs de l'Eglise pingouine ne l'avait point abattu; il restait fidèle au prince Crucho et conservait l'espoir de rétablir sur le trône de Pingouinie l'héritier des Draconides. Il lui parut que les événements qui s'accomplissaient ou se préparaient dans le pays, l'état d'esprit dont ils seraient en même temps l'effet et la cause, et les troubles, leur résultat nécessaire, pourraient, dirigés, conduits, tournés et détournés avec la sagesse profonde d'un religieux, ébranler la république et disposer les Pingouins à restaurer le prince Crucho dont la piété promettait des consolations aux fidèles. Coiffé de son vaste chapeau noir, dont les bords étaient pareils aux ailes de la Nuit, il s'achemina par le bois des Conils vers l'usine où son vénérable ami, le père Cornemuse, distillait la liqueur hygiénique de Sainte-Orberose. L'industrie du bon moine, si cruellement frappée au temps de l'émiral Chatillon, se relevait de ses ruines. On entendait les trains de marchandises rouler à travers les bois et l'on voyait sous les hangars des centaines d'orphelins bleus envelopper des bouteilles et clouer des caisses.

Agaric trouva le vénérable Cornemuse devant ses fourneaux, au milieu des cornues. Les prunelles glissantes du vieillard avaient retrouvé l'éclat du rubis; le poli de son crâne était redevenu suave et précieux.

Agaric félicita d'abord le vieux distillateur de l'activité qui renaissait dans ses laboratoires et dans ses ateliers.

« Les affaires reprennent. J'en rends grâces à Dieu, répondit le vieillard des Conils. Hélas! elles étaient bien tombées, frère Agaric. Vous avez vu la désolation de cet établissement. Je n'en dis pas davantage. »

Agaric détourna la tête.

« La liqueur de Sainte-Orberose, poursuivit Cornemuse, triomphe de nouveau. Mon industrie n'en demeure pas moins incertaine et précaire. Les lois de ruine et de désolation qui l'ont frappée ne sont point abrogées; elles ne sont que suspendues... »

Et le religieux des Conils leva vers le ciel ses prunelles de rubis.

Agaric lui mit la main sur l'épaule :

« Quel spectacle, Cornemuse, nous offre la malheureuse Pingouinie! Partout la désobéissance, l'indépendance, la liberté! Nous voyons se lever les orgueilleux, les superbes, les hommes de révolte. Après avoir bravé les lois divines, ils se dressent contre les lois humaines, tant il est vrai que, pour être un bon citoyen, il faut être un bon chrétien. Colomban tâche à imiter Satan. De nombreux criminels suivent son funeste exemple; ils veulent, dans leur rage, briser tous les freins, rompre tous les jougs, s'affranchir des liens les plus sacrés, échapper aux contraintes les plus salutaires. Ils frappent leur patrie pour s'en faire obéir. Mais ils succomberont sous l'animadversion, la vitupération, l'indignation, la fureur, l'exécration et l'abomination publiques. Voilà l'abîme où les a conduits l'athéisme, la libre pensée, le libre examen, la prétention monstrueuse de juger par eux-mêmes, d'avoir une opinion propre.

— Sans doute, sans doute, répliqua le père Cornemuse en secouant la tête; mais je vous avoue que le soin de distiller des simples m'a détourné de suivre les affaires publiques. Je sais seulement qu'on parle beaucoup d'un certain Pyrot. Les uns soutiennent qu'il est coupable, les autres affirment qu'il est innocent, et je ne saisis pas bien les motifs qui poussent les uns et les autres à s'occuper d'une affaire qui ne les regardent pas. »

Le pieux Agaric demanda vivement :

« Vous ne doutez pas du crime de Pyrot?

— Je n'en puis douter, très cher Agaric, répondit le religieux des Conils; ce serait contraire aux lois de mon pays, qu'il faut respecter tant qu'elles ne sont pas en opposition avec les lois divines. Pyrot est coupable puisqu'il est condamné. Quant à en dire davantage pour ou contre sa culpabilité, ce serait substituer mon autorité à celle des juges, et je me garderai bien de le faire. C'est d'ailleurs inutile, puisque Pyrot est condamné. S'il n'est pas condamné parce qu'il est coupable, il est coupable parce qu'il est condamné; cela revient au même. Je crois à sa culpabilité comme tout bon citoyen doit y croire; et j'y croirai tant que la justice établie m'ordonnera d'y croire, car il n'appartient pas à un particulier, mais au juge, de proclamer l'innocence d'un condamné. La justice humaine est respectable jusque dans les erreurs inhérentes à sa nature faillible et bornée. Ces erreurs ne sont jamais irréparables; si les juges ne les réparent pas sur la terre, Dieu les réparera dans le ciel. D'ailleurs j'ai grande confiance en ce général Greatauk, qui me semble plus intelligent, sans en avoir l'air, que tous ceux qui l'attaquent.

— Bien cher Cornemuse, s'écria le pieux Agaric, l'affaire Pyrot, poussée au point où nous saurons la conduire avec le secours de Dieu et les fonds nécessaires, produira les plus grands biens. Elle mettra à nu les vices de la république antichrétienne et disposera les Pingouins à restaurer le trône des Draconides et les prérogatives de l'Eglise. Mais il faut pour cela que le peuple voie ses lévites au premier rang de ses défenseurs. Marchons contre les ennemis de l'armée, contre les insulteurs des héros, et tout le monde nous suivra.

— Tout le monde, ce sera trop, murmura en hochant la tête le religieux des Conils. Je vois que les Pingouins ont envie de se quereller. Si nous nous mêlons de leur querelle, ils se réconcilieront à nos dépens et nous payerons les frais de la guerre. C'est pourquoi, si vous m'en croyez, très cher Agaric, vous n'engagerez pas l'Eglise dans cette aventure.

— Vous connaissez mon énergie; vous connaîtrez ma prudence. Je ne compromettrai rien... Bien cher Cornemuse, je ne veux tenir que de vous les fonds nécessaires à notre entrée en campagne. »

Longtemps Cornemuse refusa de faire les frais d'une entreprise qu'il jugeait funeste. Agaric fut tour à tour pathétique et terrible. Enfin, cédant aux prières, aux menaces, Cornemuse, à pas traînants et la tête penchée, gagna son austère cellule où tout décelait la pauvreté évangélique. Au mur blanchi à la chaux, sous un rameau de buis bénit, un coffre-fort était scellé. Il l'ouvrit en soupirant et en tira une petite liasse de valeurs que, d'un bras raccourci et d'une main hésitante, il tendit au pieux Agaric.

« N'en doutez pas, très cher Cornemuse, dit celui-ci en plongeant les papiers dans la poche de sa douillette, cette affaire Pyrot nous a été envoyée par Dieu pour la gloire et l'exaltation de l'Eglise de Pingouinie.

— Puissiez-vous avoir raison! » soupira le religieux des Conils.

Et, resté seul dans son laboratoire, il contempla, de ses yeux exquis, avec une tristesse ineffable, ses fourneaux et ses cornues.

VI

LES SEPT CENTS PYROTS

Les sept cents Pyrots inspiraient au public une aversion croissante. Chaque jour, dans les rues d'Alca, on en assommait deux ou trois; l'un d'eux fut fessé publiquement; un autre, jeté dans la rivière; un troisième, enduit de goudron, roulé dans des plumes et promené sur les boulevards à travers une foule hilare; un quatrième eut le nez coupé par un capitaine de dragons. Ils n'osaient plus se montrer à leur cercle, au tennis, aux courses; ils se dissimulaient pour aller à la Bourse. Dans ces circonstances il parut urgent au prince des Boscénos de refréner leur audace et de réprimer leur insolence. S'étant, à cet effet, réuni au comte Cléna, à M. de la Trumelle, au vicomte Olive, à M. Bigourd, il fonda avec eux la grande association des antipyrots à laquelle les citoyens par centaines de mille, les soldats par compagnies, par régiments, par brigades, par divisions, par corps d'armée, les villes, les districts, les provinces apportèrent leur adhésion.

Environ ce temps, le ministre de la Guerre, se rendant auprès de son chef d'état-major, vit avec surprise que la vaste pièce où travaillait le général Panther, naguère encore toute nue, portait maintenant sur chaque face, depuis le plancher jusqu'au plafond, en de profonds casiers, un triple et quadruple rang de dossiers de tout format et de toutes couleurs, archives soudaines et monstrueuses, ayant atteint en quelques jours la croissance des chartriers séculaires.

« Qu'est-ce que cela? demanda le ministre étonné.

— Des preuves contre Pyrot, répondit avec une patriotique satisfaction le général Panther. Nous n'en possédions pas quand nous l'avons condamné : nous nous sommes bien rattrapés depuis. »

La porte était ouverte. Greatauk vit déboucher du palier une longue file de portefaix, qui venaient décharger dans la salle leurs crochets lourds de papiers, et il aperçut l'ascenseur qui s'élevait en gémissant, ralenti par le poids des dossiers.

« Qu'est-ce que cela encore? fit-il.

— Ce sont de nouvelles preuves contre Pyrot, qui nous arrivent, dit Panther. J'en ai demandé dans tous les cantons de Pingouinie, dans tous les états-majors et dans toutes les cours d'Europe; j'en ai commandé dans toutes les villes d'Amérique et d'Australie et dans toutes les factoreries d'Afrique; j'en attends des ballots de Brême et une cargaison de Melbourne. »

Et Panther tourna vers le ministre le regard tranquille et radieux d'un héros. Cependant Greatauk, son carreau sur l'œil, regardait ce formidable amas de papiers avec moins de satisfaction que d'inquiétude.

« C'est fort bien, dit-il, c'est fort bien! Mais je crains qu'on n'ôte à l'affaire Pyrot sa belle simplicité. Elle était limpide; ainsi que le cristal de roche, son prix était dans sa transparence. On y eût vainement cherché à la loupe une paille, une faille, une tache, le moindre défaut. Au sortir de mes mains, elle était pure comme le jour; elle était le jour même. Je vous donne une perle et vous en faites une montagne. Pour tout vous dire, je crains qu'en voulant trop bien faire, vous n'ayez fait moins bien. Des preuves! sans doute il est bon d'avoir des preuves, mais il est peut-être meilleur de n'en avoir pas. Je vous l'ai déjà dit, Panther : il n'y a qu'une preuve irréfutable, les aveux du coupable (ou de l'innocent, peu importe!). Telle que je l'avais établie, l'affaire Pyrot ne prêtait pas à la critique; il n'y avait pas un endroit par où on pût l'atteindre. Elle défiait les coups; elle était invulnérable parce qu'elle était invisible. Maintenant, elle donne une prise énorme à la discussion. Je vous conseille, Panther, de vous servir de vos dossiers avec réserve. Je vous serai surtout reconnaissant de modérer vos communications aux journalistes. Vous parlez bien, mais vous parlez trop. Dites-moi,

Panther, parmi ces pièces, en est-il de fausses? »
Panther sourit :
« Il y en a d'appropriées.
— C'est ce que je voulais dire. Il y en a d'appropriées, tant mieux! Ce sont les bonnes. Comme preuves, les pièces fausses, en général, valent mieux que les vraies, d'abord parce qu'elles ont été faites exprès, pour les besoins de la cause, sur commande et sur mesure, et qu'elles sont enfin exactes et justes. Elles sont préférables aussi parce qu'elles transportent les esprits dans un monde idéal et les détournent de la réalité qui, en ce monde, hélas! n'est jamais sans mélange... Toutefois, j'aimerais peut-être mieux, Panther, que nous n'eussions pas de preuves du tout. »

Le premier acte de l'association des antipyrots fut d'inviter le gouvernement à traduire immédiatement devant une haute cour de justice, comme coupables de haute trahison, les sept cents Pyrots et leurs complices. Le prince des Boscénos, chargé de porter la parole au nom de l'Association, se présenta devant le Conseil assemblé pour le recevoir et exprima le vœu que la vigilance et la fermeté du gouvernement s'élevassent à la hauteur des circonstances. Il serra la main à chacun des ministres et, passant devant le général Greatauk, il lui souffla à l'oreille :

« Marche droit, crapule, ou je publie le dossier Maloury! »

Quelques jours après, par un vote unanime des Chambres, émis sur un projet favorable du gouvernement, l'association des antipyrots fut reconnue d'utilité publique.

Aussitôt, l'association envoya en Marsouinie, au château de Chitterlings, où Crucho mangeait le pain amer de l'exil, une délégation chargée d'assurer le prince de l'amour et du dévouement des ligueurs antipyrots.

Cependant les pyrotins croissaient en nombre; on en comptait maintenant dix mille. Ils avaient, sur les boulevards, leurs cafés attitrés. Les patriotes avaient les leurs, plus riches et plus vastes; tous les soirs d'une terrasse à l'autre jaillissaient les bocks, les soucoupes, les porte-allumettes, les carafes, les chaises et les tables; les glaces volaient en éclats; l'ombre, en confondant les coups, corrigeait l'inégalité du nombre et les brigades noires terminaient la lutte en foulant indifféremment les combattants des deux parties sous leurs semelles aux clous acérés.

Une de ces nuits glorieuses, comme le prince des Boscénos sortait, en compagnie de quelques patriotes, d'un cabaret à la mode, M. de la Trumelle, lui désignant un petit homme à binocle, barbu, sans chapeau, n'ayant qu'une manche à son habit, et qui se traînait péniblement sur le trottoir jonché de débris :

« Tenez! fit-il, voici Colomban! »

Avec la force, le prince avait la douceur; il était plein de mansuétude; mais au nom de Colomban son sang ne fit qu'un tour. Il bondit sur le petit homme à binocle et le renversa d'un coup de poing dans le nez.

M. de la Trumelle s'aperçut alors, que, trompé par une ressemblance imméritée, il avait pris pour Colomban M. Bazile, ancien avoué, secrétaire de l'association des antipyrots, patriote ardent et généreux. Le prince des Boscénos était de ces âmes antiques, qui ne plient jamais; pourtant il savait reconnaître ses torts.

« Monsieur Bazile, dit-il, en soulevant son chapeau, si je vous ai effleuré le visage, vous m'excuserez et vous me comprendrez, vous m'approuverez, que dis-je, vous me complimenterez, vous me congratulerez et me féliciterez quand vous saurez la cause de cet acte. Je vous prenais pour Colomban. »

M. Bazile, tamponnant avec son mouchoir ses narines jaillissantes et soulevant un coude tout éclatant de sa manche absente :

« Non, monsieur, répondit-il sèchement, je ne vous féliciterai pas, je ne vous congratulerai pas, je ne vous complimenterai pas, je ne vous approuverai pas, car votre action était pour le moins superflue; elle était, dirai-je, surérogatoire. On m'avait, ce soir, déjà pris trois fois pour Colomban et traité suffisamment comme il le mérite. Les patriotes lui avaient sur moi défoncé les côtes et cassé les reins, et j'estimais, monsieur, que c'était assez. »

A peine avait-il achevé ce discours que les pyrotins apparurent en bande, et trompés, à leur tour, par cette ressemblance insidieuse, crurent que des patriotes assommaient Colomban. Ils tombèrent à coups de canne plombée et de nerfs de bœuf sur le prince des Boscénos et ses compagnons, qu'ils laissèrent pour morts sur la place, et, s'emparant de l'avoué Bazile, le portèrent en triomphe, malgré ses protestations indignées, aux cris de « Vive Colomban! vive Pyrot! » le long des boulevards, jusqu'à ce que la brigade noire, lancée à leur poursuite, les eût assaillis, terrassés, traînés indignement au poste, où l'avoué Bazile fut, sous le nom de Colomban, trépigné par des semelles épaisses, aux clous sans nombre.

VII

BIDAULT-COQUILLE ET MANIFLORE. — LES SOCIALISTES

Or, tandis qu'un vent de colère et de haine soufflait dans Alca, Eugène Bidault-Coquille, le plus pauvre et le plus heureux des astronomes, installé sur une vieille pompe à feu du temps des Draconides, observait le ciel à travers une mauvaise lunette et enregistrait photographiquement sur des plaques avariées les passages d'étoiles filantes. Son génie corrigeait les erreurs des instruments et son amour de la science triomphait de la dépravation des appareils. Il observait avec une inextinguible ardeur aérolithes, météorites et bolides, tous les débris ardents, toutes les poussières enflammées qui traversent d'une vitesse prodigieuse l'atmosphère terrestre, et recueillait, pour prix de ses veilles studieuses, l'indifférence du public, l'ingratitude de l'Etat et l'animadversion des corps savants. Abîmé dans les espaces célestes, il ignorait les accidents advenus à la surface de la terre; il ne lisait jamais les journaux et, tandis qu'il marchait par la ville, l'esprit occupé des astéroïdes de novembre, il se trouva plus d'une fois dans le bassin d'un jardin public ou sous les roues d'un autobus.

Très haut de taille et de pensée, il avait un respect de lui-même et d'autrui qui se manifestait par une froide politesse ainsi que par une redingote noire très mince et un chapeau de haute forme, dont sa personne se montrait émaciée et sublimée. Il prenait ses repas dans un petit restaurant déserté par tous les clients moins spiritualistes que lui, où seule désormais sa serviette reposait, ceinte de son coulant de buis, au casier désolé. En cette gargote, un soir, le mémoire de Colomban en faveur de Pyrot lui tomba sous les yeux; il le lut en cassant des noisettes creuses, et tout à coup, exalté d'étonnement, d'admiration, d'horreur et de pitié, il oublia les chutes de météores et les pluies d'étoiles et ne vit plus que l'innocent balancé par les vents dans sa cage où perchaient les corbeaux.

Cette image ne le quittait plus. Il était depuis huit jours sous l'obsession du condamné innocent quand, au sortir de sa gargote, il vit une foule de citoyens s'engouffrer dans un bastringue où se tenait une réunion publique. Il entra; la réunion était contradictoire; on hurlait, on s'invectivait, on s'assommait dans la salle fumeuse. Les Pyrots et les antipyrots parlaient, tour à tour acclamés et conspués. Un enthousiasme obscur et confus soulevait les assistants. Avec l'audace des hommes timides et solitaires, Bidault-Coquille bondit sur l'estrade et parla trois quarts d'heure. Il parla très vite, sans ordre, mais avec véhémence et dans toute la conviction d'un mathématicien mystique. Il fut acclamé. Quand il descendit de l'estrade, une grande femme sans âge, tout en rouge, portant à son immense chapeau des plumes héroïques, se jeta sur lui, à la fois ardente et solennelle, l'embrassa et lui dit :

« Vous êtes beau! »

Il pensa dans sa simplicité qu'il devait y avoir à cela quelque chose de vrai.

Elle lui déclara qu'elle ne vivait plus que pour la défense de Pyrot et dans le culte de Colomban. Il la trouva sublime et la crut belle. C'était Maniflore, une vieille cocotte pauvre, oubliée, hors d'usage, et devenue tout à coup grande citoyenne.

Elle ne le quitta plus. Ils vécurent ensemble des heures inimitables dans les caboulots et les garnis transfigurés, dans les bureaux de rédaction, dans les salles de réunions et de conférences. Comme il était idéaliste, il persistait à la croire adorable, bien qu'elle lui eût donné amplement l'occasion de s'apercevoir qu'elle ne conservait de charmes en nul endroit ni d'aucune manière. Elle gardait seulement de sa beauté passée la certitude de plaire et une hautaine assurance à réclamer les hommages. Pourtant, il faut le reconnaître, cette affaire Pyrot, féconde en prodiges, revêtait Maniflore d'une sorte de majesté civique et la transformait, dans les réunions populaires, en un symbole auguste de la justice et de la vérité.

Chez aucun antipyrot, chez aucun défenseur de Greatauk, chez aucun ami du sabre, Bidault-Coquille et Maniflore n'inspiraient la moindre pointe d'ironie et de gaieté. Les dieux, dans leur colère, avaient refusé à ces hommes le don précieux du sourire. Ils accusaient gravement la courtisane et l'astronome d'espionnage, de trahison, de complot contre la patrie. Bidault-Coquille et Maniflore grandissaient à vue d'œil sous l'injure, l'outrage et la calomnie.

La Pingouinie était, depuis de longs mois, partagée en deux camps, et, ce qui peut paraître étrange au premier abord, les socialistes n'avaient pas encore pris parti. Leurs groupements comprenaient presque tout ce que le pays comptait de travailleurs manuels, force éparse, confuse, rompue, brisée, mais formidable. L'affaire Pyrot jeta les principaux chefs de groupes dans un singulier embarras : ils n'avaient pas plus envie de se mettre du côté des financiers que du côté des militaires. Ils regardaient les grands et les petits juifs comme des adversaires irréductibles. Leurs principes n'étaient point en jeu, leurs intérêts n'étaient point engagés dans cette affaire. Cependant, ils sentaient, pour la plupart, combien il devenait difficile de demeurer étranger à des luttes où la Pingouinie se jetait tout entière.

Les principaux d'entre eux se réunirent au siège de leur fédération, rue de la Queue-du-Diable-Saint-Maël, pour aviser à la conduite qu'il leur conviendrait de tenir dans les conjectures présentes et les éventualités futures.

Le compagnon Phœnix prit le premier la parole :

« Un crime, dit-il, le plus odieux et le plus lâche des crimes, un crime judiciaire a été commis. Des juges militaires, contraints ou trompés par leurs chefs hiérarchiques, ont condamné un innocent à une peine infamante et cruelle. Ne dites pas que la victime n'est pas des nôtres; qu'elle appartient à une caste qui nous fut et nous sera toujours ennemie. Notre parti est le parti de la justice sociale; il n'est pas d'iniquité qui lui soit indifférente.

« Quelle honte pour nous si nous laissions un radical, Kerdanic, un bourgeois, Colomban, et quelques républicains modérés poursuivre seuls les crimes du sabre. Si la victime n'est pas des nôtres, ses bourreaux sont bien les bourreaux de nos frères et Greatauk, avant de frapper un militaire, a fait fusiller nos camarades grévistes.

« Compagnons, par un grand effort intellectuel, moral et matériel, vous arracherez Pyrot au supplice; et, en accomplissant cet acte généreux, vous ne vous détournerez pas de la tâche libératrice et révolutionnaire que vous avez assumée, car Pyrot est devenu le symbole de l'opprimé et toutes les iniquités sociales se tiennent; en en détruisant une, on ébranle toutes les autres. »

Quand Phœnix eut achevé, le compagnon Sapor parla en ces termes :

« On vous conseille d'abandonner votre tâche pour accomplir une besogne qui ne vous concerne pas. Pourquoi vous jeter dans une mêlée où, de quelque côté que vous vous portiez, vous ne trouverez que des adversaires naturels, irréductibles, nécessaires? Les financiers ne vous sont-ils pas moins haïssables que les militaires? Quelle caisse allez-vous sauver : celle des Bilboquet de la Banque ou celle des Paillasse de la Revanche? Quelle inepte et criminelle générosité vous ferait voler au secours des sept cents Pyrots que vous trouverez toujours en face de vous dans la guerre sociale?

« On vous propose de faire la police chez vos ennemis et de rétablir parmi eux l'ordre que leurs crimes ont troublé. La magnanimité poussée à ce point change de nom.

« Camarades, il y a un degré où l'infamie devient mortelle pour une société; la bourgeoisie pingouine étouffe dans son infamie, et l'on vous demande de la sauver, de rendre l'air respirable autour d'elle. C'est se moquer de vous.

« Laissons-la crever, et regardons avec un dégoût plein de joie ses dernières convulsions, en regrettant seulement qu'elle ait si profondément corrompu le sol où elle a bâti, que nous n'y trouverons qu'une boue empoisonnée pour poser les fondements d'une société nouvelle. »

Sapor ayant terminé son discours, le camarade Lapersonne prononça ce peu de mots :

« Phœnix nous appelle au secours de Pyrot pour cette raison que Pyrot est innocent. Il me semble que c'est une bien mauvaise raison. Si Pyrot est innocent, il s'est conduit en bon militaire et il a toujours fait consciencieusement son métier, qui consiste principalement à tirer sur le peuple. Ce n'est pas un motif pour que le peuple prenne sa défense, en bravant tous les périls. Quand il me sera démontré que Pyrot est coupable et qu'il a volé le foin de l'armée, je marcherai pour lui. »

Le camarade Larrivée prit ensuite la parole :

« Je ne suis pas de l'avis de mon ami Phœnix; je ne suis pas non plus de l'avis de mon ami Sapor; je ne crois pas que le parti doive embrasser une cause dès qu'on nous dit que cette cause est juste. Je crains qu'il n'y ait là un fâcheux abus de mots et une dangereuse équivoque. Car la justice sociale n'est pas la justice révolutionnaire. Elles sont toutes deux en antagonisme perpétuel : servir l'une, c'est combattre l'autre. Quant à moi, mon choix est fait :

je suis pour la justice révolutionnaire contre la justice sociale. Et pourtant, dans le cas présent, je blâme l'abstention. Je dis que, lorsque le sort favorable vous apporte une affaire comme celle-ci, il faudrait être des imbéciles pour ne pas en profiter.

« Comment? l'occasion nous est offerte d'assener au militarisme des coups terribles, peut-être mortels. Et vous voulez que je me croise les bras? Je vous en avertis, camarades : je ne suis pas un fakir; je ne serai jamais du parti des fakirs; s'il y a ici des fakirs, qu'ils ne comptent pas sur moi pour leur tenir compagnie. Se regarder le nombril est une politique sans résultats, que je ne ferai jamais.

« Un parti comme le nôtre doit s'affirmer sans cesse; il doit prouver son existence par une action continue. Nous interviendrons dans l'affaire Pyrot; mais nous y interviendrons révolutionnairement; nous exercerons une action violente... Croyez-vous donc que la violence soit un vieux procédé, une invention surannée, qu'il faille mettre au rancart avec les diligences, la presse à bras et le télégraphe aérien? Vous êtes dans l'erreur. Aujourd'hui comme hier, on n'obtient rien que par la violence; c'est l'instrument efficace; il faut seulement savoir s'en servir. Quelle sera notre action? Je vais vous le dire : ce sera d'exciter les classes dirigeantes les unes contre les autres, de mettre l'armée aux prises avec la finance, le gouvernement avec la magistrature, la noblesse et le clergé avec les juifs, de les pousser, s'il se peut, à s'entre-détruire; ce sera d'entretenir cette agitation qui affaiblit les gouvernements comme la fièvre épuise les malades.

« L'affaire Pyrot, pour peu qu'on sache s'en servir, hâtera de dix ans la croissance du parti socialiste et l'émancipation du prolétariat par le désarmement, la grève générale et la révolution. »

Les chefs des partis ayant de la sorte exprimé chacun un avis différent, la discussion ne se prolongea pas sans vivacité; les orateurs, comme il arrive toujours en ce cas, reproduisirent les arguments qu'ils avaient déjà présentés et les exposèrent avec moins d'ordre et de mesure que la première fois. On se disputa longtemps et personne ne changea d'avis. Mais ces avis, en dernière analyse, se réduisaient à deux, celui de Sapor et de Lapersonne qui conseillaient l'abstention, et celui de Phœnix et de Larrivée qui voulaient intervenir. Encore ces deux opinions contraires se confondaient-elles en une commune haine des chefs militaires et de leur justice et dans une commune croyance à l'innocence de Pyrot. L'opinion publique ne se trompa donc guère en considérant tous les chefs socialistes comme des pyrotins très pernicieux.

Quant aux masses profondes au nom desquelles ils parlaient, et qu'ils représentaient autant que la parole peut représenter l'inexprimable, quant aux prolétaires enfin, dont il est difficile de connaître la pensée qui ne se connaît point elle-même, il semble que l'affaire Pyrot ne les intéressait pas. Elle était pour eux trop littéraire, d'un goût trop classique, avec un ton de haute bourgeoisie et de haute finance, qui ne leur plaisait guère.

VIII

LE PROCÈS COLOMBAN

Quand s'ouvrit le procès Colomban, les pyrotins n'étaient pas beaucoup plus de trente mille; mais il y en avait partout, et il s'en trouvait même parmi les prêtres et les militaires. Ce qui leur nuisait le plus, c'était la sympathie des grands juifs. Au contraire, ils devaient à leur faible nombre de précieux avantages et en premier lieu de compter parmi eux moins d'imbéciles que leurs adversaires, qui en étaient surchargés. Ne comprenant qu'une infime minorité, ils se concertaient facilement, agissaient avec harmonie, n'étaient point tentés de se diviser et de contrarier leurs efforts; chacun d'eux sentait la nécessité de bien faire et se tenait d'autant mieux qu'il se trouvait plus en vue. Enfin tout leur permettait de croire qu'ils gagneraient de nouveaux adhérents, tandis que leurs adversaires, ayant réuni du premier coup les foules, ne pouvaient plus que décroître.

Traduit devant ses juges, en audience publique, Colomban s'aperçut tout de suite que ses juges n'étaient pas curieux. Dès qu'il ouvrait la bouche, le président lui ordonnait de se taire, dans l'intérêt supérieur de l'Etat. Pour la même raison, qui est la raison suprême, les témoins à décharge ne furent point entendus. Le général Panther, chef d'état-major, parut à la barre, en grand uniforme et décoré de tous ses ordres. Il déposa en ces termes :

« L'infâme Colomban prétend que nous n'avons pas de preuves contre Pyrot. Il en a menti : nous en avons; j'en garde dans mes archives sept cent trente-deux mètres carrés, qui, à cinq cents kilos chaque fois, font trois cent soixante-six mille kilos. »

Cet officier supérieur donna ensuite, avec élégance et facilité, un aperçu de ces preuves.

« Il y en a de toutes couleurs et de toutes nuances, dit-il en substance; il y en a de tout format : pot, couronne, écu, raisin, colombier, grand aigle, etc. La plus petite a moins d'un millimètre carré; la plus grande mesure soixante-dix mètres de long sur zéro mètre quatre-vingt-dix de large. »

A cette révélation l'auditoire frémit d'horreur.

Greatauk vint déposer à son tour. Plus simple et, peut-être, plus grand, il portait un vieux veston gris, et tenait les mains jointes derrière le dos.

« Je laisse, dit-il avec calme et d'une voix peu élevée, je laisse à monsieur Colomban la responsabilité d'un acte qui a mis notre pays à deux doigts de sa perte. L'affaire Pyrot est secrète; elle doit rester secrète. Si elle est divulguée, les maux les plus cruels, guerres, pillages, ravages, incendies, massacres, épidémies, fondraient immédiatement sur la Pingouinie. Je m'estimerais coupable de haute trahison si je prononçais un mot de plus. »

Quelques personnes connues pour leur expérience politique, entre autres M. Bigourd, jugèrent la déposition du ministre de la Guerre plus habile et de plus de portée que celle de son chef d'état-major.

Le témoignage du colonel de Boisjoli fit une grande impression :

« Dans une soirée au ministère de la Guerre, dit cet officier, l'attaché militaire d'une puissance voisine me confia que, ayant visité les écuries de son souverain, il avait admiré un foin souple et parfumé, d'une jolie teinte verte, le plus beau qu'il eût jamais vu. « D'où venait-il? » lui demandai-je. Il ne me répondit pas; mais l'origine ne m'en parut pas douteuse. C'était le foin volé par Pyrot. Ces qualités de verdeur, de souplesse et d'arôme sont celles de notre foin national. Le fourrage de la puissance voisine est gris, cassant; il sonne sous la fourche et sent la poussière. Chacun peut conclure. »

Le lieutenant-colonel Hastaing vint dire, à la barre, au milieu des huées, qu'il ne croyait pas Pyrot coupable. Aussitôt il fut appréhendé par la gendarmerie et jeté dans un cul-de-basse-fosse où, nourri de vipères, de crapauds et de verre pilé, il demeura insensible aux promesses comme aux menaces.

L'huissier appela :

« Le comte Pierre Maubec de la Dentdulynx. »

Il se fit un grand silence et l'on vit s'avancer vers la barre un gentilhomme magnifique et dépenaillé, dont les moustaches menaçaient le ciel et dont les prunelles fauves jetaient des éclairs.

Il s'approche de Colomban et, lui jetant un regard d'ineffable mépris :

« Ma déposition, dit-il, la voici : Merde! »

A ces mots la salle entière éclata en applaudissements enthousiastes et bondit, soulevée par un de ces transports qui exaltent les cœurs et portent les âmes aux actions extraordinaires. Sans ajouter une parole, le comte Maubec de la Dentdulynx se retira.

Quittant avec lui le prétoire, tous les assistants lui firent cortège. Prosternée à ses pieds, la princesse des Boscénos lui tenait les cuisses éperdument embrassées; il allait, impassible et sombre, sous une pluie de mouchoirs et de fleurs. La vicomtesse Olive, crispée à son cou, n'en put être détachée et le calme héros l'emporta flottante sur sa poitrine comme une écharpe légère.

Quand l'audience qu'il avait dû suspendre fut reprise, le président appela les experts.

L'illustre expert en écritures, Vermillard, exposa le résultat de ses recherches.

« Ayant étudié attentivement, dit-il, les papiers saisis chez Pyrot, notamment ses livres de dépense et ses cahiers de blanchissage, j'ai reconnu que, sous une banale apparence, ils constituent un cryptogramme impénétrable dont j'ai pourtant trouvé la clef. L'infamie du traître s'y voit à chaque ligne. Dans ce système d'écriture ces mots : « Trois bocks et vingt francs pour Adèle » signifient : « J'ai livré trente mille bottes de foin à une puissance voisine. » D'après ces documents j'ai pu même établir la composition du foin livré par cet officier : en effet, les mots chemise, gilet, caleçon, mouchoirs de poche, faux-cols, apéritif, tabac, cigares veulent dire trèfle, pâturin, luzerne, pimprenelle, avoine, ivraie, flouve odorante et fléole des prés. Et ce sont là précisément les plantes aromatiques qui composaient le foin odorant fourni par le comte Maubec à la cavalerie pingouine. Ainsi Pyrot faisait mention de ses crimes dans un langage qu'il croyait à jamais indéchiffrable. On est confondu de tant d'astuce unie à tant d'inconscience. »

Colomban, reconnu coupable sans circonstances atténuantes, fut condamné au maximum de la peine. Les jurés signèrent aussitôt un recours en rigueur.

Sur la place du Palais, au bord du fleuve dont les rives avaient vu douze siècles d'une grande histoire, cinquante mille personnes attendaient dans le tumulte l'issue du procès. Là s'agitaient les dignitaires de l'association des antipyrots, parmi lesquels on remarquait le prince des Boscénos, le comte Cléna, le vicomte Olive, M. de la Trumelle ; là se pressaient le révérend père Agaric et les professeurs de l'école Saint-Maël avec tous leurs élèves ; là, le moine Douillard et le généralissime Caraguel, en se tenant embrassés, formaient un groupe sublime, et l'on voyait accourir par le Pont-Vieux les dames de la halle et des lavoirs, avec des broches, des pelles, des pincettes, des battoirs et des chaudrons d'eau de Javel ; devant les portes de bronze, sur les marches, était rassemblé tout ce qu'Alca comptait de défenseurs de Pyrot, professeurs, publicistes, ouvriers, les uns conservateurs, les autres radicaux ou révolutionnaires, et l'on reconnaissait, à leur tenue négligée et à leur aspect farouche, les camarades Phœnix, Larrivée, Lapersonne, Dagobert et Varambille.

Serré dans sa redingote funèbre et coiffé de son chapeau cérémonieux, Bidault-Coquille invoquait en faveur de Colomban et du colonel Hastaing les mathématiques sentimentales. Sur la plus haute marche resplendissait, souriante et farouche, Maniflore, courtisane héroïque, jalouse de mériter, comme Léena, un monument glorieux ou, comme Epicharis, les louanges de l'histoire.

Les sept cents Pyrots, déguisés en marchands de limonade, en camelots, en ramasseurs de mégots et en antipyrots, erraient autour du vaste édifice.

Quand Colomban parut, une clameur telle s'éleva que, frappés par la commotion de l'air et de l'eau, les oiseaux en tombèrent des arbres et les poissons en remontèrent sur le ventre à la surface du fleuve. On hurlait de toutes parts :

« A l'eau, Colomban! à l'eau! à l'eau! »

Quelques cris jaillissaient :

« Justice et vérité! »

Une voix même fut entendue vociférant :

« A bas l'armée! »

Ce fut le signal d'une effroyable mêlée. Les combattants tombaient par milliers et formaient de leurs corps entassés des tertres hurlants et mouvants sur lesquels de nouveaux lutteurs se prenaient à la gorge. Les femmes, ardentes, échevelées, pâles, les dents agacées et les ongles frénétiques, se ruaient sur l'homme avec des transports qui donnaient à leur visage, au grand jour de la place publique, une expression délicieuse qu'on n'avait pu surprendre jusque-là que dans l'ombre des rideaux, au creux des oreillers. Elles vont saisir Colomban, le mordre, l'étrangler, l'écarteler, le déchirer et s'en disputer les lambeaux, lorsque Maniflore, grande, chaste dans sa tunique rouge, se dresse, sereine et terrible, devant ces furies qui reculent épouvantées. Colomban semblait sauvé; ses partisans étaient parvenus à lui frayer un chemin à travers la place du Palais et à l'introduire dans un fiacre aposté au coin du Pont-Vieux. Déjà le cheval filait au grand trot, mais le prince des Boscénos, le comte Cléna, M. de la Trumelle, jetèrent le cocher à bas de son siège; puis, poussant l'animal à reculons et faisant marcher les grandes roues devant les petites, acculèrent l'attelage au parapet du pont, d'où ils le firent basculer dans le fleuve, aux applaudissements de la foule en délire. Avec un clapotement sonore et frais, l'eau jaillit en gerbe; puis on ne vit plus qu'un léger remous à la surface étincelante du fleuve.

Presque aussitôt, les compagnons Dagobert et Varambille, aidés des sept cents Pyrots déguisés, envoyèrent le prince des Boscénos, la tête la première, dans un bateau de blanchisseuses où il s'abîma lamentablement.

La nuit sereine descendit sur la place du Palais, et versa sur les débris affreux dont elle était jonchée le silence et la paix. Cependant, à trois kilomètres en aval, sous un pont, accroupi, tout dégouttant, au côté d'un vieux cheval estropié, Colomban méditait sur l'ignorance et l'injustice des foules.

« L'affaire, se disait-il, est plus rude encore que je ne croyais. Je prévois de nouvelles difficultés. »

Il se leva, s'approcha du malheureux animal :
« Que leur avais-tu fait, pauvre ami? lui dit-il.

C'est à cause de moi qu'ils t'ont si cruellement traité. »

Il embrassa la bête infortunée et mit un baiser sur l'étoile blanche de son front. Puis il la tira par la bride, et, boitant, l'emmena boitant à travers la ville endormie jusqu'à sa maison, où le sommeil leur fit oublier les hommes.

IX

LE PÈRE DOUILLARD

Dans leur infinie mansuétude, à la suggestion du père commun des fidèles, les évêques, chanoines, curés, vicaires, abbés et prieurs de Pingouinie résolurent de célébrer un service solennel dans la cathédrale d'Alca, pour obtenir de la miséricorde divine qu'elle daignât mettre un terme aux troubles qui déchiraient une des plus nobles contrées de la chrétienté et accorder au repentir de la Pingouinie le pardon de ses crimes envers Dieu et les ministres du culte.

La cérémonie eut lieu le 15 juin. Le généralissime Caraguel se tenait au banc d'œuvre, entouré de son état-major. L'assistance était nombreuses et brillante; selon l'expression de M. Bigourd, c'était à la fois une foule et une élite. On y remarquait au premier rang M. de la Berthoseille, chambellan de monseigneur le prince Crucho. Près de la chaire où devait monter le révérend père Douillard, de l'ordre de Saint-François, se tenaient debout, dans une attitude recueillie, les mains croisées sur leurs gourdins, les grands dignitaires de l'association des antipyrots, le vicomte Olive, M. de la Trumelle, le comte Cléna, le duc d'Ampoule, le prince des Boscénos. Le père Agaric occupait l'abside, avec les professeurs et les élèves de l'école Saint-Maël. Le croisillon et le bas-côté de droite étaient réservés aux officiers et soldats en uniforme comme le plus honorable, puisque c'est de ce côté que le Seigneur pencha la tête en expirant sur la croix. Les dames de l'aristocratie, et parmi elles la comtesse Cléna, la vicomtesse Olive, la princesse des Boscénos, occupaient les tribunes. Dans l'immense vaisseau et sur la place du Parvis se pressaient vingt mille religieux de toutes robes et trente mille laïques.

Après la cérémonie expiatoire et propitiatoire, le révérend père Douillard monta en chaire. Le sermon avait été donné d'abord au révérend père Agaric; mais, jugé, malgré ses mérites, au-dessous des circonstances pour le zèle et la doctrine, on lui préféra l'éloquent capucin qui depuis six mois allait prêcher dans les casernes contre les ennemis de Dieu et de l'autorité.

Le révérend père Douillard, prenant pour texte *Deposuit potentes de sede*, établit que toute puissance temporelle a Dieu pour principe et pour fin et qu'elle se perd et s'abîme elle-même quand elle se détourne de la voie que la Providence lui a tracée et du but qu'elle lui a assigné.

Faisant application de ces règles sacrées au gouvernement de la Pingouinie, il traça un tableau effroyable des maux que les maîtres de ce pays n'avaient su ni prévoir ni empêcher.

« Le premier auteur de tant de misères et de hontes, dit-il, vous ne le connaissez que trop, mes frères. C'est un monstre dont le nom annonce providentiellement la destinée, car il est tiré du grec *pyros,* qui veut dire feu, la sagesse divine, qui parfois est philologue, nous avertissant par cette étymologie qu'un juif devait allumer l'incendie dans la contrée qui l'avait accueilli. »

Il montra la patrie, persécutée par les persécuteurs de l'Eglise, s'écriant sur son calvaire : « O douleur! ô gloire! Ceux qui ont crucifié mon Dieu me crucifient! »

A ces mots un long frémissement agita l'auditoire.

Le puissant orateur souleva plus d'indignation encore en rappelant l'orgueilleux Colomban, plongé, noir de crimes, dans le fleuve dont toute l'eau ne le lavera pas. Il ramassa toutes les humiliations, tous les périls de la Pingouinie pour en faire un grief au président de la République et à son premier ministre.

« Ce ministre, dit-il, ayant commis une lâcheté dégradante en n'exterminant par les sept cents

Pyrots avec leurs alliés et leurs défenseurs, comme Saül extermina les Philistins dans Gabaon, s'est rendu indigne d'exercer le pouvoir que Dieu lui avait délégué, et tout bon ciyoyen peut et doit désormais insulter à sa méprisable souveraineté. Le Ciel regardera favorablement ses contempteurs. *Deposuit potentes de sede.* Dieu déposera les chefs pusillanimes et il mettra à leur place les hommes forts qui se réclameront de Lui. Je vous en préviens, messieurs; je vous en préviens, officiers, sous-officiers, soldats qui m'écoutez; je vous en préviens, généralissime des armées pingouines, l'heure est venue! Si vous n'obéissez pas aux ordres de Dieu, si vous ne déposez pas en son nom les possédants indignes, si vous ne constituez pas sur la Pingouinie un gouvernement religieux et fort, Dieu n'en détruira pas moins ce qu'il a condamné, il n'en sauvera pas moins son peuple; il le sauvera, à votre défaut, par un humble artisan ou par un simple caporal. L'heure sera bientôt passée. Hâtez-vous! »

Soulevés par cette ardente exhortation, les soixante mille assistants se levèrent frémissants; des cris jaillirent : « Aux armes! aux armes! Mort aux Pyrots! Vive Crucho! » et tous, moines, femmes, soldats, gentilshommes, bourgeois, larbins, sous le bras surhumain levé dans la chaire de vérité pour les bénir, entonnant l'hymne : *Sauvons la Pingouinie!* s'élancèrent impétueusement hors de la basilique et marchèrent, par les quais du fleuve, sur la Chambre des députés.

Resté seul dans la nef désertée, le sage Cornemuse, levant les bras au ciel, murmura d'une voix brisée :

« *Agnosco fortunam ecclesiae pinguicanae!* Je ne vois que trop où tout cela nous conduira. »

L'assaut que donna la foule sainte au palais législatif fut repoussé. Vigoureusement chargés par les brigades noires et les gardes d'Alca, les assaillants fuyaient en désordre quand les camarades accourus des faubourgs, ayant à leur tête Phœnix, Dagobert, Lapersonne et Varambille, se jetèrent sur eux et achevèrent leur déconfiture. MM. de la Trumelle et d'Ampoule furent traînés au poste. Le prince des Boscénos, après avoir lutté vaillamment, tomba la tête fendue sur le pavé ensanglanté.

Dans l'enthousiasme de la victoire, les camarades, mêlés à d'innombrables camelots, parcoururent, toute la nuit, les boulevards, portant Maniflore en triomphe et brisant les glaces des cafés et les vitres des lanternes aux cris de : « A bas Crucho! Vive la sociale! » Les antipyrots passaient à leur tour, renversant les kiosques des journaux et les colonnes de publicité.

Spectacles auxquels la froide raison ne saurait applaudir et propres à l'affliction des édiles soucieux de la bonne police des chemins et des rues; mais ce qui était plus triste pour les gens de cœur, c'était l'aspect de ces cafards qui, de peur des coups, se tenaient à distance égale des deux camps, et, tout égoïstes et lâches qu'ils se laissaient voir, voulaient qu'on admirât la générosité de leurs sentiments et la noblesse de leur âme; ils se frottaient les yeux avec des oignons, se faisaient une bouche en gueule de merlan, se mouchaient en contrebasse, tiraient leur voix des profondeurs de leur ventre, et gémissaient : « O Pingouins, cessez ces luttes fratricides; cessez de déchirer le sein de votre mère! » comme si les hommes pouvaient vivre en société sans disputes et sans querelles, et comme si les discordes civiles n'étaient pas les conditions nécessaires de la vie nationale et du progrès des mœurs, pleutres hypocrites qui proposaient des compromis entre le juste et l'injuste, offensant ainsi le juste dans ses droits et l'injuste dans son courage. L'un de ceux-là, le riche et puissant Machimel, beau de couardise, se dressait sur la ville en colosse de douleur; ses larmes formaient à ses pieds des étangs poissonneux et ses soupirs y chaviraient les barques des pêcheurs.

Pendant ces nuits agitées, au faîte de sa vieille pompe à feu, sous le ciel serein, tandis que les étoiles filantes s'enregistraient sur les plaques photographiques, Bidault-Coquille se glorifiait en son cœur. Il combattait pour la justice; il aimait, il était aimé d'un amour sublime. L'injure et la calomnie le portaient aux nues. On voyait sa caricature avec celle de Colomban, de Kerdanic et du colonel Hastaing dans les kiosques des journaux; les antipyrots publiaient qu'il avait reçu cinquante mille francs des grands financiers juifs. Les reporters des feuilles militaristes consultaient sur sa valeur scientifique les savants officiels qui lui refusaient toute connaissance des astres, contestaient ses observations les plus solides, niaient ses découvertes les plus certaines, condamnaient ses hypothèses les plus ingénieuses et les plus fécondes. Sous les coups flatteurs de la haine et de l'envie, il exultait.

Contemplant à ses pieds l'immensité noire percée d'une multitude de lumières, sans songer à tout ce qu'une nuit de grande ville renferme de lourds sommeils, d'insomnies cruelles, de songes vains, de plaisirs toujours gâtés et de misères infiniment diverses :

« C'est dans cette énorme cité, se disait-il, que le juste et l'injuste se livrent bataille. »

Et, substituant à la réalité multiple et vulgaire une poésie simple et magnifique, il se représentait l'affaire Pyrot sous l'aspect d'une lutte des bons et des mauvais anges; il attendait le triomphe éternel des Fils de la lumière et se félicitait d'être un Enfant du jour terrassant les Enfants de la nuit.

X

LE CONSEILLER CHAUSSEPIED

Aveugles jusque-là par la peur, imprudents et stupides, les républicains, devant les bandes du capucin Douillard et les partisans du prince Crucho, ouvrirent les yeux et comprirent enfin le véritable sens de l'affaire Pyrot. Les députés que, depuis deux ans, les hurlements des foules patriotes faisaient pâlir, n'en devinrent pas plus courageux, mais ils changèrent de lâcheté et s'en prirent au ministère Robin Mielleux des désordres qu'ils avaient eux-mêmes favorisés par leur complaisance et dont ils avaient plusieurs fois, en tremblant, félicité les auteurs; ils lui reprochaient d'avoir mis en péril la république par sa faiblesse qui était la leur et par des complaisances qu'ils lui avaient imposées; certains d'entre eux commençaient à douter si leur intérêt n'était pas de croire à l'innocence de Pyrot plutôt qu'à sa culpabilité et dès lors ils éprouvèrent de cruelles angoisses à la pensée que ce malheureux pouvait n'avoir pas été condamné justement, et expiait dans sa cage aérienne les crimes d'un autre. « Je n'en dors pas! » disait en confidence à quelques membres de la majorité le ministre Guillaumette, qui aspirait à remplacer son chef.

Ces généreux législateurs renversèrent le cabinet, et le président de la République mit à la place de Robin Mielleux un sempiternel républicain, à la barbe fleurie, nommé La Trinité, qui, comme la plupart des Pingouins, ne comprenait pas un mot à l'affaire, mais trouvait que, vraiment, il s'y mettait trop de moines.

Le général Greatauk, avant de quitter le ministère, fit ses dernières recommandations au chef d'état-major, Panther.

« Je pars et vous restez, lui dit-il en lui serrant la main. L'affaire Pyrot est ma fille; je vous la confie; elle est digne de votre amour et de vos soins; elle est belle. N'oubliez pas que sa beauté cherche l'ombre, se plaît dans le mystère et veut rester voilée. Ménagez sa pudeur. Déjà trop de regards indiscrets ont profané ses charmes... Panther, vous avez souhaité des preuves et vous en avez obtenu. Vous en possédez beaucoup; vous en possédez trop. Je prévois des interventions importunes et des curiosités dangereuses. A votre place, je mettrais au pilon tous ces dossiers. Croyez-moi, la meilleure des preuves, c'est de n'en pas avoir. Celle-là est la seule qu'on ne discute pas. »

Hélas! le général Panther ne comprit pas la sagesse de ces conseils. L'avenir ne devait donner que trop raison à la clairvoyance de Greatauk. Dès son entrée au ministère, La Trinité demanda le dossier de l'affaire Pyrot. Péniche, son ministre de la Guerre, le lui refusa au nom de l'intérêt supérieur de la défense nationale, lui confiant que ce dossier constituait à lui seul, sous la garde du général Panther, les plus vastes archives du monde. La Trinité étudia le procès comme il put et, sans le pénétrer à fond, le soupçonna d'irrégularité. Dès lors, conformément à ses droits et prérogatives, il en ordonna la revision. Immédiatement Péniche, son ministre de la Guerre, l'accusa d'insulter l'armée et de trahir la patrie et lui jeta son portefeuille à la tête. Il fut remplacé par un deuxième qui en fit autant, et auquel succéda un troisième qui imita ces exemples, et les suivants, jusqu'à soixante-dix, se comportèrent comme leurs prédécesseurs, et le vénérable La Trinité gémit, obrué sous les portefeuilles belliqueux. Le septante-unième ministre de la Guerre, van Julep, resta en fonctions; non qu'il fût en désaccord avec tant et de si nobles collègues, mais il était chargé par eux de trahir généreusement son président du Conseil, de le couvrir d'opprobre et de honte et de faire tourner la revision à la gloire de Greatauk, à la satisfaction des antipyrots, au profit des moines et pour le rétablissement du prince Crucho.

Le général van Julep, doué de hautes vertus militaires, n'avait pas l'esprit assez fin pour employer les procédés subtils et les méthodes exquises de Greatauk. Il pensait, comme le général Panther, qu'il fallait des preuves tangibles contre Pyrot, qu'on n'en aurait jamais trop, qu'on n'en aurait jamais assez. Il exprima ces sentiments à son chef d'état-major, qui n'était que trop enclin à les partager.

« Panther, lui dit-il, nous touchons au moment où il nous va falloir des preuves abondantes et surabondantes.

— Il suffit, mon général, répondit Panther; je vais compléter mes dossiers. »

Six mois plus tard, les preuves contre Pyrot remplissaient deux étages du ministère de la Guerre. Le plancher s'écroula sous le poids des dossiers et les preuves éboulées écrasèrent sous leur avalanche deux chefs de service, quatorze chefs de bureaux et soixante expéditionnaires, qui travaillaient, au rez-de-chaussée, à modifier les guêtres des chasseurs. Il fallut étayer les murs du vaste édifice. Les passants voyaient avec stupeur d'énormes poutres, de monstrueux étançons, qui, dressés obliquement contre la fière façade, maintenant disloquée et branlante, obstruaient la rue, arrêtaient la circulation des voitures et des piétons et offraient aux autobus un obstacle contre lequel ils se brisaient avec leurs voyageurs.

Les juges qui avaient condamné Pyrot n'étaient pas proprement des juges, mais des militaires. Les juges qui avaient condamné Colomban étaient des juges, mais de petits juges, vêtus d'une souquenille noire comme des balayeurs de sacristie, des pauvres diables de juges, des judicaillons faméliques. Au-dessus d'eux siégeaient de grands juges qui portaient sur leur robe rouge la simarre d'hermine. Ceux-là, renommés pour leur science et leur doctrine, composaient une cour dont le nom terrible exprimait la puissance. On la nommait Cour de cassation pour faire entendre qu'elle était le marteau suspendu sur les jugements et les arrêts de toutes les autres juridictions.

Or, un de ces grands juges rouges de la cour suprême, nommé Chaussepied, menait alors, dans un faubourg d'Alca, une vie modeste et tranquille. Son âme était pure, son cœur honnête, son esprit juste. Quand il avait fini d'étudier ses dossiers, il jouait du violon et cultivait des jacinthes. Il dînait le dimanche chez ses voisines, les demoiselles Helbivore. Sa vieillesse était souriante et robuste et ses amis vantaient l'aménité de son caractère.

Depuis quelques mois pourtant il se montrait irritable et chagrin et, s'il ouvrait un journal, sa face rose et pleine se tourmentait de plis douloureux et s'assombrissait des pourpres de la colère.

Pyrot en était la cause. Le conseiller Chaussepied ne pouvait comprendre qu'un officier eût commis une action si noire, que de livrer quatre-vingt mille bottes de foin militaire à une nation voisine et ennemie; et il concevait encore moins que le scélérat eût trouvé des défenseurs officieux en Pingouinie. La pensée qu'il existait dans sa patrie un Pyrot, un colonel Hastaing, un Colomban, un Kerdanic, un Phœnix, lui gâtait ses jacinthes, son violon, le ciel et la terre, toute la nature et ses dîners chez les demoiselles Helbivore.

Or, le procès Pyrot étant porté par le garde des sceaux devant la cour suprême, ce fut le conseiller Chaussepied à qui échut de l'examiner et d'en découvrir les vices, au cas où il en existât. Bien qu'intègre et probe autant qu'on peut l'être et formé par une longue habitude à exercer sa magistrature sans haine ni faveur, il s'attendait à trouver dans les documents qui lui seraient soumis les preuves d'une culpabilité certaine et d'une perversité tangible. Après de longues difficultés et les refus réitérés du général van Julep, le conseiller Chaussepied obtint communication des dossiers. Cotés et paraphés, ils se trouvèrent au nombre de quatorze millions six cent vingt-six mille trois cent douze. En les étudiant, le juge fut d'abord surpris, puis étonné, puis stupéfait, émerveillé, et, si j'ose dire, miraculé. Il trouvait dans les dossiers des prospectus de magasins de nouveautés, des journaux, des gravures de modes, des sacs d'épicier, de vieilles correspondances commerciales, des cahiers d'écoliers, des toiles d'emballage, du papier de verre pour frotter les parquets, des cartes à jouer, des épures, six mille exemplaires de la *Clef des songes*, mais pas un seul document où il fût question de Pyrot.

XI

CONCLUSION

Le procès fut cassé et Pyrot descendu de sa cage. Les antipyrots ne se tinrent point pour battus. Les juges militaires rejugèrent Pyrot. Greatauk, dans cette seconde affaire, se montra supérieur à lui-même. Il obtint une seconde condamnation; il l'obtint en déclarant que les preuves communiquées à la cour suprême ne valaient rien et qu'on s'était bien gardé de donner les bonnes, celles-là devant rester secrètes. De l'avis des connaisseurs, il n'avait jamais déployé tant d'adresse. Au sortir de l'audience, comme il traversait, au milieu des curieux, d'un pas tranquille, les mains derrière le dos, le vestibule du tribunal, une femme vêtue de rouge, le visage couvert d'un voile noir, se jeta sur lui et, brandissant un couteau de cuisine :

« Meurs, scélérat! » s'écria-t-elle.

C'était Maniflore. Avant que les assistants eussent compris ce qui se passait, le général lui saisit le poignet et, avec une douceur apparente, le serra d'une telle force que le couteau tomba de la main endolorie.

Alors il le ramassa et le tendit à Maniflore.

« Madame, lui dit-il en s'inclinant, vous avez laissé tomber un ustensile de ménage. »

Il ne put empêcher que l'héroïne ne fût conduite au poste; mais il la fit relâcher aussitôt et il employa, plus tard, tout son crédit à arrêter les poursuites.

La seconde condamnation de Pyrot fut la dernière victoire de Greatauk.

Le conseiller Chaussepied, qui avait jadis tant aimé les soldats et tant estimé leur justice, maintenant, enragé contre les juges militaires, cassait toutes leurs sentences comme un singe casse des noisettes. Il réhabilita Pyrot une seconde fois; il l'aurait, s'il eût fallu, réhabilité cinq cents fois.

Furieux d'avoir été lâches et de s'être laissé tromper et moquer, les républicains se retournèrent contre les moines et les curés; les députés firent contre eux des lois d'expulsion, de séparation et de spoliation. Il advint ce que le père Cornemuse avait prévu. Ce bon religieux fut chassé du bois des Conils. Les agents du fisc confisquèrent ses alambics et ses cornues, et les liquidateurs se partagèrent les bouteilles de la liqueur de Sainte-Orberose. Le pieux distillateur y perdit les trois millions cinq cent mille francs de revenu annuel que lui procuraient ses petits produits. Le père Agaric prit le chemin de l'exil, abandonnant son école à des mains laïques qui la laissèrent péricliter. Séparée de l'Etat nourricier, l'Eglise de Pingouinie sécha comme une fleur coupée.

Victorieux, les défenseurs de l'innocent se déchirèrent entre eux et s'accablèrent réciproquement d'outrages et de calomnies. Le véhément Kerdanic se jeta sur Phœnix, prêt à le dévorer. Les grands juifs et les sept cents Pyrots se détournèrent avec mépris des camarades socialistes dont naguère ils imploraient humblement le secours :

« Nous ne vous connaissons plus, disaient-ils; fichez-nous la paix avec votre justice sociale. La justice sociale, c'est la défense des richesses. »

Nommé député et devenu chef de la nouvelle majorité, le camarade Larrivée fut porté par la Chambre et l'opinion à la présidence du Conseil. Il se montra l'énergique défenseur des tribunaux militaires qui avaient condamné Pyrot. Comme ses anciens camarades socialistes réclamaient un peu plus de justice et de liberté pour les employés de l'Etat ainsi que pour les travailleurs manuels, il combattit leurs propositions dans un éloquent discours :

« La liberté, dit-il, n'est pas la licence. Entre l'ordre et le désordre, mon choix est fait : la révolution c'est l'impuissance; le progrès n'a pas d'ennemi plus redoutable que la violence. On n'obtient rien par la violence. Messieurs, ceux qui, comme moi, veulent des réformes doivent s'appliquer avant tout à guérir cette agitation qui affaiblit les gouvernements comme la fièvre épuise les malades. Il est temps de rassurer les honnêtes gens. »

Ce discours fut couvert d'applaudissements. Le gouvernement de la république demeura soumis au contrôle des grandes compagnies financières, l'armée consacrée exclusivement à la défense du capital, la flotte destinée uniquement à fournir des commandes aux métallurgistes; les riches refusant de payer leur juste part des impôts, les pauvres, comme par le passé, payèrent pour eux.

Cependant, du haut de sa vieille pompe à feu, sous l'assemblée des astres de la nuit, Bidault-Coquille contemplait avec tristesse la ville endormie. Maniflore l'avait quitté; dévorée du besoin de nouveaux dévouements et de nouveaux sacrifices, elle s'en était allée en compagnie d'un jeune Bulgare porter à Sofia la justice et la vengeance. Il ne la regrettait pas, l'ayant reconnue, après l'affaire, moins belle de forme et de pensée qu'il ne se l'était imaginé d'abord. Ses impressions s'étaient modifiées dans le même sens sur bien d'autres formes et bien d'autres pensées. Et, ce qui lui était le plus cruel, il se jugeait moins grand, moins beau lui-même qu'il n'avait cru.

Et il songeait :

« Tu te croyais sublime, quand tu n'avais que

de la candeur et de la bonne volonté. De quoi t'enorgueillissais-tu, Bidault-Coquille? D'avoir su des premiers que Pyrot était innocent et Greatauk un scélérat? Mais les trois quarts de ceux qui défendaient Greatauk contre les attaques des sept cents Pyrots le savaient mieux que toi. Ce n'était pas la question. De quoi te montrais-tu donc si fier? D'avoir osé dire ta pensée? C'est du courage civique, et celui-ci, comme le courage militaire, est un pur effet de l'imprudence. Tu as été imprudent. C'est bien, mais il n'y a pas de quoi te louer outre mesure. Ton imprudence était petite; elle t'exposait à des périls médiocres; tu n'y risquais pas ta tête. Les Pingouins ont perdu cette fierté cruelle et sanguinaire qui donnait autrefois à leurs révolutions une grandeur tragique : c'est le fatal effet de l'affaiblissement des croyances et des caractères. Pour avoir montré sur un point particulier un peu plus de clairvoyance que le vulgaire, doit-on te regarder comme un esprit supérieur? Je crains bien, au contraire, que tu n'aies fait preuve, Bidault-Coquille, d'une grande inintelligence des conditions du développement intellectuel et moral des peuples. Tu te figurais que les injustices sociales étaient enfilées comme des perles et qu'il suffisait d'en tirer une pour égrener tout le chapelet. Et c'est là une conception très naïve. Tu te flattais d'établir d'un coup la justice en ton pays et dans l'univers. Tu fus un brave homme, un spiritualiste honnête, sans beaucoup de philosophie expérimentale. Mais rentre en toi-même et tu reconnaîtras que tu as eu pourtant ta malice et que, dans ton ingénuité, tu n'étais pas sans ruse. Tu croyais faire une bonne affaire morale. Tu te disais : « Me voilà juste et « courageux une fois pour toutes. Je pourrai me « reposer ensuite dans l'estime publique et la « louange des historiens. » Et maintenant que tu as perdu tes illusions, maintenant que tu sais qu'il est dur de redresser les torts et que c'est toujours à recommencer, tu retournes à tes astéroïdes. Tu as raison; mais retournes-y modestement, Bidault-Coquille! »

LIVRE VII

LES TEMPS MODERNES

MADAME CÉRÈS

> Il n'y a de supportable que les choses extrêmes.
>
> COMTE ROBERT DE MONTESQUIOU

I

LE SALON DE MADAME CLARENCE

Madame Clarence, veuve d'un haut fonctionnaire de la république, aimait à recevoir : elle réunissait tous les jeudis des amis de condition modeste et qui se plaisaient à la conversation. Les dames qui fréquentaient chez elle, très diverses d'âge et d'état, manquaient toutes d'argent et avaient toutes beaucoup souffert. Il s'y trouvait une duchesse qui avait l'air d'une tireuse de cartes et une tireuse de cartes qui avait l'air d'une duchesse. Mme Clarence, assez belle pour garder de vieilles liaisons, ne l'était plus assez pour en faire de nouvelles et jouissait d'une paisible considération. Elle avait une fille très jolie et sans dot, qui faisait peur aux invités; car les Pingouins craignaient comme le feu les demoiselles pauvres. Eveline Clarence s'apercevait de leur réserve, en pénétrant la cause et leur servait le thé d'un air de mépris. Elle se montrait peu, d'ailleurs, aux réceptions, ne causait qu'avec les dames ou les très jeunes gens; sa présence abrégée et discrète ne gênait pas les causeurs, qui pensaient ou qu'étant une jeune fille elle ne comprenait pas, ou qu'ayant vingt-cinq ans elle pouvait tout entendre.

Un jeudi donc, dans le salon de Mme Clarence, on parlait de l'amour; les dames en parlaient avec fierté, délicatesse et mystère; les hommes avec indiscrétion et fatuité; chacun s'intéressait à la conversation pour ce qu'il y disait. Il s'y dépensa beaucoup d'esprit; on lança de brillantes apostrophes et de vives reparties. Mais, quand le professeur Haddock se mit à discourir, il assomma tout le monde.

« Il en est de nos idées sur l'amour comme sur le reste, dit-il; elles reposent sur des habitudes antérieures dont le souvenir même est effacé. En matière de morale, les prescriptions qui ont perdu leur raison d'être, les obligations les plus inutiles, les contraintes les plus nuisibles, les plus cruelles, sont, à cause de leur antiquité profonde et du mystère de leur orgine, les moins constestées et les moins contestables, les moins examinées, les plus vénérées, les plus respectées et celles qu'on ne peut transgresser sans encourir les blâmes les plus sévères. Toute la morale relative aux relations des sexes est fondée sur ce principe que la femme une fois acquise appartient à l'homme, qu'elle est son bien comme son cheval et ses armes. Et, cela ayant cessé d'être vrai, il en résulte des absurdités, telles que le mariage ou contrat de vente d'une femme à un homme, avec clauses restrictives du droit de propriété, introduites par suite de l'affaiblissement graduel du possesseur.

« L'obligation imposée à une fille d'apporter sa virginité à son époux vient des temps où les filles étaient repoussées dès qu'elles étaient nubiles; il est ridicule qu'une fille qui se marie à vingt-cinq ou trente ans soit soumise à cette obligation. Vous direz que c'est un présent dont son mari, si elle en rencontre enfin un, sera flatté; mais nous voyons à chaque instant des hommes rechercher des femmes mariées et se montrer bien contents de les prendre comme ils les trouvent.

« Encore aujourd'hui le devoir des filles est déterminé, dans la morale religieuse, par cette vieille croyance que Dieu, le plus puissant des chefs de guerre, est polygame, qu'il se réserve tous les pucelages, et qu'on ne peut en prendre que ce qu'il en a laissé. Cette croyance, dont les traces subsistent dans plusieurs métaphores du langage mystique, est aujourd'hui perdue chez la plupart des peuples civilisés; pourtant elle domine encore l'éducation des filles, non seulement chez nos croyants, mais encore chez nos libres penseurs qui, le plus souvent, ne pensent pas librement pour la raison qu'ils ne pensent pas du tout.

« Sage veut dire savant. On dit qu'une fille est sage quand elle ne sait rien. On cultive son ignorance. En dépit de tous les soins, les plus sages savent, puisqu'on ne peut leur cacher ni leur propre nature, ni leurs propres états, ni leurs propres sensations. Mais elles savent mal, elles savent de travers. C'est tout ce qu'on obtient par une culture attentive...

— Monsieur, dit brusquement, d'un air sombre, Joseph Boutourlé, trésorier-payeur général d'Alca, croyez-le bien : il y a des filles innocentes, parfaitement innocentes, et c'est un grand malheur. J'en ai connu trois; elles se marièrent : ce fut affreux. L'une, quand son mari s'approcha d'elle, sauta du lit, épouvantée, et cria par la fenêtre :

« — Au secours! monsieur est devenu fou! » Une autre fut trouvée, le matin de ses noces, en chemise, sur l'armoire à glace et refusant de descendre. La troisième eut la même surprise, mais elle souffrit tout sans se plaindre. Seulement, quelques semaines après son mariage, elle murmura à l'oreille de sa mère : « Il se passe entre mon mari
« et moi des choses inouïes, des choses qu'on ne
« peut pas s'imaginer, des choses dont je n'oserais
« pas parler même à toi. » Pour ne pas perdre son âme, elle les révéla à son confesseur et c'est de lui qu'elle apprit, peut-être avec un peu de déception, que ces choses n'étaient pas extraordinaires.

— J'ai remarqué, reprit le professeur Haddock, que les Européens en général et les Pingouins en particulier, avant les sports et l'auto, ne s'occupaient de rien autant que de l'amour. C'était donner bien de l'importance à ce qui en a peu.

— Alors, monsieur, s'écria Mme Crémeur suffoquée, quand une femme s'est donnée tout entière, vous trouvez que c'est sans importance?

— Non, madame, cela peut avoir son importance, répondit le professeur Haddock. Encore faudrait-il voir si, en se donnant, elle offre un verger délicieux ou un carré de chardons et de pissenlits. Et puis, n'abuse-t-on pas un peu de ce mot donner? Dans l'amour, une femme se prête plutôt qu'elle ne se donne. Voyez la belle Mme Pensée...

— C'est ma mère, dit un grand jeune homme blond.

— Je la respecte infiniment, monsieur, répliqua le professeur Haddock; ne craignez pas que je tienne sur elle un seul propos le moins du monde offensant. Mais permettez-moi de vous dire que, en général, l'opinion des fils sur leurs mères est insoutenable : ils ne songent pas assez qu'une mère n'est mère que parce qu'elle aima et qu'elle peut aimer encore. C'est pourtant ainsi, et il serait déplorable qu'il en fût autrement. J'ai remarqué que les filles, au contraire, ne se trompent pas sur la faculté d'aimer de leurs mères ni sur l'emploi qu'elles en font : elles sont des rivales; elles en ont le coup d'œil. »

L'insupportable professeur parla longtemps

encore, ajoutant les inconvenances aux maladresses, les impertinences aux incivilités, accumulant les incongruités, méprisant ce qui est respectable, respectant ce qui est méprisable; mais personne ne l'écoutait.

Pendant ce temps, dans sa chambre d'une simplicité sans grâce, dans sa chambre triste de n'être pas aimée, et qui, comme toutes les chambres de jeunes filles, avait la froideur d'un lieu d'attente, Eveline Clarence compulsait des annuaires de clubs et des prospectus d'œuvres, pour y acquérir la connaissance de la société. Certaine que sa mère, confinée dans un monde intellectuel et pauvre, ne saurait ni la mettre en valeur ni la produire, elle se décidait à rechercher elle-même le milieu favorable à son établissement, tout à la fois obstinée et calme, sans rêves, sans illusions, ne voyant dans le mariage qu'une entrée de jeu et un permis de circulation et gardant la conscience la plus lucide des hasards, des difficultés et des chances de son entreprise. Elle possédait des moyens de plaire et une froideur qui les lui laissait tous. Sa faiblesse était de ne pouvoir regarder sans éblouissement tout ce qui avait l'air aristocratique.

Quand elle se retrouva seule avec sa mère :

« Maman, nous irons demain à la retraite du père Douillard. »

II

L'ŒUVRE DE SAINTE ORBEROSE

La retraite du révérend père Douillard réunissait, chaque vendredi, à neuf heures du soir, dans l'aristocratique église de Saint-Maël, l'élite de la société d'Alca. Le prince et la princesse des Boscénos, le vicomte et la vicomtesse Olive, Mme Bigourd, M. et Mme de la Trumelle n'en manquaient pas une séance; on y voyait la fleur de l'aristocratie et les belles baronnes juives y jetaient leur éclat, car les baronnes juives d'Alca étaient chrétiennes.

Cette retraite avait pour objet, comme toutes les retraites religieuses, de procurer aux gens du monde un peu de recueillement pour penser à leur salut; elle était destinée aussi à attirer sur tant de nobles et illustres familles la bénédiction de sainte Orberose, qui aime les Pingouins. Avec un zèle vraiment apostolique, le révérend père Douillard poursuivait l'accomplissement de son œuvre : rétablir sainte

Orberose dans ses prérogatives de patronne de la Pingouinie et lui consacrer, sur une des collines qui dominent la cité, une église monumentale. Un succès prodigieux avait couronné ses efforts, et, pour l'accomplissement de cette entreprise nationale, il réunissait plus de cent mille adhérents et plus de vingt millions de francs.

C'est dans le chœur de Saint-Maël que se dresse, reluisante d'or, étincelante de pierreries, entourée de cierges et de fleurs, la nouvelle châsse de sainte Orberose.

Voici ce qu'on lit dans l'*Histoire des miracles de la patronne d'Alca,* par l'abbé Plantain :

« L'ancienne châsse fut fondue pendant la Terreur et les précieux restes de la sainte jetés dans un feu allumé sur la place de Grève; mais une pauvre femme, d'une grande piété, nommée Rouquin, alla, de nuit, au péril de sa vie, recueillir dans le brasier les os calcinés et les cendres de la bienheureuse; elle les conserva dans un pot de confiture et, lors du rétablissement du culte, les porta au vénérable curé de Saint-Maël. La dame Rouquin finit pieusement ses jours dans la charge de vendeuse de cierges et de loueuse de chaises en la chapelle de la sainte. »

Il est certain que, du temps du père Douillard, au déclin de la foi, le culte de sainte Orberose, tombé depuis trois cents ans sous la critique du chanoine Princeteau et le silence des docteurs de l'Eglise, se relevait et s'environnait de plus de pompe, de plus de splendeur, de plus de ferveur que jamais. Maintenant les théologiens ne retranchaient plus un iota de la légende; ils tenaient pour avérés tous les faits rapportés par l'abbé Simplicissimus et professaient notamment, sur la foi de ce religieux, que le diable, ayant pris la forme d'un moine, avait emporté la sainte dans une caverne et lutté avec elle jusqu'à ce qu'elle eût triomphé de lui. Ils ne s'embarrassaient ni de lieux ni de dates; ils ne faisaient point d'exégèse et se gardaient bien d'accorder à la science ce que lui concédait jadis le chanoine Princeteau : ils savaient trop où cela conduisait.

L'église étincelait de lumières et de fleurs. Un ténor de l'Opéra chantait le cantique célèbre de sainte Orberose :

> Vierge du Paradis,
> Viens, viens dans la nuit brune,
> Et sur nous resplendis
>   Comme la lune.

Mlle Clarence se plaça au côté de sa mère, devant le vicomte Cléna, et elle se tint longtemps agenouillée sur son prie-Dieu, car l'attitude de la prière est naturelle aux vierges sages et fait valoir les formes.

Le révérend père Douillard monta en chaire. C'était un puissant orateur; il savait toucher, surprendre, émouvoir. Les femmes se plaignaient seulement qu'il s'élevât contre les vices avec une rudesse excessive, en des termes crus qui les faisaient rougir. Elles ne l'en aimaient pas moins.

Il traita, dans son sermon, de la septième épreuve de sainte Orberose qui fut tentée par le dragon qu'elle allait combattre. Mais elle ne succomba pas et elle désarma le monstre.

L'orateur démontra sans peine qu'avec l'aide de sainte Orberose et forts des vertus qu'elle nous inspire, nous terrasserons à notre tour les dragons qui fondent sur nous, prêts à nous dévorer, le dragon du doute, le dragon de l'impiété, le dragon de l'oubli des devoirs religieux. Il en tira la preuve que l'œuvre de la dévotion à sainte Orberose était une œuvre de régénération sociale et il conclut par un ardent appel « aux fidèles soucieux de se faire les instruments de la miséricorde divine, jaloux de devenir les soutiens et les nourriciers de l'œuvre de sainte Orberose et de lui fournir tous les moyens dont elle a besoin pour prendre son essor et porter ses fruits salutaires [1] ».

A l'issue de la cérémonie, le révérend père Douillard se tenait, dans la sacristie, à la disposition des fidèles désireux d'obtenir des renseignements sur l'œuvre ou d'apporter leur contribution. Mlle Clarence avait un mot à dire au révérend père Douil-

---

1. Cf. J. Ernest-Charles : *Le Censeur*, mai-août 1907, p. 562, col. 2.

lard; le vicomte Cléna aussi; la foule était nombreuse; on faisait la queue. Par un hasard heureux, le vicomte Cléna et Mlle Clarence se trouvèrent l'un contre l'autre, un peu serrés, peut-être. Eveline avait distingué ce jeune homme élégant, presque aussi connu que son père dans le monde des sports. Cléna l'avait remarquée, et, comme elle lui paraissait jolie, il la salua, s'excusa, et feignit de croire qu'il avait déjà été présenté à ces dames, mais qu'il ne se rappelait plus où. Elles feignirent de le croire aussi.

Il se présenta la semaine suivante chez Mme Clarence qu'il imaginait un peu entremetteuse, ce qui n'était pas pour lui déplaire, et, en revoyant Eveline, il reconnut qu'il ne s'était pas trompé et qu'elle était extrêmement jolie.

Le vicomte Cléna avait la plus belle auto d'Europe. Trois mois durant, il y promena les dames Clarence, tous les jours, par les collines, les plaines, les bois et les vallées; avec elles il parcourut les sites et visita les châteaux. Il dit à Eveline tout ce qu'on peut dire et fit de son mieux. Elle ne lui cacha pas qu'elle l'aimait, qu'elle l'aimerait toujours et n'aimerait que lui. Elle demeurait à son côté, palpitante et grave. A l'abandon d'un amour fatal elle faisait succéder, quand il le fallait, la défense invincible d'une vertu consciente du danger. Au bout de trois mois, après l'avoir fait monter, descendre, remonter, redescendre, et promenée durant les pannes innombrables, il la connaissait comme le volant de sa machine, mais pas autrement. Il combinait les surprises, les aventures, les arrêts soudains dans le fond des forêts et devant les cabarets de nuit, et n'en était pas plus avancé. Il se disait que c'était stupide, et, furieux, la reprenant dans son auto, faisait de rage du cent vingt à l'heure, prêt à la verser dans un fossé ou à la briser avec lui contre un arbre.

Un jour, venu la prendre chez elle pour quelque excursion, il la trouva plus délicieuse encore qu'il n'eût cru et plus irritante; il fondit sur elle comme l'ouragan sur les joncs, au bord d'un étang. Elle plia avec une adorable faiblesse, et vingt fois fut près de flotter, arrachée, brisée, au souffle de l'orage, et vingt fois se redressa souple et cinglante, et, après tant d'assauts, on eût dit qu'à peine un souffle léger avait passé sur sa tige charmante; elle souriait, comme prête à s'offrir à la main hardie. Alors son malheureux agresseur, éperdu, enragé, aux trois quarts fou, s'enfuit pour ne pas la tuer, se trompe de porte, pénètre dans la chambre à coucher où Mme Clarence mettait son chapeau devant l'armoire à glace, la saisit, la jette sur le lit et la possède avant qu'elle s'aperçoive de ce qui lui arrive.

Le même jour Eveline, qui faisait son enquête, apprit que le vicomte Cléna n'avait que des dettes, vivait de l'argent d'une vieille grue et lançait les nouvelles marques d'un fabricant d'autos. Ils se séparèrent d'un commun accord et Eveline recommença à servir le thé avec malveillance aux invités de sa mère.

III

HIPPOLYTE CÉRÈS

Dans le salon de Mme Clarence, on parlait de l'amour; et l'on en disait des choses délicieuses.

« L'amour, c'est le sacrifice, soupira Mme Crémeur.

— Je vous crois », répliqua vivement M. Boutourlé.

Mais le professeur Haddock étala bientôt sa fastidieuse insolence :

« Il me semble, dit-il, que les Pingouines font bien des embarras depuis que, par l'opération de saint Maël, elles sont devenues vivipares. Pourtant il n'y a pas là de quoi s'enorgueillir : c'est une condition qu'elles partagent avec les vaches et les truies, et même avec les orangers et les citronniers, puisque les graines de ces plantes germent dans le péricarpe.

— L'importance des Pingouines ne remonte pas si haut, répliqua M. Boutourlé; elle date du jour où le saint apôtre leur donna des vêtements; encore cette importance, longtemps contenue, n'éclata qu'avec le luxe de la toilette, et dans un petit coin de la société. Car allez seulement à deux lieues d'Alca, dans la campagne, pendant la moisson, et vous verrez si les femmes sont façonnières et se donnent de l'importance. »

Ce jour-là, M. Hippolyte Cérès se fit présenter; il était député d'Alca et l'un des plus jeunes membres de la Chambre; on le disait fils d'un mastroquet, mais lui-même avocat, parlant bien, robuste, volumineux, l'air important et passant pour habile.

« Monsieur Cérès, lui dit la maîtresse de maison, vous représentez le plus bel arrondissement d'Alca.

— Et qui s'embellit tous les jours, madame.

— Malheureusement, on ne peut plus y circuler, s'écria M. Boutourlé.

— Pourquoi? demanda M. Cérès.

— A cause des autos, donc!

— N'en dites pas de mal, répliqua le député; c'est notre grande industrie nationale.

— Je le sais, monsieur. Les Pingouins d'aujourd'hui me font penser aux Egyptiens d'autrefois. Les Egyptiens, à ce que dit Taine, d'après Clément d'Alexandrie, dont il a d'ailleurs altéré le texte, les Egyptiens adoraient les crocodiles qui les dévoraient; les Pingouins adorent les autos qui les écrasent. Sans nul doute, l'avenir est à la bête de métal. On ne reviendra pas plus au fiacre qu'on n'est revenu à la diligence. Et le long martyre du cheval s'achève. L'auto, que la cupidité frénétique des industriels lança comme un char de Jagernat sur les peuples ahuris et dont les oisifs et les snobs faisaient une imbécile et funeste élégance, accomplira bientôt sa fonction nécessaire, et, mettant sa force au service du peuple tout entier, se comportera en monstre docile et laborieux. Mais, pour que, cessant de nuire, elle devienne bienfaisante, il faudra lui construire des voies en rapport avec ses allures, des chaussées qu'elle ne puisse plus déchirer de ses pneus féroces et dont elle n'envoie plus la poussière empoisonnée dans les poitrines humaines. On devra interdire ces voies nouvelles aux véhicules d'une moindre vitesse, ainsi qu'à tous les simples animaux, y établir des garages et des passerelles, enfin créer l'ordre et l'harmonie dans la voirie future. Tel est le vœu d'un bon citoyen. »

Mme Clarence ramena la conversation sur les embellissements de l'arrondissement représenté par M. Cérès, qui laissa paraître son enthousiasme pour les démolitions, percements, constructions, reconstructions et toutes autres opérations fructueuses.

« On bâtit aujourd'hui d'une façon admirable, dit-il; partout s'élèvent des avenues majestueuses. Vit-on jamais rien de si beau que nos ponts à pylônes et nos hôtels à coupoles?

— Vous oubliez ce grand palais recouvert d'une immense cloche à melon, grommela avec une rage sourde M. Daniset, vieil amateur d'art. J'admire à quel degré de laideur peut atteindre une ville moderne. Alca s'américanise; partout on détruit ce qui restait de libre, d'imprévu, de mesuré, de modéré, d'humain, de traditionnel; partout on détruit cette chose charmante, un vieux mur au-dessus duquel passent des branches; partout on supprime un peu d'air et de jour, un peu de nature, un peu de souvenirs qui restaient encore, un peu de nos pères, un peu de nous-mêmes, et l'on élève des maisons épouvantables, énormes, infâmes, coiffées à la viennoise de coupoles ridicules ou conditionnées à l'art nouveau, sans moulures ni profils, avec des encorbellements sinistres et des faîtes burlesques, et ces monstres divers grimpent au-dessus des toits environnants, sans vergogne. On voit traîner sur des façades avec une mollesse dégoûtante des protubérances bulbeuses; ils appellent cela les motifs de l'art nouveau. Je l'ai vu, l'art nouveau, dans d'autres pays, il n'est pas si vilain; il a de la bonhomie et de la fantaisie. C'est chez nous que, par un triste privilège, on peut contempler les architectures les plus laides, les plus nouvellement et les plus diversement laides; enviable privilège!

— Ne craignez-vous pas, demanda sévèrement M. Cérès, ne craignez-vous pas que ces critiques amères ne soient de nature à détourner de notre capitale les étrangers qui y affluent de tous les points du monde et y laissent des milliards?

— Soyez tranquille, répondit M. Daniset : les étrangers ne viennent point admirer nos bâtisses; ils viennent voir nos cocottes, nos couturiers et nos bastringues.

— Nous avons une mauvaise habitude, soupira M. Cérès, c'est de nous calomnier nous-mêmes. »

Mme Clarence jugea, en hôtesse accomplie, qu'il était temps d'en revenir à l'amour, et demanda à M. Jumel ce qu'il pensait du livre récent où M. Léon Blum se plaint...

« ... Qu'une coutume irraisonnée, acheva le professeur Haddock, prive les demoiselles du monde de faire l'amour qu'elles feraient avec plaisir, tandis que les filles mercenaires le font trop, et sans goût. C'est déplorable en effet; mais que M. Léon Blum ne s'afflige pas outre mesure; si le mal est tel qu'il dit dans notre petite société bourgeoise, je puis lui certifier que, partout ailleurs, il verrait un spectacle plus consolant. Dans le peuple, dans le vaste peuple des villes et des campagnes, les filles ne se privent pas de faire l'amour.

— C'est de la démoralisation! monsieur », dit Mme Crémeur.

Et elle célébra l'innocence des jeunes filles en des termes pleins de pudeur et de grâce. C'était ravissant!

Les propos du professeur Haddock sur le même

sujet furent, au contraire, pénibles à entendre :

« Les jeunes filles du monde, dit-il, sont gardées et surveillées; d'ailleurs les hommes n'en veulent pas, par honnêteté, de peur de responsabilités terribles et parce que la séduction d'une jeune fille ne leur ferait pas honneur. Encore ne sait-on point ce qui se passe, pour cette raison que ce qui est caché ne se voit pas. Condition nécessaire à l'existence de toute société. Les jeunes filles du monde seraient plus faciles que les femmes si elles étaient autant sollicitées et cela pour deux raisons : elles ont plus d'illusions et leur curiosité n'est pas satisfaite. Les femmes ont été la plupart du temps si mal commencées par leur mari, qu'elles n'ont pas le courage de recommencer tout de suite avec un autre. Moi qui vous parle, j'ai rencontré plusieurs fois cet obstacle dans mes tentatives de séduction. »

Au moment où le professeur Haddock achevait ces propos déplaisants, Mlle Eveline Clarence entra au salon et servit le thé nonchalamment avec cette expression d'ennui qui donnait un charme oriental à sa beauté.

« Moi, dit Hippolyte Cérès en la regardant, je me proclame le champion des demoiselles. »

« C'est un imbécile », songea la jeune fille.

Hippolyte Cérès, qui n'avait jamais mis le pied hors de son monde politique, électeurs et élus, trouva le salon de Mme Clarence très distingué, la maîtresse de maison exquise, sa fille étrangement belle ; il devint assidu près d'elles et fit sa cour à l'une et à l'autre. Mme Clarence, que maintenant les soins touchaient, l'estimait agréable. Eveline ne lui montrait aucune bienveillance et le traitait avec une hauteur et des dédains qu'il prenait pour façons aristocratiques et manières distinguées, et il l'en admirait davantage.

Cet homme répandu s'ingéniait à leur faire plaisir et y réussissait quelquefois. Il leur procurait des billets pour les grandes séances et des loges à l'Opéra. Il fournit à Mlle Clarence plusieurs occasions de se mettre en vue très avantageusement et en particulier dans une fête champêtre, qui, bien que donnée par un ministre, fut regardée comme vraiment mondaine et valut à la république son premier succès auprès des gens élégants.

A cette fête, Eveline, très remarquée, attira notamment l'attention d'un jeune diplomate nommé Roger Lambilly qui, s'imaginant qu'elle appartenait à un monde facile, lui donna rendez-vous dans sa garçonnière. Elle le trouvait beau et le croyait riche : elle alla chez lui. Un peu émue, presque troublée, elle faillit être victime de son courage, et n'évita sa défaite que par une manœuvre offensive, audacieusement exécutée. Ce fut la plus grande folie de sa vie de jeune fille.

Entrée dans l'intimité des ministres et du président, Eveline y portait des affectations d'aristocratie et de piété qui lui acquirent la sympathie du haut personnel de la république anticléricale et démocratique. M. Hippolyte Cérès, voyant qu'elle réussissait et lui faisait honneur, l'en aimait davantage; il en devint éperdument amoureux.

Dès lors, elle commença malgré tout à l'observer avec intérêt, curieuse de voir si cela augmentait. Il lui paraissait sans élégance, sans délicatesse, mal élevé, mais actif, débrouillard, plein de ressources et pas très ennuyeux. Elle se moquait encore de lui, mais elle s'occupait de lui.

Un jour, elle voulut mettre son sentiment à l'épreuve.

C'était en période électorale, pendant qu'il sollicitait, comme on dit, le renouvellement de son mandat. Il avait un concurrent peu dangereux au début, sans moyens oratoires, mais riche et qui gagnait, croyait-on, tous les jours des voix. Hippolyte Cérès, bannissant de son esprit et l'épaisse quiétude et les folles alarmes, redoublait de vigilance. Son principal moyen d'action, c'étaient ses réunions publiques où il tombait, à la force du poumon, la candidature rivale. Son comité donnait de grandes réunions contradictoires le samedi soir et le dimanche à trois heures précises de l'après-midi. Or, un dimanche, étant allé faire visite aux dames Clarence, il trouva Eveline seule dans le salon. Il causait avec elle depuis vingt ou vingt-cinq minutes quand, tirant sa montre, il s'aperçut qu'il était trois heures moins un quart. La jeune fille se fit aimable, agaçante, gracieuse, inquiétante, pleine de promesses. Cérès, ému, se leva.

« Encore un moment! » lui dit-elle d'une voix pressante et douce qui le fit retomber sur sa chaise.

Elle lui montra de l'intérêt, de l'abandon, de la curiosité, de la faiblesse. Il rougit, pâlit et, de nouveau, se leva.

Alors, pour le retenir, elle le regarda avec des yeux dont le gris devenait trouble et noyé, et, la poitrine haletante, ne parla plus. Vaincu, éperdu, anéanti, il tomba à ses pieds, puis, ayant une fois encore tiré sa montre, bondit et jura effroyablement :

« B...! quatre heures moins cinq! il n'est que temps de filer. »

Et aussitôt il sauta dans l'escalier.

Depuis lors elle eut pour lui une certaine estime.

IV

LE MARIAGE D'UN HOMME POLITIQUE

Elle ne l'aimait guère, mais elle voulait bien qu'il l'aimât. Elle était d'ailleurs très réservée avec lui, non pas seulement à cause de son peu d'inclination : car, parmi les choses de l'amour, il en est qu'on fait avec indifférence, par distraction, par instinct de femme, par usage et esprit traditionnel, pour essayer son pouvoir et pour la satisfaction d'en découvrir les effets. La raison de sa prudence, c'est qu'elle le savait très « muffe », capable de prendre avantage sur elle de ses familiarités et de les lui reprocher ensuite grossièrement si elle ne les continuait pas.

Comme il était, par profession, anticlérical et libre penseur, elle jugeait bon d'affecter devant lui des façons dévotes, de se montrer avec des paroissiens reliés en maroquin rouge, de grand format, tels que les *Quinzaines de Pâques* de la reine Marie Leczinska et de la dauphine Marie-Josèphe; et elle lui mettait constamment sous les yeux les souscriptions qu'elle recueillait en vue d'assurer le culte national de sainte Orberose. Eveline n'agissait point ainsi pour le taquiner, par espièglerie ni par esprit contrariant, ni même par snobisme, quoiqu'elle en eût bien une pointe; elle s'affirmait de cette manière, s'imprimait un caractère, se grandissait et, pour exciter le courage du député, s'enveloppait de religion, comme Brunhild, pour attirer Sigurd, s'entourait de flammes. Son audace réussit. Il la trouvait plus belle de la sorte. Le cléricalisme, à ses yeux, était une élégance.

Réélu à une énorme majorité, Cérès entra dans une Chambre qui se montrait plus portée à gauche, plus avancée que la précédente et, semblait-il, plus ardente aux réformes. S'étant tout de suite aperçu qu'un si grand zèle cachait la peur du changement et un sincère désir de ne rien faire, il se promit de suivre une politique qui répondît à ces aspirations. Dès le début de la session, il prononça un grand discours, habilement conçu et bien ordonné, sur cette idée que toute réforme doit être longtemps différée; il se montra chaleureux, bouillant même, ayant pour principe que l'orateur doit recommander la modération avec une extrême véhémence. Il fut acclamé par l'assemblée entière. Dans la tribune présidentielle, les dames Clarence l'écoutaient; Eveline tressaillait malgré elle au bruit solennel des applaudissements. Sur la même banquette, la belle

Mme Pensée frissonnait aux vibrations de cette voix mâle.

Aussitôt descendu de la tribune, Hippolyte Cérès, sans prendre le temps de changer de chemise, alors que les mains battaient encore et qu'on demandait l'affichage, alla saluer les dames Clarence dans leur tribune. Eveline lui trouva la beauté du succès et, tandis que, penché sur ces dames, il recevait leurs compliments d'un air modeste, relevé d'un grain de fatuité, en s'épongeant le cou avec son mouchoir, la jeune fille, jetant un regard de côté sur Mme Pensée, la vit qui respirait avec ivresse la sueur du héros, haletante, les paupières lourdes, la tête renversée, prête à défaillir. Aussitôt Eveline sourit tendrement à M. Cérès.

Le discours du député d'Alca eut un grand retentissement. Dans les « sphères » politiques il fut jugé très habile. « Nous venons d'entendre enfin un langage honnête », écrivait le grand journal modéré. « C'est tout un programme! » disait-on à la Chambre. On s'accordait à y reconnaître un énorme talent.

Hippolyte Cérès s'imposait maintenant comme chef aux radicaux, socialistes, anticléricaux, qui le nommèrent président de leur groupe, le plus considérable de la Chambre. Il se trouvait désigné pour un portefeuille dans la prochaine combinaison ministérielle.

Après une longue hésitation, Eveline Clarence

accepta l'idée d'épouser M. Hippolyte Cérès. Pour son goût, le grand homme était un peu commun; rien ne prouvait encore qu'il atteindrait un jour le point où la politique rapporte de grosses sommes d'argent; mais elle entrait dans ses vingt-sept ans et connaissait assez la vie pour savoir qu'il ne faut pas être trop dégoûtée ni se montrer trop exigeante.

Hippolyte Cérès était célèbre. Hippolyte Cérès était heureux. On ne le reconnaissait plus; les élégances de ses habits et de ses manières augmentaient terriblement; il portait des gants blancs avec excès; maintenant, trop homme du monde, il faisait douter Eveline si ce n'était pas pis que de l'être trop peu. Mme Clarence regarda favorablement ces fiançailles, rassurée sur l'avenir de sa fille et satisfaite d'avoir tous les jeudis des fleurs pour son salon.

La célébration du mariage souleva toutefois des difficultés. Eveline était pieuse et voulait recevoir la bénédiction de l'Eglise. Hippolyte Cérès, tolérant mais libre penseur, n'admettait que le mariage civil. Il y eut à ce sujet des discussions et même des scènes déchirantes. La dernière se déroula dans la chambre de la jeune fille, au moment de rédiger les lettres d'invitation. Eveline déclara que, si elle ne passait pas par l'église, elle ne se croirait pas mariée. Elle parla de rompre, d'aller à l'étranger avec sa mère ou de se retirer dans un couvent. Puis elle se fit tendre, faible, suppliante; elle gémit. Et tout gémissait avec elle dans sa chambre virginale, le bénitier et le rameau de buis au-dessus du lit blanc, les livres de dévotion sur la petite étagère et, sur le marbre de la cheminée, la statuette blanche et bleue de sainte Orberose, enchaînant le dragon de Cappadoce. Hippolyte Cérès était attendri, amolli, fondu.

Belle de douleur, les yeux brillants de larmes, les poignets ceints d'un chapelet de lapis-lazuli et comme enchaînée par sa foi, tout à coup elle se jeta aux pieds d'Hippolyte et lui embrassa les genoux, mourante, échevelée.

Il céda presque; il balbutia :

« Un mariage religieux, un mariage à l'église, on pourra encore faire digérer ça à mes électeurs; mais mon comité n'avalera pas la chose aussi facilement... Enfin, je leur expliquerai... la tolérance, les nécessités sociales... Ils envoient tous leurs filles au catéchisme... Quant à mon portefeuille, bigre! je crois bien, ma chérie, que nous allons le noyer dans l'eau bénite. »

A ces mots, elle se leva, grave, généreuse, résignée, vaincue à son tour.

« Mon ami, je n'insiste plus.

— Alors, pas de mariage religieux! Ça vaut mieux, beaucoup mieux!

— Si! Mais laissez-moi faire. Je vais tâcher de tout arranger pour votre satisfaction et la mienne. »

Elle alla trouver le révérend père Douillard et lui exposa la situation. Plus encore qu'elle n'espérait, il se montra accommodant et facile.

« Votre époux est un homme intelligent, un homme d'ordre et de raison : il nous viendra. Vous le sanctifierez; ce n'est pas en vain que Dieu lui a accordé le bienfait d'une épouse chrétienne. L'Eglise ne veut pas toujours pour ses bénédictions nuptiales les pompes et l'éclat des cérémonies. Maintenant qu'elle est persécutée, l'ombre des cryptes et les détours des catacombes conviennent à ses fêtes. Mademoiselle, quand vous aurez accompli les formalités civiles, venez ici, dans ma chapelle particulière, en toilette de ville, avec M. Cérès; je vous marierai en observant la plus absolue discrétion. J'obtiendrai de l'archevêque les dispenses nécessaires et toutes les facilités pour ce qui concerne les bans, le billet de confession, etc. »

Hippolyte, tout en trouvant la combinaison un peu dangereuse, accepta, assez flatté au fond :

« J'irai en veston », dit-il.

Il y alla en redingote, avec des gants blancs et des souliers vernis, et fit les génuflexions.

« Quand les gens sont polis!... »

LE CABINET VISIRE

Le ménage Cérès, d'une modestie décente, s'établit dans un assez joli appartement d'une maison neuve. Cérès adorait sa femme avec rondeur et tranquillité, souvent retenu d'ailleurs à la commission du budget et travaillant plus de trois nuits par semaine à son rapport sur le budget des postes dont il voulait faire un monument. Eveline le trouvait « muffe » et il ne lui déplaisait pas. Le mauvais côté de la situation, c'est qu'il n'avaient pas beaucoup d'argent; ils en avaient très peu. Les serviteurs de la République ne s'enrichissent pas à son service autant qu'on le croit. Depuis que le souverain n'est plus là pour dispenser les faveurs, chacun prend ce qu'il peut et ses déprédations, limitées par les déprédations de tous, sont réduites à des proportions modestes. De là cette austérité de mœurs qu'on remarque dans les chefs de la démocratie. Ils ne peuvent s'enrichir que dans les périodes de grandes affaires, et se trouvent alors en butte à l'envie de leurs collègues moins favorisés. Hippolyte Cérès prévoyait pour un temps prochain une période de grandes affaires; il était de ceux qui en préparaient la venue; en attendant il supportait dignement une pauvreté dont Eveline, en la partageant, souffrait moins qu'on eût pu le croire. Elle était en rapports constants avec le révérend père Douillard et fréquentait la chapelle de Sainte-Orberose où elle trouvait une société sérieuse et des personnes capables de lui rendre service. Elle savait les choisir et ne donnait sa confiance qu'à ceux qui la méritaient. Elle avait gagné de l'expérience depuis ses promenades dans l'auto du vicomte Cléna, et surtout elle avait acquis le prix d'une femme mariée.

Le député s'inquiéta d'abord de ces pratiques pieuses que raillaient les petits journaux démagogiques; mais il se rassura bientôt en voyant autour de lui tous les chefs de la démocratie se rapprocher avec joie de l'aristocratie et de l'Eglise.

On se trouvait dans une de ces périodes (qui revenaient souvent) où l'on s'apercevait qu'on était allé trop loin. Hippolyte Cérès en convenait avec mesure. Sa politique n'était pas une politique de persécution, mais une politique de tolérance. Il en avait posé les bases dans son magnifique discours sur la préparation des réformes. Le ministère passait pour trop avancé; soutenant des projets reconnus dangereux pour le capital, il avait contre lui les grandes compagnies financières et, par conséquent, les journaux de toutes les opinions. Voyant le danger grossir, le cabinet abandonna ses projets, son programme, ses opinions, mais trop tard : un nouveau gouvernement était prêt; sur une question insidieuse de Paul Visire, aussitôt transformée en interpellation, et un très beau discours d'Hippolyte Cérès, il tomba.

Le président de la République choisit pour former un nouveau cabinet ce même Paul Visire, qui, très jeune encore, avait été deux fois ministre, homme charmant, habitué du foyer de la danse et des coulisses des théâtres, très artiste, très mondain, spirituel, d'une intelligence et d'une vivacité merveilleuses. Paul Visire, ayant constitué un ministère destiné à marquer un temps d'arrêt et à rassurer l'opinion alarmée, Hippolyte Cérès fut appelé à en faire partie.

Les nouveaux ministres, appartenant à tous les groupes de la majorité, représentaient les opinions les plus diverses et les plus opposées, mais ils étaient tous modérés et résolument conservateurs[1]. On

---

1. Ce ministère ayant exercé une action considérable sur les destinées du pays et du monde, nous croyons devoir en donner la composition : Intérieur et présidence du Conseil, Paul Visire; Justice, Pierre Bouc; Affaires étrangères, Victor Crombile; Finances, Terrasson; Instruction publique, Labillette; Commerce, Postes et Télégraphes, Hippolyte Cérès; Agriculture, Aulac; Travaux publics, Lapersonne; Guerre, général Débonnaire; Marine, amiral Vivier des Murènes.

garda le ministre des Affaires étrangères de l'ancien cabinet, petit homme noir nommé Crombile, qui travaillait quatorze heures par jour dans le délire des grandeurs, silencieux, se cachant de ses propres agents diplomatiques, terriblement inquiétant, sans inquiéter personne, car l'imprévoyance des peuples est infinie et celle des gouvernants légale.

On mit aux Travaux publics un socialiste, Fortuné Lapersonne. C'était alors une des coutumes les plus solennelles, les plus sévères, les plus rigoureuses, et j'ose dire, les plus terribles et les plus cruelles de la politique, de mettre dans tout ministère destiné à combattre le socialisme un membre du parti socialiste, afin que les ennemis de la fortune et de la propriété eussent la honte et l'amertume d'être frappés par un des leurs et qu'ils ne pussent se réunir entre eux sans chercher du regard celui qui les châtierait le lendemain. Une ignorance profonde du cœur humain permettrait seule de croire qu'il était difficile de trouver un socialiste pour occuper ces fonctions. Le citoyen Fortuné Lapersonne entra dans le cabinet Visire de son propre mouvement, sans contrainte aucune; et il trouva des approbateurs même parmi ses anciens amis, tant le pouvoir exerçait de prestige sur les Pingouins!

Le général Débonnaire reçut le portefeuille de la Guerre; il passait pour un des plus intelligents généraux de l'armée; mais il se laissait conduire par une femme galante, Mme la baronne de Bildermann, qui, belle encore dans l'âge des intrigues, s'était mise aux gages d'une puissance voisine et ennemie.

Le nouveau ministre de la Marine, le respectable amiral Vivier des Murènes, reconnu généralement pour un excellent marin, montrait une piété qui eût paru excessive dans un ministère anticlérical, si la république laïque n'avait reconnu la religion comme d'utilité maritime. Sur les instructions du révérend père Douillard, son directeur spirituel, le respectable amiral Vivier des Murènes voua les équipages de la flotte à sainte Orberose et fit composer par des bardes chrétiens des cantiques en l'honneur de la vierge d'Alca qui remplacèrent l'hymne national dans les musiques de la marine de guerre.

Le ministère Visire se déclara nettement anticlérical, mais respectueux des croyances; il s'affirma sagement réformateur. Paul Visire et ses collaborateurs voulaient des réformes, et c'était pour ne pas compromettre les réformes qu'ils n'en proposaient pas; car ils étaient vraiment des hommes politiques et savaient que les réformes sont compromises dès qu'on les propose. Ce gouvernement fut bien accueilli, rassura les honnêtes gens et fit monter la rente.

Il annonça la commande de quatre cuirassés, des

poursuites contre les socialistes et manifesta son intention formelle de repousser tout impôt inquisitorial sur le revenu. Le choix du ministre des Finances, Terrasson, fut particulièrement approuvé de la grande presse. Terrasson, vieux ministre fameux par ses coups de Bourse, autorisait toutes les espérances des financiers et faisait présager une période de grandes affaires. Bientôt se gonfleraient du lait de la richesse ces trois mamelles des nations modernes : l'accaparement, l'agio et la spéculation frauduleuse. Déjà l'on parlait d'entreprises lointaines, de colonisation, et les plus hardis lançaient dans les journaux un projet de protectorat militaire et financier sur la Nigritie.

Sans avoir encore donné sa mesure, Hippolyte Cérès était considéré comme un homme de valeur; les gens d'affaires l'estimaient. On le félicitait de toutes parts d'avoir rompu avec les partis extrêmes, les hommes dangereux, d'être conscient des responsabilités gouvernementales.

Mme Cérès brillait seule entre toutes les dames du ministère. Crombile séchait dans le célibat; Paul Visire s'était marié richement, dans le gros commerce du Nord, à une personne comme il faut, Mlle Blampignon, distinguée, estimée, simple, toujours malade, et que l'état de sa santé retenait constamment chez sa mère, au fond d'une province reculée. Les autres ministresses n'étaient point nées pour charmer les regards; et l'on souriait en lisant que Mme Labillette avait paru au bal de la Présidence coiffée d'oiseaux de paradis. Mme l'amirale Vivier des Murènes, de bonne famille, plus large que haute, le visage sang de bœuf, la voix d'un camelot, faisait son marché elle-même. La générale Débonnaire, longue, sèche, couperosée, insatiable de jeunes officiers, perdue de débauches et de crimes, ne rattrapait la considération qu'à force de laideur et d'insolence.

Mme Cérès était le charme du ministère et son porte-respect. Jeune, belle, irréprochable, elle réunissait, pour séduire l'élite sociale et les foules populaires, à l'élégance des toilettes la pureté du sourire.

Ses salons furent envahis par la grande finance juive. Elle donnait les garden-parties les plus élégantes de la république; les journaux décrivaient ses toilettes et les grands couturiers ne les lui faisaient pas payer. Elle allait à la messe, protégeait contre l'animosité populaire la chapelle de Sainte-Orberose et faisait naître dans les cœurs aristocratiques l'espérance d'un nouveau concordat.

Des cheveux d'or, des prunelles gris de lin, souple, mince avec une taille ronde, elle était vraiment jolie; elle jouissait d'une excellente réputation, qu'elle aurait gardée intacte jusque dans un flagrant délit, tant elle se montrait adroite, calme, et maîtresse d'elle-même.

La session s'acheva sur une victoire du cabinet,

qui repoussa, aux applaudissements presque unanimes de la Chambre, la proposition d'un impôt inquisitorial, et sur un triomphe de Mme Cérès qui donna des fêtes à trois rois de passage.

VI

LE SOPHA DE LA FAVORITE

Le président du Conseil invita, pendant les vacances, M. et Mme Cérès à passer une quinzaine de jours à la montagne, dans un petit château qu'il avait loué pour la saison et qu'il habitait seul. La santé vraiment déplorable de Mme Paul Visire ne lui permettait pas d'accompagner son mari : elle restait avec ses parents au fond d'une province septentrionale.

Ce château avait appartenu à la maîtresse d'un des derniers rois d'Alca; le salon gardait ses meubles anciens, et il s'y trouvait encore le sopha de la favorite. Le pays était charmant; une jolie rivière bleue, l'Aiselle, coulait au pied de la colline que dominait le château. Hippolyte Cérès aimait à pêcher à la ligne; il trouvait, en se livrant à cette occupation monotone, ses meilleures combinaisons parlementaires et ses plus heureuses inspirations oratoires.

La truite foisonnait dans l'Aiselle; il la pêchait du matin au soir, dans une barque que le président du Conseil s'était empressé de mettre à sa disposition.

Cependant Eveline et Paul Visire faisaient quelquefois ensemble un tour de jardin, un bout de causerie dans le salon. Eveline, tout en reconnaissant la séduction qu'il exerçait sur les femmes, n'avait encore déployé pour lui qu'une coquetterie intermittente et superficielle, sans intentions profondes ni dessein arrêté. Il était connaisseur et la savait jolie; la Chambre et l'Opéra lui ôtaient tout loisir, mais, dans le petit château, les yeux gris de lin et la taille ronde d'Eveline prenaient du prix à ses yeux. Un jour qu'Hippolyte Cérès pêchait dans l'Aiselle, il la fit asseoir près de lui sur le sopha de la favorite. A travers les fentes des rideaux, qui la protégeaient contre la chaleur et la clarté d'un jour ardent, de longs rayons d'or frappaient Eveline, comme les flèches d'un Amour caché. Sous la mousseline blanche, toutes ses formes, à la fois arrondies et fuselées, dessinaient leur grâce et leur jeunesse. Elle avait la peau moite et fraîche et sentait le foin coupé. Paul Visire se montra tel que le voulait l'occasion; elle ne se refusa pas aux jeux du hasard et de la société. Elle avait cru que ce ne serait rien ou peu de chose : elle s'était trompée.

« Il y avait, dit la célèbre ballade allemande, sur la place de la ville, du côté du soleil, contre le mur où courait la glycine, une jolie boîte aux lettres, bleue comme les bleuets, souriante et tranquille.

« Tout le jour venaient à elle, dans leurs gros souliers, petits marchands, riches fermiers, bourgeois, et le percepteur et les gendarmes, qui lui mettaient des lettres d'affaires, des factures, des sommations et des contraintes d'avoir à payer l'impôt, des rapports aux juges du tribunal et des convocations de recrues : elle demeurait souriante et tranquille.

« Joyeux ou soucieux, s'acheminaient vers elle journaliers et garçons de ferme, servantes et nourrices, comptables, employés de bureau, ménagères tenant leur petit enfant dans les bras; ils lui mettaient des faire-part de naissances, de mariages et de mort, des lettres de fiancés et de fiancées, des lettres d'époux et d'épouses, de mères à leurs fils, de fils à leurs mères : elle demeurait souriante et tranquille.

« A la brune, des jeunes garçons et des jeunes filles se glissaient furtivement jusqu'à elle et lui mettaient des lettres d'amour, les unes mouillées de larmes qui faisaient couler l'encre, les autres avec un petit rond pour indiquer la place du baiser, et toutes très longues : elle demeurait souriante et tranquille.

« Les riches négociants venaient eux-mêmes, par prudence, à l'heure de la levée, et lui mettaient des lettres chargées, des lettres à cinq cachets rouges pleines de billets de banque ou de chèques sur les grands établissements financiers de l'Empire : elle demeurait souriante et tranquille.

« Mais un jour Gaspar, qu'elle n'avait jamais vu et qu'elle ne connaissait ni d'Eve ni d'Adam, vint lui mettre un billet dont on ne sait rien sinon qu'il était plié en petit chapeau. Aussitôt la jolie boîte aux lettres tomba pâmée. Depuis lors elle ne tient plus en place; elle court les rues, les champs, les bois, ceinte de lierre et couronnée de roses. Elle est toujours par monts et par vaux; le garde champêtre l'a surprise dans les blés entre les bras de Gaspar et le baisant sur la bouche. »

Paul Visire avait repris toute sa liberté d'esprit; Eveline demeurait étendue sur le divan de la favorite dans un étonnement délicieux.

Le révérend père Douillard, excellent en théologie morale, et qui, dans la décadence de l'Eglise, gardait les principes, avait bien raison d'enseigner, conformément à la doctrine des Pères, que, si une femme commet un grand péché en se donnant pour de l'argent, elle en commet un bien plus grand en se donnant pour rien; car, dans le premier cas, elle agit pour soutenir sa vie et elle est parfois, non pas excusable, mais pardonnable et digne encore de la grâce divine puisque, enfin, Dieu défend le suicide et ne veut pas que ses créatures, qui sont ses temples, se détruisent elles-mêmes; d'ailleurs en se donnant pour vivre elle reste humble et ne prend pas de plaisir, ce qui diminue le péché. Mais une femme qui se donne pour rien pèche avec volupté, exulte dans la faute. L'orgueil et les délices dont elle charge son crime en augmentent le poids mortel.

L'exemple de Mme Hippolyte Cérès devait faire paraître la profondeur de ces vérités morales. Elle s'aperçut qu'elle avait des sens; jusque-là elle ne s'en était pas doutée; il ne fallut qu'une seconde pour lui faire faire cette découverte, changer son âme, bouleverser sa vie. Ce lui fut d'abord un enchantement que d'avoir appris à se connaître. Le γνῶθι σεαυτόν de la philosophie antique n'est pas un précepte dont l'accomplissement au moral procure du plaisir, car on ne goûte guère de satisfaction à connaître son âme; il n'en est pas de même de la chair où des sources de volupté peuvent nous être révélées. Elle voua tout de suite à son révélateur une reconnaissance égale au bienfait et elle s'imagina que celui qui avait découvert les abîmes célestes en possédait seul la clef. Etait-ce une erreur et n'en pouvait-elle pas trouver d'autres qui eussent aussi la clef d'or? Il est difficile d'en décider; et le professeur Haddock, quand les faits furent divulgués (ce qui ne tarda pas, comme nous l'allons voir), en traita au point de vue expérimental, dans une revue scientifique et spéciale, et conclut que les chances qu'aurait Mme C... de retrouver l'exacte équivalence de M. V... étaient dans les proportions de 3,05 sur 975 008. Autant dire qu'elle ne le retrouverait pas. Sans doute elle en eut l'instinct, car elle s'attacha éperdument à lui.

J'ai rapporté ces faits avec toutes les circonstances qui me semblent devoir attirer l'attention des esprits méditatifs et philosophiques. Le sopha de la favorite est digne de la majesté de l'histoire; il s'y décida des destinées d'un grand peuple; que dis-je, il s'y accomplit un acte dont le retentissement devait s'étendre sur les nations voisines, amies ou ennemies, et sur l'humanité tout entière. Trop souvent les événements de cette nature, bien que d'une conséquence infinie, échappent aux esprits superficiels, aux âmes légères qui assument inconsidérément la tâche d'écrire l'histoire. Aussi les secrets ressorts des événements nous demeurent cachés, la chute des empires, la transmission des dominations nous étonnent et nous demeurent incompréhensibles, faute d'avoir découvert le point imperceptible, touché l'endroit secret qui, mis en mouvement, a tout ébranlé et tout renversé. L'auteur de cette grande histoire sait mieux que personne ses défauts et ses insuffisances, mais il peut se rendre ce témoignage qu'il a toujours gardé cette mesure, ce sérieux, cette austérité qui plaît dans l'exposé des affaires d'Etat, et ne s'est jamais départi de la gravité qui convient au récit des actions humaines.

VII

LES PREMIÈRES CONSÉQUENCES

Quand Eveline confia à Paul Visire qu'elle n'avait jamais éprouvé rien de semblable, il ne la crut pas. Il avait l'habitude des femmes et savait qu'elles disent volontiers ces choses aux hommes pour les rendre très amoureux. Ainsi son expérience, comme il arrive parfois, lui fit méconnaître la vérité. Incrédule, mais tout de même flatté, il ressentit bientôt pour elle de l'amour et quelque chose de plus. Cet état parut d'abord favorable à ses facultés intellectuelles; Visire prononça dans le chef-lieu de sa circonscription un discours plein de grâce, brillant, heureux, qui passa pour son chef-d'œuvre.

La rentrée fut sereine; c'est à peine, à la Chambre, si quelques rancunes isolées, quelques ambitions encore timides levèrent la tête. Un sourire du président du Conseil suffit à dissiper ces ombres. Elle et lui se voyaient deux fois par jour et s'écrivaient dans l'intervalle. Il avait l'habitude des liaisons intimes, était adroit et savait dissimuler; mais Eveline montrait une folle imprudence; elle s'affichait avec lui dans les salons, au théâtre, à la Chambre et dans les ambassades; elle portait son amour sur son visage, sur toute sa personne, dans les éclairs humides de son regard, dans le sourire mourant de ses lèvres, dans la palpitation de sa poitrine, dans la mollesse de ses hanches, dans toute sa beauté avivée, irritée, éperdue. Bientôt le pays tout entier sut leur liaison; les cours étrangères en étaient informées; seuls, le président de la République et le mari d'Eveline l'ignoraient encore. Le président l'apprit à la campagne par un rapport de police égaré, on ne sait comment, dans sa valise.

Hippolyte Cérès, sans être ni très délicat ni très perspicace, s'apercevait bien que quelque chose était changé dans son ménage : Eveline, qui naguère encore s'intéressait à ses affaires et lui montrait, sinon de la tendresse, du moins une bonne amitié, désormais ne lui laissait voir que de l'indifférence et du dégoût. Elle avait toujours eu des périodes d'absence, fait des visites prolongées à l'œuvre de Sainte-Orberose; maintenant, sortie dès le matin et toute la journée dehors, elle se mettait à table à neuf heures du soir avec un visage de somnambule. Son mari trouvait cela ridicule; pourtant il n'aurait peut-être jamais su; une ignorance profonde des femmes, une épaisse confiance dans son mérite et dans sa fortune lui auraient peut-être toujours dérobé la vérité, si les deux amants ne l'eussent, pour ainsi dire, forcé à la découvrir.

Quand Paul Visire allait chez Eveline et l'y trouvait seule, ils disaient en s'embrassant : « Pas ici! pas ici! » et aussitôt ils affectaient l'un vis-à-vis de l'autre une extrême réserve. C'était leur règle inviolable. Or, un jour, Paul Visire se rendit chez son collègue Cérès, à qui il avait donné rendez-vous; ce fut Eveline qui le reçut : le ministre des Postes était retenu dans « le sein » d'une commission.

« Pas ici! » se dirent en souriant les amants.

Ils se le dirent la bouche sur la bouche, dans des embrassements, des enlacements et des agenouillements. Ils se le disaient encore quand Hippolyte Cérès entra dans le salon.

Paul Visire retrouva sa présence d'esprit, il déclara à Mme Cérès qu'il renonçait à lui retirer la poussière qu'elle avait dans l'œil. Par cette attitude il ne donnait pas le change au mari, mais il sauvait sa sortie.

Hippolyte Cérès s'effondra. La conduite d'Eveline lui paraissait incompréhensible; il lui en demandait les raisons.

« Pourquoi? pourquoi? répétait-il sans cesse. Pourquoi? »

Elle nia tout, non pour le convaincre, car il les avait vus, mais par commodité et bon goût et pour éviter les explications pénibles.

Hippolyte Cérès souffrait toutes les tortures de la

jalousie. Il se l'avouait à lui-même; il se disait :
« Je suis un homme fort; j'ai une cuirasse; mais la
blessure est dessous : elle est au cœur. »

Et, se retournant vers sa femme toute parée de
volupté et belle de son crime, il la contemplait
douloureusement et lui disait :

« Tu n'aurais pas dû avec celui-là. »

Et il avait raison. Eveline n'aurait pas dû aimer
dans le gouvernement.

Il souffrait tant qu'il prit son revolver en criant :
« Je vais le tuer! » Mais il songea qu'un ministre
des Postes et Télégraphes ne peut pas tuer le président du Conseil, et il remit son revolver dans le
tiroir de sa table de nuit.

Les semaines se passaient sans calmer ses souffrances. Chaque matin, il bouclait sur sa blessure
sa cuirasse d'homme fort et cherchait dans le travail
et les honneurs la paix qui le fuyait. Il inaugurait
tous les dimanches des bustes, des statues, des fontaines, des puits artésiens, des hôpitaux, des dispensaires, des voies ferrées, des canaux, des halles,
des égouts, des arcs de triomphe, des marchés et
des abattoirs, et prononçait des discours frémissants.
Son activité brûlante dévorait les dossiers; il changea en huit jours quatorze fois la couleur des
timbres-poste. Cependant il lui poussait des rages de
douleur et de fureur qui le rendaient fou; durant
des jours entiers sa raison l'abandonnait. S'il avait
tenu un emploi dans une administration privée,

on s'en serait tout de suite aperçu; mais il est beaucoup plus difficile de reconnaître la démence ou le délire dans l'administration des affaires de l'Etat. A ce moment, les employés du gouvernement formaient des associations et des fédérations, au milieu d'une effervescence dont s'effrayaient le parlement et l'opinion; les facteurs se signalaient entre tous par leur ardeur syndicaliste.

Hippolyte Cérès fit connaître par voie de circulaire que leur action était strictement légale. Le lendemain, il lança une seconde circulaire, qui interdisait comme illégale toute association des employés de l'Etat. Il révoqua cent quatre-vingts facteurs, les réintégra, leur infligea un blâme et leur donna des gratifications. Au Conseil des ministres il était toujours sur le point d'éclater; c'était à peine si la présence du chef de l'Etat le contenait dans les bornes des bienséances, et, comme il n'osait pas sauter à la gorge de son rival, il accablait d'invectives, pour se soulager, le chef respecté de l'armée, le général Débonnaire, qui ne les entendait pas, étant sourd et occupé à composer des vers pour Mme la baronne de Bildermann. Hippolyte Cérès s'opposait indistinctement à tout ce que proposait M. le président du Conseil. Enfin il était insensé. Une seule faculté échappait au désastre de son esprit : il lui restait le sens parlementaire, le tact des majorités, la connaissance approfondie des groupes, la sûreté des pointages.

VIII

NOUVELLES CONSÉQUENCES

La session s'achevait dans le calme, et le ministère ne découvrait, sur les bancs de la majorité, nul signe funeste. On voyait cependant, par certains articles des grands journaux modérés, que les exigences des financiers juifs et chrétiens croissaient tous les jours, que le patriotisme des banques réclamait une expédition civilisatrice en Nigritie et que le trust de l'acier, plein d'ardeur à protéger nos côtes et à défendre nos colonies, demandait avec frénésie des cuirassés et des cuirassés encore. Des bruits de guerre couraient : de tels bruits s'élevaient tous les ans avec la régularité des vents alizés; les gens sérieux n'y prêtaient pas l'oreille et le gouvernement pouvait les laisser tomber d'eux-mêmes, à moins qu'ils ne vinssent à grossir et à s'étendre; car alors le pays se serait alarmé. Les financiers ne voulaient que des guerres coloniales; le peuple ne voulait pas de guerres du tout; il aimait que le gouvernement montrât de la fierté et même de l'arrogance; mais, au moindre soupçon qu'un conflit européen se préparait, sa violente émotion aurait vite gagné la Chambre. Paul Visire n'était point inquiet; la situation européenne, à son avis, n'offrait rien que de rassurant. Il était seulement agacé du silence maniaque de son ministre des Affaires étrangères. Ce gnome arrivait au Conseil avec un portefeuille plus gros que lui, bourré de dossiers, ne disait rien, refusait de répondre à toutes les questions, même à celles que lui posait le respecté président de la République, et, fatigué d'un travail opiniâtre, prenait, dans son fauteuil, quelques instants de sommeil, et l'on ne voyait plus que sa petite houppe noire au-dessus du tapis vert.

Cependant Hippolyte Cérès redevenait un homme fort; il faisait, en compagnie de son collègue Lapersonne, des noces fréquentes avec des filles de théâtre; on les voyait tous deux entrer, de nuit, dans des cabarets à la mode, au milieu de femmes encapuchonnées, qu'ils dominaient de leur haute taille et de leurs chapeaux neufs, et on les compta bientôt parmi les figures les plus sympathiques du boulevard. Ils s'amusaient; mais ils souffraient. Fortuné Lapersonne avait aussi sa blessure sous sa cuirasse; sa femme, une jeune modiste qu'il avait enlevée à un marquis, était allée vivre avec un chauffeur. Il l'aimait encore; il ne se consolait pas de l'avoir perdue et, bien souvent, dans un cabinet particulier, au milieu des filles qui riaient en suçant des écrevisses, les deux ministres, échangeant un regard plein de leurs douleurs, essuyaient une larme.

Hippolyte Cérès, bien que frappé au cœur, ne se laissait point abattre. Il fit serment de se venger.

Mme Paul Visire, que sa déplorable santé retenait chez ses parents, au fond d'une sombre province, reçut une lettre anonyme, spécifiant que M. Paul Visire, qui s'était marié sans un sou, mangeait avec une femme mariée, E... C... (cherchez!), sa dot, à elle Mme Paul, donnait à cette femme des autos de trente mille francs, des colliers de perles de quatre-vingt mille et courait à la ruine, au déshonneur et à l'anéantissement. Mme Paul Visire lut, tomba d'une attaque de nerfs et tendit la lettre à son père.

« Je vais lui frotter les oreilles, à ton mari, dit M. Blampignon; c'est un galopin qui, si l'on n'y prend garde, te mettra sur la paille. Il a beau être président du Conseil, il ne me fait pas peur. »

Au sortir du train M. Blampignon se présenta au ministère de l'Intérieur et fut reçu tout de suite. Il entra furieux dans le cabinet du président.

« J'ai à vous parler, monsieur! »

Et il brandit la lettre anonyme.

Paul Visire l'accueillit tout souriant.

« Vous êtes le bienvenu, mon cher père. J'allais vous écrire... Oui, pour vous annoncer votre nomination au grade d'officier de la Légion d'honneur. J'ai fait signer le brevet ce matin. »

M. Blampignon remercia profondément son gendre et jeta au feu la lettre anonyme.

Rentré dans sa maison provinciale, il y trouva sa fille irritée et languissante.

« Eh bien, je l'ai vu, ton mari; il est charmant. Mais voilà! tu ne sais pas le prendre. »

Vers ce temps, Hippolyte Cérès apprit par un petit journal de scandales (c'est toujours par les journaux que les ministres apprennent les affaires d'Etat) que le président du Conseil dînait tous les soirs chez Mlle Lysiane, des Folies-Dramatiques, dont le charme semblait l'avoir vivement frappé. Dès lors, Cérès se faisait une sombre joie d'observer sa femme. Elle rentrait tous les soirs très en retard, pour dîner ou s'habiller, avec un air de fatigue heureuse et la sérénité du plaisir accompli.

Pensant qu'elle ne savait rien, il lui envoya des avis anonymes. Elle les lisait à table, devant lui, et demeurait alanguie et souriante.

Il se persuada alors qu'elle ne tenait aucun compte de ces avertissements trop vagues et que, pour l'inquiéter, il fallait lui donner des précisions, la mettre en état de vérifier par elle-même l'infidélité et la trahison. Il avait au ministère des agents très sûrs, chargés de recherches secrètes intéressant la défense nationale et qui précisément surveillaient alors des espions qu'une puissance voisine et ennemie entretenait jusque dans les postes et télégraphes de la République. M. Cérès leur donna l'ordre de suspendre leurs investigations et de s'enquérir où, quand et comment M. le ministre de l'Intérieur voyait Mlle Lysiane. Les agents accomplirent fidèlement leur mission et instruisirent le ministre qu'ils avaient plusieurs fois surpris M. le président du Conseil avec une femme, mais que ce n'était pas Mlle Lysiane. Hippolyte Cérès ne leur en demanda pas davantage. Il eut raison. Les amours de Paul Visire et de Lysiane n'étaient qu'un alibi imaginé par Paul Visire lui-même, à la satisfaction d'Eveline, importunée de sa gloire et qui soupirait après l'ombre et le mystère.

Ils n'étaient pas filés seulement par les agents du ministère des Postes; ils l'étaient aussi par ceux du préfet de police et par ceux mêmes du ministère de l'Intérieur qui se disputaient le soin de les protéger; ils l'étaient encore par ceux de plusieurs agences royalistes, impérialistes et cléricales, par ceux de huit ou dix officines de chantage, par quelques policiers amateurs, par une multitude de reporters et par une foule de photographes qui, partout où ils abritaient leurs amours errantes, grands hôtels, petits hôtels, maisons de ville, maisons de campagne, appartements privés, châteaux, musées, palais, bouges, apparaissaient à leur venue et les guettaient dans la rue, dans les maisons environnantes, dans les arbres, sur les murs, dans les escaliers, sur les paliers, sur les toits, dans les appartements contigus, dans les cheminées. Le ministre et son amie voyaient avec effroi tout autour de la chambre à coucher les vrilles percer les portes et les volets, les violons faire des trous dans les murs. On avait obtenu, faute de mieux, un cliché de Mme Cérès en chemise, boutonnant ses bottines.

Paul Visire, impatienté, irrité, perdait par moments sa belle humeur et sa bonne grâce; il arrivait furieux au Conseil et couvrait d'invectives, lui aussi, le général Débonnaire, si brave au feu, mais qui laissait l'indiscipline s'établir dans les armées, et il accablait de sarcasmes, lui aussi, le vénérable amiral Vivier des Murènes, dont les navires coulaient à pic sans cause apparente.

Fortuné Lapersonne l'écoutait, narquois, les yeux tout ronds, et grommelait entre ses dents :

« Il ne lui suffit pas de prendre à Hippolyte Cérès sa femme; il lui prend aussi ses tics. »

Ces algarades, connues par les indiscrétions des ministres et par les plaintes des deux vieux chefs, qui annonçaient qu'ils foutraient leur portefeuille au nez de ce coco-là et qui n'en faisaient rien, loin de nuire à l'heureux chef de cabinet, produisirent le meilleur effet sur le parlement et l'opinion qui y voyaient les marques d'une vive sollicitude pour l'armée et la marine nationales. Le président du Conseil recueillit l'approbation générale.

Aux félicitations des groupes et des personnages

notables, il répondait avec une ferme simplicité :
« Ce sont mes principes! »

Et il fit mettre en prison sept ou huit socialistes.

La session close, Paul Visire, très fatigué, alla prendre les eaux. Hippolyte Cérès refusa de quitter son ministère où s'agitait tumultueusement le syndicat des demoiselles téléphonistes. Il les frappa avec une violence inouïe, car il était devenu misogyne. Le dimanche, il allait dans la banlieue pêcher à la ligne avec son collègue Lapersonne, coiffé du chapeau de haute forme, qu'il ne quittait plus depuis qu'il était ministre. Et tous deux, oubliant le poisson, se plaignaient de l'inconstance des femmes et mêlaient leurs douleurs.

Hippolyte aimait toujours Eveline et souffrait toujours. Cependant l'espoir s'était glissé dans son cœur. Il la tenait séparée de son amant et, pensant la pouvoir reprendre, il y dirigea tous ses efforts, y déploya toute son habileté, se montra sincère, prévenant, affectueux, dévoué, discret même; son cœur lui enseignait toutes les délicatesses. Il disait à l'infidèle des choses charmantes et des choses touchantes et, pour l'attendrir, lui avouait tout ce qu'il avait souffert.

Croisant sur son ventre la ceinture de son pantalon :

« Vois, lui disait-il, j'ai maigri. »

Il lui promettait tout ce qu'il pensait qui pût

flatter une femme, des parties de campagne, des chapeaux, des bijoux.

Parfois il croyait l'avoir apitoyée. Elle ne lui montrait plus un visage insolemment heureux; séparée de Paul, sa tristesse avait un air de douceur; mais, dès qu'il faisait un geste pour la reconquérir, elle se refusait, farouche et sombre, ceinte de sa faute comme d'une ceinture d'or.

Il ne se lassait pas, se faisait humble, suppliant, déplorable.

Un jour, il alla trouver Lapersonne et lui dit, les larmes aux yeux :

« Parle-lui, toi! »

Lapersonne s'excusa, ne croyant par son intervention efficace, mais il donna des conseils à son ami.

« Fais-lui croire que tu la dédaignes, que tu en aimes une autre, et elle te reviendra. »

Hippolyte, essayant de ce moyen, fit mettre dans les journaux qu'on le rencontrait à toute heure chez Mlle Guinaud, de l'Opéra. Il rentrait tard, ou ne rentrait pas; affectait, devant Eveline, les apparences d'une joie intérieure impossible à contenir; pendant le dîner, il tirait de sa poche une lettre parfumée qu'il feignait de lire avec délices et ses lèvres semblaient baiser, dans un songe, des lèvres invisibles. Rien ne fit. Eveline ne s'apercevait même pas de ce manège. Insensible à tout ce qui l'entourait, elle ne sortait de sa léthargie que pour demander quelques louis à son mari; et, s'il ne les lui donnait pas, elle lui jetait un regard de dégoût, prête à lui reprocher la honte dont elle l'accablait devant le monde entier. Depuis qu'elle aimait, elle dépensait beaucoup pour sa toilette; il lui fallait de l'argent et elle n'avait que son mari pour lui en procurer : elle était fidèle.

Il perdit patience, devint enragé, la menaça de son revolver. Il dit un jour devant elle à Mme Clarence :

« Je vous fais compliment, madame; vous avez élevé votre fille comme une grue.

— Emmène-moi, maman, s'écria Eveline. Je veux divorcer! »

Il l'aimait plus ardemment que jamais.

Dans sa jalouse rage, la soupçonnant, non sans vraisemblance, d'envoyer et de recevoir des lettres, il jura de les intercepter, rétablit le cabinet noir, jeta le trouble dans les correspondances privées, arrêta les ordres de Bourse, fit manquer les rendez-vous d'amour, provoqua des ruines, traversa des passions, causa des suicides. La presse indépendante recueillit les plaintes du public, et les soutint de toute son indignation. Pour justifier ces mesures arbitraires, les journaux ministériels parlèrent à mots couverts de complot, de danger public et firent croire à une conspiration monarchique. Des feuilles moins bien informées donnèrent des renseignements plus précis, annoncèrent la saisie de cinquante mille fusils et le débarquement du prince Crucho. L'émotion grandissait dans le pays; les organes républicains demandaient la convocation immédiate des Chambres. Paul Visire revint à Paris, rappela ses collègues, tint un important conseil de Cabinet et fit savoir par ses agences qu'un complot avait été effectivement ourdi contre la représentation nationale, que le président du Conseil en tenait les fils et qu'une information judiciaire était ouverte.

Il ordonna immédiatement l'arrestation de trente socialistes, et, tandis que le pays entier l'acclamait comme un sauveur, déjouant la surveillance de ses six cents agents, il conduisait furtivement Eveline dans un petit hôtel, près de la gare du Nord, où ils restèrent jusqu'à la nuit. Après leur départ, la fille de l'hôtel, en changeant les draps du lit, vit sept petites croix tracées avec une épingle à cheveux, près du chevet, sur le mur de l'alcôve.

C'est tout ce qu'Hippolyte Cérès obtint pour prix de ses efforts.

IX

LES DERNIÈRES CONSÉQUENCES

La jalousie est une vertu des démocraties qui les garantit des tyrans. Les députés commençaient à envier la clef d'or du président du Conseil. Il y avait un an que sa domination sur la belle Mme Cérès était connue de tout l'univers; la province, où les nouvelles et les modes ne parviennent qu'après une complète révolution de la terre autour du soleil, apprenait enfin les amours illégitimes du cabinet. La province garde des mœurs austères; les femmes y sont plus vertueuses que dans la capitale. On en allègue diverses raisons : l'éducation, l'exemple, la simplicité de la vie. Le professeur Haddock prétend que leur vertu tient uniquement à leur chaussure dont le talon est bas. « Une femme, dit-il dans un savant article de la *Revue anthropologique,* une femme ne produit sur un homme civilisé une sensation nettement érotique qu'autant que son pied fait avec le sol un angle de vingt-cinq degrés. S'il en fait un de trente-cinq degrés, l'impression érotique qui se dégage du sujet devient aiguë. En effet, de la position des pieds sur le sol dépend, dans la station droite, la situation respective des différentes parties du corps et notamment du bassin, ainsi que les relations réciproques et le jeu des reins et des masses musculaires qui garnissent postérieurement et supérieurement la cuisse. Or, comme tout homme civilisé est atteint de perversion génésique et n'attache une idée de volupté qu'aux formes féminines (tout au moins dans la station droite) disposées dans les conditions de volume et d'équilibre commandées par l'inclinaison du pied que nous venons de déterminer, il en résulte que les dames de province, ayant des talons bas, sont peu convoitées (du moins dans la station droite) et gardent facilement leur vertu. » Ces conclusions ne furent pas généralement adoptées. On objecta que, dans la capitale même, sous l'influence des modes anglaises et américaines, l'usage des talons bas s'introduisit sans produire les effets signalés par le savant professeur ; qu'au reste, la différence qu'on prétend établir entre les mœurs de la métropole et celles de la province est, peut-être, illusoire et que, si elle existe, elle est due apparemment à ce que les grandes villes offrent à l'amour des avantages et des facilités que les petites n'ont pas. Quoi qu'il en soit, la province commença à murmurer contre le président du Conseil et à crier au scandale. Ce n'était pas encore un danger, mais ce pouvait en devenir un.

Pour le moment, le péril n'était nulle part et il était partout. La majorité restait ferme, mais les leaders devenaient exigeants et moroses. Peut-être Hippolyte Cérès n'eût-il jamais sacrifié ses intérêts à sa vengeance. Mais, jugeant qu'il pouvait désormais, sans compromettre sa propre fortune, contrarier secrètement celle de Paul Visire, il s'étudiait à créer, avec art et mesure, des difficultés et des périls au chef du gouvernement. Très loin d'égaler son rival par le talent, le savoir et l'autorité, il le surpassait de beaucoup en habileté dans les manœuvres de couloirs. Les plus fins parlementaires attribuaient à son abstention les récentes défaillances de la majorité. Dans les commissions, faussement imprudent, il accueillait sans défaveur des demandes de crédits auxquelles il savait que le président du Conseil ne saurait souscrire. Un jour, sa maladresse calculée souleva un brusque et violent conflit entre le ministre de l'Intérieur et le rapporteur du budget de ce département. Alors Cérès s'arrêta effrayé. C'eût été dangereux pour lui de renverser trop tôt le ministère. Sa haine ingénieuse trouva une issue par des voies détournées. Paul Visire avait une cousine pauvre et galante qui portait son nom. Cérès, se rappelant à propos cette demoiselle Céline Visire, la lança dans la grande

vie, lui ménagea des liaisons avec des hommes et
des femmes étranges et lui procura des engagements dans des cafés-concerts. Bientôt, à son instigation, elle joua en des Eldorados des pantomimes
unisexuelles, sous les huées. Une nuit d'été, elle
exécuta, sur une scène des Champs-Elysées, devant
une foule en tumulte, des danses obscènes, aux sons
d'une musique enragée qu'on entendait jusque dans
les jardins où le président de la République donnait une fête à des rois. Le nom de Visire, associé
à ces scandales, couvrait les murs de la ville, emplissait les journaux, volait sur des feuilles à vignettes libertines par les cafés et les bals, éclatait
sur les boulevards en lettres de feu.

Personne ne rendit le président du Conseil responsable de l'indignité de sa parente; mais on prenait mauvaise idée de sa famille et le prestige de
l'homme d'Etat s'en trouva diminué.

Il eut presque aussitôt une alerte assez vive. Un
jour, à la Chambre, sur une simple question, le
ministre de l'Instruction publique et des Cultes,
Labillette, souffrant du foie et que les prétentions
et les intrigues du clergé commençaient à exaspérer,
menaça de fermer la chapelle de Sainte-Orberose
et parla sans respect de la vierge nationale. La
droite se dressa tout entière, indignée; la gauche
parut soutenir à contrecœur le ministre téméraire.
Les chefs de la majorité ne se souciaient pas d'attaquer un culte populaire qui rapportait trente

millions par an au pays : le plus modéré des hommes de la droite, M. Bigourd, transforma la question en interpellation et mit le cabinet en péril. Heureusement le ministre des Travaux publics, Fortuné Lapersonne, toujours conscient des obligations du pouvoir, sut réparer, en l'absence du président du Conseil, la maladresse et l'inconvenance de son collègue des Cultes. Il monta à la tribune pour y témoigner des respects du gouvernement à l'endroit de la céleste patronne du pays, consolatrice de tant de maux que la science s'avoue impuissante à soulager.

Quand Paul Visire, enfin arraché des bras d'Eveline, parut à la Chambre, le ministère était sauvé; mais le président du Conseil se vit obligé d'accorder à l'opinion des classes dirigeantes d'importantes satisfactions; il proposa au parlement la mise en chantier de six cuirassés et reconquit ainsi les sympathies de l'acier; il assura de nouveau que la rente ne serait pas imposée et fit arrêter dix-huit socialistes.

Il devait bientôt se trouver aux prises avec des difficultés plus redoutables. Le chancelier de l'empire voisin, dans un discours sur les relations extérieures de son souverain, glissa, au milieu d'aperçus ingénieux et de vues profondes, une allusion maligne aux passions amoureuses dont s'inspirait la politique d'un grand pays. Cette pointe, accueillie par les sourires du parlement impérial, ne pouvait qu'irriter une république ombrageuse. Elle y éveilla la susceptibilité nationale qui s'en prit au ministre amoureux; les députés saisirent un prétexte frivole pour témoigner leur mécontentement. Sur un incident ridicule : une sous-préfète venue danser au Moulin-Rouge, la Chambre obligea le ministère à engager sa responsabilité et il s'en fallut de quelques voix seulement qu'il ne tombât. De l'aveu général, Paul Visire n'avait jamais été si faible, si mou, si terne, que dans cette déplorable séance.

Il comprit qu'il ne pouvait se maintenir que par un coup de grande politique et décida l'expédition de Nigritie, réclamée par la haute finance, la haute industrie et qui assurait des concessions de forêts immenses à des sociétés de capitalistes, un emprunt de huit milliards aux établissements de crédit, des grades et des décorations aux officiers de terre et de mer. Un prétexte s'offrit : une injure à venger, une créance à recouvrer. Six cuirassés, quatorze croiseurs et dix-huit transports pénétrèrent dans l'embouchure du fleuve des Hippopotames; six cents pirogues s'opposèrent en vain au débarquement des troupes. Les canons de l'amiral Vivier des Murènes produisirent un effet foudroyant sur les noirs qui répondirent par des volées de flèches et, malgré leur courage fanatique, furent complètement défaits. Echauffé par les journaux aux gages des financiers, l'enthousiasme populaire éclata. Quelques socialistes seuls protestèrent contre une entreprise barbare, équivoque et dangereuse; ils furent immédiatement arrêtés.

A cette heure où le ministère, soutenu par la richesse et cher maintenant aux simples, semblait inébranlable, Hippolyte Cérès, éclairé par la haine, voyait seul le danger, et, contemplant son rival avec une joie sombre, murmurait entre ses dents : « Il est foutu, le forban! »

Tandis que le pays s'enivrait de gloire et d'affaires, l'empire voisin protestait contre l'occupation de la Nigritie par une puissance européenne et ces protestations, se succédant à des intervalles de plus en plus courts, devenaient de plus en plus vives. Les journaux de la république affairée dissimulaient toutes les causes d'inquiétude; mais Hippolyte Cérès écoutait grossir la menace et, résolu enfin à tout risquer pour perdre son ennemi, même le sort du ministère, travaillait dans l'ombre. Il fit écrire par des hommes à sa dévotion et insérer dans plusieurs journaux officieux des articles qui, semblant exprimer la pensée même de Paul Visire, prêtaient au chef du gouvernement des intentions belliqueuses.

En même temps qu'ils éveillaient un écho terrible à l'étranger, ces articles alarmaient l'opinion chez un peuple qui aimait les soldats, mais n'aimait pas la guerre. Interpellé sur la politique extérieure du gouvernement, Paul Visire fit une déclaration rassurante, promit de maintenir une paix compatible avec la dignité d'une grande nation; le ministre des Affaires étrangères, Crombile, lut une déclaration tout à fait inintelligible, puisqu'elle était rédigée en langage diplomatique; le ministère obtint une forte majorité.

Mais les bruits de guerre ne cessèrent pas et, pour éviter une nouvelle et dangereuse interpellation, le président du Conseil distribua entre les députés quatre-vingt mille hectares de forêts en Nigritie et fit arrêter quatorze socialistes. Hippolyte Cérès allait dans les couloirs, très sombre, et confiait aux députés de son groupe qu'il s'efforçait de faire prévaloir au Conseil une politique pacifique et qu'il espérait encore y réussir.

De jour en jour, les rumeurs sinistres grossissaient, pénétraient dans le public, y semaient le malaise et l'inquiétude. Paul Visire lui-même commençait à prendre peur. Ce qui le troublait, c'était le silence et l'absence du ministre des Affaires étrangères. Crombile maintenant ne venait plus au Conseil; levé à cinq heures du matin, il travaillait dix-huit heures à son bureau et tombait épuisé dans sa corbeille où les huissiers le ramassaient avec les papiers qu'ils allaient vendre aux attachés militaires de l'empire voisin.

Le général Débonnaire croyait qu'une entrée en campagne était imminente; il s'y préparait. Loin de craindre la guerre, il l'appelait de ses vœux et confiait ses généreuses espérances à la baronne de

Bildermann, qui en avertissait la nation voisine qui, sur son avis, procédait à une mobilisation rapide.

Le ministre des Finances, sans le vouloir, précipita les événements. En ce moment il jouait à la baisse : pour déterminer une panique, il fit courir à la Bourse le bruit que la guerre était désormais inévitable. L'empereur voisin, trompé par cette manœuvre et s'attendant à voir son territoire envahi, mobilisa ses troupes en toute hâte. La Chambre épouvantée renversa le ministère Visire à une énorme majorité (huit cent quatorze voix contre sept et vingt-huit abstentions). Il était trop tard; le jour même de cette chute, la nation voisine et ennemie rappelait son ambassadeur et jetait huit millions d'hommes dans la patrie de Mme Cérès; la guerre devint universelle et le monde entier fut noyé dans des flots de sang.

APOGÉE DE LA CIVILISATION PINGOUINE

Un demi-siècle après les événements que nous venons de raconter, Mme Cérès mourut entourée de respect et de vénération, en la soixante-dix-neuvième année de son âge et depuis longtemps veuve de l'homme d'Etat dont elle portait dignement le nom. Ses obsèques modestes et recueillies furent suivies par les orphelins de la paroisse et les sœurs de la Sacrée-Mansuétude.

La défunte laissait tous ses biens à l'Œuvre de Sainte-Orberose.

« Hélas! soupira M. Monnoyer, chanoine de Saint-Maël, en recevant ce legs pieux, il était grand temps qu'une généreuse fondatrice subvînt à nos nécessités. Les riches et les pauvres, les savants et les ignorants se détournent de nous. Et, lorsque nous nous efforçons de ramener les âmes égarées, menaces, promesses, douceur, violence, rien ne nous réussit plus. Le clergé de Pingouinie gémit dans la désolation; nos curés de campagne réduits pour vivre à exercer les plus vils métiers, traînent la savate et mangent des rogatons. Dans nos églises en ruine la pluie du ciel tombe sur les fidèles et l'on entend durant les saints offices les pierres des voûtes choir. Le clocher de la cathédrale penche et va s'écrouler. Sainte Orberose est oubliée des Pingouins, son culte aboli, son sanctuaire déserté. Sur sa châsse, dépouillée de son or et de ses pierreries, l'araignée tisse silencieusement sa toile. »

Oyant ces lamentations, Pierre Mille, qui, à l'âge de quatre-vingt-dix-huit ans, n'avait rien perdu de sa puissance intellectuelle et morale, demanda au chanoine s'il ne pensait pas que sainte Orberose sortît un jour de cet injurieux oubli.

« Je n'ose l'espérer, soupira M. Monnoyer.

— C'est dommage! répliqua Pierre Mille. Orberose est une charmante figure; sa légende a de la grâce. J'ai découvert, l'autre jour, par grand hasard, un de ses plus jolis miracles, le miracle de Jean Violle. Vous plairait-il de l'entendre, monsieur Monnoyer?

— Je l'entendrai volontiers, monsieur Mille.

— Le voici donc tel que je l'ai trouvé dans un manuscrit du XIVe siècle :

« Cécile, femme de Nicolas Gaubert, orfèvre sur le Pont-au-Change, après avoir mené durant de longues années une vie honnête et chaste, et déjà sur le retour, s'éprit de Jean Violle, le petit page de Mme la comtesse de Maubec, qui habitait l'hôtel du Paon sur la Grève. Il n'avait pas encore dix-huit ans; sa taille et sa figure étaient très mignonnes. Ne pouvant vaincre son amour, Cécile résolut de le satisfaire. Elle attira le page dans sa maison, lui fit toutes sortes de caresses, lui donna des friandises et finalement en fit à son plaisir avec lui.

« Or, un jour qu'ils étaient couchés tous deux ensemble dans le lit de l'orfèvre, maître Nicolas rentra au logis plus tôt qu'on ne l'attendait. Il trouva le verrou tiré et entendit, au travers de la porte, sa femme qui soupirait : « Mon cœur! « mon ange! mon rat! » La soupçonnant alors de s'être enfermée avec un galant, il frappa de grands coups à l'huis et se mit à hurler : « Gueuse, pail- « larde, ribaude, vaudoise, ouvre que je te coupe « le nez et les oreilles! » En ce péril, l'épouse de l'orfèvre se voua à sainte Orberose et lui promit une belle chandelle si elle la tirait d'affaire, elle et le petit page qui se mourait de peur tout nu dans la ruelle.

« La sainte exauça ce vœu. Elle changea immédiatement Jean Violle en fille. Ce que voyant, Cécile, bien rassurée, se mit à crier à son mari : « Oh! le « vilain brutal, le méchant jaloux! Parlez douce- « ment si vous voulez qu'on vous ouvre. » Et, tout en grondant de la sorte, elle courait à sa

garde-robe et en tirait un vieux chaperon, un corps de baleine et une longue jupe grise dont elle affublait en grande hâte le page métamorphosé. Puis, quand ce fut fait : « Catherine, ma mie, Ca-
« therine, mon petit chat, fit-elle tout haut, allez
« ouvrir à votre oncle : il est plus bête que mé-
« chant, et ne vous fera point de mal. » Le garçon devenu fille obéit. Maître Nicolas, entré dans la chambre, y trouva une jeune pucelle qu'il ne connaissait point et sa bonne femme au lit. « Grand
« benêt, lui dit celle-ci, ne t'ébahis pas de ce que tu
« vois. Comme je venais de me coucher à cause
« d'un mal au ventre, j'ai reçu la visite de Cathe-
« rine, la fille à ma sœur Jeanne de Palaiseau,
« avec qui nous étions brouillés depuis quinze
« ans. Mon homme, embrasse notre nièce! elle en
« vaut la peine. » L'orfèvre accola Violle, dont la peau lui sembla douce; et dès ce moment il ne souhaita rien tant que de se tenir un moment seul avec elle, afin de l'embrasser tout à l'aise. C'est pourquoi, sans tarder, il l'emmena dans la salle basse, sous prétexte de lui offrir du vin et des cerneaux, et il ne fut pas plus tôt en bas avec elle qu'il se mit à la caresser très amoureusement. Le bonhomme ne s'en serait pas tenu là, si sainte Orberose n'eût inspiré à son honnête femme l'idée de l'aller surprendre. Elle le trouva qui tenait la fausse nièce sur ses genoux, le traita de paillard, lui donna des soufflets et l'obligea à lui demander

pardon. Le lendemain, Violle reprit sa première forme. »

Ayant entendu ce récit, le vénérable chanoine Monnoyer remercia Pierre Mille de le lui avoir fait, et, prenant la plume, se mit à rédiger les pronostics des chevaux gagnants aux prochaines courses. Car il tenait les écritures d'un bookmaker.

Cependant la Pingouinie se glorifiait de sa richesse. Ceux qui produisaient les choses nécessaires à la vie en manquaient; chez ceux qui ne les produisaient pas, elles surabondaient. « Ce sont là, comme le disait un membre de l'Institut, d'inéluctables fatalités économiques. » Le grand peuple pingouin n'avait plus ni traditions, ni culture intellectuelle, ni arts. Les progrès de la civilisation s'y manifestaient par l'industrie meurtrière, la spéculation infâme, le luxe hideux. Sa capitale revêtait, comme toutes les grandes villes d'alors, un caractère cosmopolite et financier : il y régnait une laideur immense et régulière. Le pays jouissait d'une tranquillité parfaite. C'était l'apogée.

LIVRE VIII

LES TEMPS FUTURS

L'HISTOIRE SANS FIN

> Τῇ Ἑλλάδι πενίη μὲν αἰεί κοτε
> σύντροφός ἐστι, ἀρετὴ δὲ ἔπακτός ἐστι,
> ἀπό τε σοφίης κατεργασμένη καὶ νόομυ
> ἰσχυροῦ.
>
> (*Hérodot., Hist.*, VII, cii.)

> Vous n'aviez donc pas vu que c'étaient des anges.
>
> (*Liber terribilis.*)

> Bqsft tfusf tpvtusbjuf b mbvupsjuf eft spjs fu eft fnqfsfvst bqsft bxpjs qsproclbmf uspjt gpjt tb mjcfsuf mb gsbodf tftu tpvnjtf b eft dpnqbhojft gjobodjfsft rvj ejtqptbou eft sjdifttft ev qbzt fu qbs mf npzfo evof qsfttf bdifuff ejsjhfbou mpqjojpo qvcmjrvf fyfsdfou vof qvjttbodf b mbrvfmmf obuufjhojstfou kbnbjt mpvjt rvbupsaf pv obqpmfpn.
>
> Vo ufnpjo xfsjejrvf.

> Nous sommes au commencement d'une chimie qui s'occupera des changements produits par un corps contenant une quantité d'énergie concentrée telle que nous n'en avons pas encore eu de semblable à notre disposition.
>
> Sir William Ramsay.

§ 1

On ne trouvait jamais les maisons assez hautes;
on les surélevait sans cesse, et l'on en construisait
de trente à quarante étages, où se superposaient
bureaux, magasins, comptoirs de banques, sièges
de sociétés; et l'on creusait dans le sol toujours
plus profondément des caves et des tunnels.

Quinze millions d'hommes travaillaient dans la
ville géante, à la lumière des phares, qui jetaient
leurs feux le jour comme la nuit. Nulle clarté du
ciel ne perçait les fumées des usines dont la ville
était ceinte; mais on voyait parfois le disque rouge
d'un soleil sans rayons glisser dans un firmament
noir, sillonné de ponts de fer, d'où tombait une
pluie éternelle de suie et d'escarbilles. C'était la
plus industrielle de toutes les cités du monde et la
plus riche. Son organisation semblait parfaite; il
n'y subsistait rien des anciennes formes aristocratiques ou démocratiques des sociétés; tout y était

subordonné aux intérêts des trusts. Il se forma dans ce milieu ce que les anthropologistes appellent le type du milliardaire. C'étaient des hommes à la fois énergiques et frêles, capables d'une grande puissance de combinaisons mentales, et qui fournissaient un long travail de bureau, mais dont la sensibilité subissait des troubles héréditaires qui croissaient avec l'âge.

Comme tous les vrais aristocrates, comme les patriciens de la Rome républicaine, comme les lords de la vieille Angleterre, ces hommes puissants affectaient une grande sévérité de mœurs. On vit les ascètes de la richesse : dans les assemblées des trusts apparaissaient des faces glabres, des joues creuses, des yeux caves, des fronts plissés. Le corps plus sec, le teint plus jaune, les lèvres plus arides, le regard plus enflammé que les vieux moines espagnols, les milliardaires se livraient avec une inextinguible ardeur aux austérités de la banque et de l'industrie. Plusieurs, se refusant toute joie, tout plaisir, tout repos, consumaient leur vie misérable dans une chambre sans air ni jour, meublée seulement d'appareils électriques, y soupaient d'œufs et de lait, y dormaient sur un lit de sangle. Sans autre occupation que de pousser du doigt un bouton de nickel, ces mystiques, amassant des richesses dont ils ne voyaient pas même les signes, acquéraient la vaine possibilité d'assouvrir des désirs qu'ils n'éprouveraient jamais.

Le culte de la richesse eut ses martyrs. L'un de ces milliardaires, le fameux Samuel Box, aima mieux mourir que de céder la moindre parcelle de son bien. Un de ses ouvriers, victime d'un accident de travail, se voyant refuser toute indemnité, fit valoir ses droits devant les tribunaux, mais rebuté par d'insurmontables difficultés de procédure, tombé dans une cruelle indigence, réduit au désespoir, il parvint, à force de ruse et d'audace, à tenir son patron sous son revolver, menaçant de lui brûler la cervelle s'il ne le secourait point : Samuel Box ne donna rien et se laissa tuer pour le principe.

L'exemple est suivi quand il vient de haut. Ceux qui possédaient peu de capitaux (et c'était naturellement le plus grand nombre), affectaient les idées et les mœurs des milliardaires pour être confondus avec eux. Toutes les passions qui nuisent à l'accroissement ou à la conservation des biens passaient pour déshonorantes; on ne pardonnait ni la mollesse, ni la paresse, ni le goût des recherches désintéressées, ni l'amour des arts, ni surtout la prodigalité; la pitié était condamnée comme une faiblesse dangereuse. Tandis que toute inclination à la volupté soulevait la réprobation publique, on excusait au contraire la violence d'un appétit brutalement assouvi : la violence en effet semblait moins nuisible aux mœurs, comme manifestant une des formes de l'énergie sociale. L'Etat reposait fermement sur deux grandes vertus publiques : le respect pour le riche et le mépris du pauvre. Les âmes faibles que troublait encore la souffrance humaine n'avaient d'autre ressource que de se réfugier dans une hypocrisie qu'on ne pouvait blâmer puisqu'elle contribuait au maintien de l'ordre et à la solidité des institutions.

Ainsi, parmi les riches, tous étaient dévoués à la société ou le paraissaient; tous donnaient l'exemple, s'ils ne le suivaient pas tous. Certains sentaient cruellement la rigueur de leur état; mais ils le soutenaient par orgueil ou par devoir. Quelques-uns tentaient d'y échapper un moment en secret et par subterfuge. L'un d'eux, Edouard Martin, président du trust des fers, s'habillait parfois en pauvre, allait mendier son pain et se faisait rudoyer par les passants. Un jour qu'il tendait la main sur un pont, il se prit de querelle avec un vrai mendiant et, saisi d'une fureur envieuse, l'étrangla.

Comme ils employaient toute leur intelligence dans les affaires, ils ne recherchaient pas les plaisirs de l'esprit. Le théâtre, qui avait été jadis très florissant chez eux, se réduisait maintenant à la pantomime et aux danses comiques. Les pièces à femmes étaient elles-mêmes abandonnées; le goût s'était perdu des jolies formes et des toilettes brillantes; on y préférait les culbutes des clowns et la musique des nègres et l'on ne s'enthousiasmait plus qu'à voir défiler sur la scène des diamants au cou des figurantes et des barres d'or portées en triomphe.

Les dames de la richesse étaient assujetties autant que les hommes à une vie respectable. Selon une tendance commune à toutes les civilisations, le sentiment public les érigeait en symboles; elles devaient représenter par leur faste austère à la fois la grandeur de la fortune et son intangibilité. On avait réformé les vieilles habitudes de galanterie; mais aux amants mondains d'autrefois succédaient sourdement de robustes masseurs ou quelque valet de chambre. Toutefois les scandales étaient rares : un voyage à l'étranger les dissimulait presque tous et les princesses des trusts restaient l'objet de la considération générale.

Les riches ne formaient qu'une petite minorité, mais leurs collaborateurs, qui se composaient de tout le peuple, leur étaient entièrement acquis ou soumis entièrement. Ils formaient deux classes, celle des employés de commerce et de banque et celle des ouvriers des usines. Les premiers fournissaient un travail énorme et recevaient de gros appointements. Certains d'entre eux parvenaient à fonder des établissements; l'augmentation constante de la richesse publique et la mobilité des fortunes privées autorisaient toutes les espérances chez les plus intelligents ou les plus audacieux. Sans doute on aurait pu découvrir dans la foule immense des employés, ingénieurs ou comptables, un certain nombre de mécontents et d'irrités; mais cette société si puissante avait imprimé jusque dans les esprits de ses adversaires sa forte discipline. Les anarchistes eux-mêmes s'y montraient laborieux et réguliers.

Quant aux ouvriers, qui travaillaient dans les usines, aux environs de la ville, leur déchéance physique et morale était profonde; ils réalisaient le type du pauvre établi par l'anthropologie. Bien que chez eux le développement de certains muscles, dû à la nature particulière de leur activité, pût tromper sur leurs forces, ils présentaient les signes certains d'une débilité morbide. La taille basse, la tête petite, la poitrine étroite, ils se distinguaient encore des classes aisées par une multitude d'anomalies physiologiques et notamment par l'asymétrie fréquente de la tête ou des membres. Et ils étaient destinés à une dégénérescence graduelle et continue, car des plus robustes d'entre eux l'Etat faisait des soldats, dont la santé ne résistait pas longtemps aux filles et aux cabaretiers postés autour des casernes. Les prolétaires se montraient de plus en plus débiles d'esprit. L'affaiblissement continu de leurs facultés intellectuelles n'était pas dû seulement à leur genre de vie; il résultait aussi d'une sélection méthodique opérée par les patrons. Ceux-ci, craignant les ouvriers d'un cerveau trop lucide comme plus aptes à formuler des revendications légitimes, s'étudiaient à les éliminer par tous les moyens possibles et embauchaient de préférence les travailleurs ignares et bornés, incapables de défendre leurs droits et encore assez intelligents pour s'acquitter de leur besogne, que des machines perfectionnées rendaient extrêmement facile.

Aussi les prolétaires ne savaient-ils rien tenter en vue d'améliorer leur sort. A peine parvenaient-ils par des grèves à maintenir le taux de leurs salaires. Encore ce moyen commençait-il à leur échapper. L'intermittence de la production, inhérente au régime capitaliste, causait de tels chômages que, dans plusieurs branches d'industrie, sitôt la grève déclarée, les chômeurs prenaient la place des grévistes. Enfin ces producteurs misérables demeuraient plongés dans une sombre apathie que rien n'égayait, que rien n'exaspérait. C'était pour l'état social des instruments nécessaires et bien adaptés.

En résumé, cet état social semblait le mieux assis qu'on eût encore vu, du moins dans l'humanité, car celui des abeilles et des fourmis est incomparable pour la stabilité; rien ne pouvait faire prévoir la ruine d'un régime fondé sur ce qu'il y a de plus fort dans la nature humaine, l'orgueil et la cupidité. Pourtant les observateurs avisés découvraient plusieurs sujets d'inquiétude. Les plus certains, bien que les moins apparents, étaient d'ordre économique et consistaient dans la surproduction toujours croissante, qui entraînait les longs et cruels chômages auxquels les industriels reconnaissaient, il est vrai, l'avantage de rompre la force ouvrière en opposant les sans-travail aux travailleurs. Une sorte de péril plus sensible résultait de l'état physiologique de la population presque tout entière. « La santé des pauvres est ce qu'elle peut être, disaient les hygiénistes; mais celle des riches laisse à désirer. » Il n'était pas difficile d'en trouver les causes. L'oxygène nécessaire à la vie manquait dans la cité; on respirait un air artificiel; les trusts de l'alimentation, accomplissant les plus hardies synthèses chimiques, produisaient des vins, de la chair, du lait, des fruits, des légumes factices. Le régime qu'ils imposaient causait des troubles dans les estomacs et dans les cerveaux. Les milliardaires étaient chauves à dix-huit ans; quelques-uns trahissaient par moments une dangereuse faiblesse d'esprit; malades, inquiets, ils donnaient des sommes énormes à des sorciers ignares et l'on voyait éclater tout à coup dans la ville la fortune médicale ou théologique de quelque ignoble garçon de bain devenu thérapeute ou prophète. Le nombre des aliénés augmentait sans cesse; les suicides se multipliaient dans le monde de la richesse et beaucoup s'accompagnaient de circonstances atroces et bizarres, qui témoignaient d'une perversion inouïe de l'intelligence et de la sensibilité.

Un autre symptôme funeste frappait fortement le commun des esprits. La catastrophe, désormais périodique, régulière, rentrait dans les prévisions et prenait dans les statistiques une place de plus en plus large. Chaque jour des machines éclataient, des maisons sautaient, des trains bondés de marchandises tombaient sur un boulevard, démolissant des immeubles entiers, écrasant plusieurs centaines de passants et, à travers le sol défoncé, broyaient deux ou trois étages d'ateliers et de docks où travaillaient des équipes nombreuses.

§ 2

Dans la partie sud-ouest de la ville, sur une hauteur qui avait gardé son ancien nom de Fort Saint-Michel, s'étendait un square où de vieux arbres allongeaient encore au-dessus des pelouses leurs bras épuisés. Sur le versant nord, des ingénieurs paysagistes avaient construit une cascade, des grottes, un torrent, un lac, des îles. De ce côté l'on découvrait toute la ville avec ses rues, ses boulevards, ses places, la multitude de ses toits et de ses dômes, ses voies aériennes, ses foules d'hommes recouvertes de silence et comme enchantées par l'éloignement. Ce square était l'endroit le plus salubre de la capitale : les fumées n'y voilaient point le ciel, et l'on y menait jouer les enfants. L'été, quelques employés des bureaux et des laboratoires voisins, après leur déjeuner, s'y reposaient, un moment, sans en troubler la paisible solitude.

C'est ainsi qu'un jour de juin, vers midi, une télégraphiste, Caroline Meslier, vint s'asseoir sur un banc à l'extrémité de la terrasse du Nord. Pour se rafraîchir les yeux d'un peu de verdure, elle tournait le dos à la ville. Brune, avec des prunelles fauves, robuste et placide, Caroline paraissait âgée de vingt-cinq à vingt-huit ans. Presque aussitôt un commis au trust de l'électricité, Georges Clair, prit place à côté d'elle. Blond, mince, souple, il avait des traits d'une finesse féminine; il n'était guère plus âgé qu'elle et paraissait plus jeune. Se rencontrant presque tous les jours à cette place, ils éprouvaient de la sympathie l'un pour l'autre et prenaient plaisir à causer ensemble. Cependant leur conversation n'avait jamais rien de tendre, d'affectueux, ni d'intime. Caroline, bien qu'il lui fût advenu, dans le passé, de se repentir de sa confiance, aurait peut-être laissé voir plus d'abandon; mais Georges Clair se montrait toujours extrêmement réservé dans ses termes comme dans ses façons; il ne cessait de donner à la conversation un caractère purement intellectuel et de la maintenir dans les idées générales, s'exprimant d'ailleurs sur tous les sujets avec la liberté la plus âpre.

Il l'entretenait volontiers de l'organisation de la société et des conditions du travail.

« La richesse, disait-il, est un des moyens de vivre heureux; ils en ont fait la fin unique de l'existence. »

Et cet état de choses à tous deux paraissait monstrueux.

Ils en revenaient sans cesse à certains sujets scientifiques qui leur étaient familiers.

Ce jour-là, ils firent des remarques sur l'évolution de la chimie.

« Dès l'instant, dit Clair, où l'on vit le radium se transformer en hélium, on cessa d'affirmer l'immutabilité des corps simples; ainsi furent supprimées toutes ces vieilles lois des rapports simples et de la conservation de la matière.

— Pourtant, dit-elle, il y a des lois chimiques. »

Car, étant femme, elle avait besoin de croire.

Il reprit avec nonchalance :

« Maintenant qu'on peut se procurer du radium en suffisante quantité, la science possède d'incomparables moyens d'analyse; dès à présent on entrevoit dans ce qu'on nomme les corps simples des composés d'une richesse extrême et l'on découvre dans la matière des énergies qui semblent croître en raison même de sa ténuité. »

Tout en causant, ils jetaient des miettes de pain aux oiseaux; des enfants jouaient autour d'eux.

Passant d'un sujet à un autre :

« Cette colline, à l'époque quaternaire, dit Clair,

était habitée par des chevaux sauvages. L'année passée, en y creusant des conduites d'eau, on a trouvé une couche épaisse d'ossements d'hémiones. »

Elle s'inquiéta de savoir si, à cette époque reculée, l'homme s'était montré déjà.

Il lui dit que l'homme chassait l'hémione avant d'essayer de le domestiquer.

« L'homme, ajouta-t-il, fut d'abord chasseur, puis il devint pasteur, agriculteur, industriel... Et ces diverses civilisations se succédèrent à travers une épaisseur de temps que l'esprit ne peut concevoir. »

Il tira sa montre.

Caroline demanda s'il était déjà l'heure de rentrer au bureau.

Il répondit que non, qu'il était à peine midi et demi.

Une fillette faisait des pâtés de sable au pied de leur banc; un petit garçon de sept à huit ans passa devant eux en gambadant. Tandis que sa mère cousait sur un banc voisin, il jouait tout seul au cheval échappé, et, avec la puissance d'illusion dont sont capables les enfants, il se figurait qu'il était en même temps le cheval et ceux qui le poursuivaient et ceux qui fuyaient épouvantés devant lui. Il allait se démenant et criant : « Arrêtez! hou! hou! Ce cheval est terrible; il a pris le mors aux dents. »

Caroline fit cette question :

« Croyez-vous que les hommes étaient heureux autrefois? »

Son compagnon lui répondit :

« Ils souffraient moins quand ils étaient plus jeunes. Ils faisaient comme ce petit garçon : ils jouaient; ils jouaient aux arts, aux vertus, aux vices, à l'héroïsme, aux croyances, aux voluptés; ils avaient des illusions qui les divertissaient. Ils faisaient du bruit; ils s'amusaient. Mais maintenant... »

Il s'interrompit et regarda de nouveau à sa montre.

L'enfant qui courait buta du pied contre le seau de la fillette et tomba de son long sur le gravier. Il demeura un moment étendu immobile, puis se souleva sur ses paumes; son front se gonfla, sa bouche s'élargit, et soudain il éclata en sanglots. Sa mère accourut, mais Caroline l'avait soulevé de terre, et elle lui essuyait les yeux et la bouche avec son mouchoir. L'enfant sanglotait encore; Clair le prit dans ses bras :

« Allons! ne pleure pas, mon petit! Je vais te conter une histoire :

« Un pêcheur, ayant jeté ses filets dans la mer, en tira un petit pot de cuivre fermé; il l'ouvrit avec son couteau. Il en sortit une fumée qui s'éleva jusqu'aux nues et cette fumée, en s'épaississant, forma un géant qui éternua si fort, si fort que le monde entier fut réduit en poussière... »

Clair s'arrêta, poussa un rire sec et brusquement

remit l'enfant à sa mère. Puis il tira de nouveau sa montre et, agenouillé sur le banc, les coudes au dossier, regarda la ville.

A perte de vue, la multitude des maisons se dressaient dans leur énormité minuscule.

Caroline tourna le regard vers le même côté.

« Que le temps est beau! dit-elle. Le soleil brille et change en or les fumées de l'horizon. Ce qu'il y a de plus pénible dans la civilisation, c'est d'être privé de la lumière du jour. »

Il ne répondit pas; son regard restait fixé sur un point de la ville.

Après quelques secondes de silence, ils virent, à une distance de trois kilomètres environ, au-delà de la rivière, dans le quartier le plus riche, s'élever une sorte de brouillard tragique. Un moment après, une détonation retentit jusqu'à eux, tandis que montait vers le ciel pur un immense arbre de fumée. Et peu à peu l'air s'emplissait d'un imperceptible bourdonnement formé des clameurs de plusieurs milliers d'hommes. Des cris éclataient tout proches dans le square.

« Qu'est-ce qui saute? »

La stupeur était grande; car, bien que les catastrophes fussent fréquentes, on n'avait jamais vu une explosion d'une telle violence et chacun s'apercevait d'une terrible nouveauté.

On essayait de définir le lieu du sinistre; on nommait des quartiers, des rues, divers édifices, clubs, théâtres, magasins. Les renseignements topographiques se précisèrent, se fixèrent.

« C'est le trust de l'acier qui vient de sauter. »

Clair remit sa montre dans sa poche.

Caroline le regardait avec une attention tendue et ses yeux s'emplissaient d'étonnement.

Enfin, elle lui murmura à l'oreille :

« Vous le saviez? Vous attendiez?... C'est vous qui... »

Il répondit, très calme :

« Cette ville doit périr. »

Elle reprit avec une douceur rêveuse :

« Je le pense aussi. »

Et ils retournèrent tous deux tranquillement à leur travail.

§ 3

A compter de ce jour les attentats anarchistes se succédèrent durant une semaine sans interruption. Les victimes furent nombreuses; elles appartenaient presque toutes aux classes pauvres. Ces crimes soulevaient la réprobation publique. Ce fut parmi les gens de maison, les hôteliers, les petits employés et dans ce que les trusts laissaient subsister du petit commerce que l'indignation éclata le plus vivement. On entendait dans les quartiers populeux, les femmes réclamer des supplices inusités pour les dynamiteurs. (On les appelait ainsi d'un vieux nom qui leur convenait mal, car, pour ces chimistes inconnus, la dynamite était une matière innocente, bonne seulement pour détruire des fourmilières, et ils considéraient comme un jeu puéril de faire détoner la nitroglycérine au moyen d'une amorce de fulminate de mercure.) Les affaires cessèrent brusquement et les moins riches se sentirent atteints les premiers. Ils parlaient de faire justice eux-mêmes des anarchistes. Cependant les ouvriers des usines restaient hostiles ou indifférents à l'action violente. Menacés, par suite du ralentissement des affaires, d'un prochain chômage ou même d'un lock-out étendu à tous les ateliers, ils eurent à répondre à la fédération des syndicats qui proposait la grève générale comme le plus puissant moyen d'agir sur les patrons et l'aide la plus efficace aux révolutionnaires; tous les corps de métiers, à l'exception des doreurs, se refusèrent à cesser le travail.

La police fit de nombreuses arrestations. Des troupes, appelées de tous les points de la confédération nationale, gardèrent les immeubles des trusts, les hôtels des milliardaires, les établissements publics, les banques et les grands magasins. Une quinzaine se passa sans une seule explosion. On en conclut que les dynamiteurs, une poignée selon toute vraisemblance, peut-être moins encore, étaient tous tués, pris, cachés ou en fuite. La confiance revint; elle revint d'abord chez les plus pauvres. Deux ou trois cent mille soldats, logés dans les quartiers populeux, y firent aller le commerce; on cria « Vive l'armée! »

Les riches, qui s'étaient alarmés moins vite, se rassuraient plus lentement. Mais, à la Bourse, le groupe à la hausse sema les nouvelles optimistes, et par un puissant effort enraya la baisse; les affaires reprirent. Les journaux à grand tirage secondèrent le mouvement; ils montrèrent, avec une patriotique éloquence, l'intangible capital se riant des assauts de quelques lâches criminels et la richesse publique poursuivant, en dépit des vaines menaces, sa sereine ascension; ils étaient sincères et ils y trouvaient leur compte. On oublia, on nia les attentats. Le dimanche, aux courses, les tribunes se garnirent de femmes chargées, appesanties de perles, de diamants. On s'aperçut avec joie que les capitalistes n'avaient pas souffert. Les milliardaires, au pesage, furent acclamés.

Le lendemain, la gare du Sud, le trust du pétrole et la prodigieuse église bâtie aux frais de Thomas Morcellet sautèrent; trente maisons brûlèrent; un commencement d'incendie se déclara dans les docks. Les pompiers furent admirables de dévouement et d'intrépidité. Ils manœuvraient avec une précision automatique leurs longues échelles de fer et montaient jusqu'au trentième étage des maisons pour arracher des malheureux aux flammes. Les soldats firent avec entrain le service d'ordre et reçurent une double ration de café. Mais ces nouveaux sinistres déchaînèrent la panique. Des millions de personnes, qui voulaient partir tout de suite en emportant leur argent, se pressaient dans les grands établissements de crédit qui, après avoir payé pendant trois jours, fermèrent leurs guichets sous les grondements de l'émeute. Une foule de fuyards, chargée de bagages, assiégeait les gares et prenait les trains d'assaut. Beaucoup, qui avaient hâte de se réfugier dans les caves avec des provisions de vivres, se ruaient sur les boutiques d'épicerie et de comestibles que gardaient les soldats, la baïonnette au fusil. Les pouvoirs publics montrèrent de l'énergie. On fit de nouvelles arrestations; des milliers de mandats furent lancés contre les suspects.

Pendant les trois semaines qui suivirent, il ne se produisit aucun sinistre. Le bruit courut qu'on avait trouvé des bombes dans la salle de l'Opéra, dans les caves de l'Hôtel de Ville et contre une colonne de la Bourse. Mais on apprit bientôt que c'étaient des boîtes de conserves déposées par de mauvais plaisants ou des fous. Un des inculpés, interrogé par le juge d'instruction, se déclara le principal auteur des explosions qui avaient coûté la vie, disait-il, à tous ses complices. Ces aveux, publiés par les journaux, contribuèrent à rassurer l'opinion publique. Ce fut seulement vers la fin de l'instruction que les magistrats s'aperçurent qu'ils se trouvaient en présence d'un simulateur absolument étranger à tout attentat.

Les experts désignés par les tribunaux ne découvraient aucun fragment qui leur permît de reconstituer l'engin employé à l'œuvre de destruction. Selon les conjectures, l'explosif nouveau émanait du gaz que dégage le radium; et l'on supposait que des ondes électriques, engendrées par un oscillateur d'un type spécial, se propageant à travers l'espace, causaient la détonation; mais les plus habiles chimistes ne pouvaient rien dire de précis ni de certain. Un jour enfin, deux agents de police, en passant devant l'hôtel Meyer, trouvèrent sur le trottoir, près d'un soupirail, un œuf de métal blanc, muni d'une capsule à l'un des bouts; ils le ramassèrent avec précaution, et, sur l'ordre de leur chef, le portèrent au laboratoire municipal. A peine les experts s'étaient-ils réunis pour l'examiner, que l'œuf éclata, renversant l'amphithéâtre et la coupole. Tous les experts périrent et avec eux le général d'artillerie Collin et l'illustre professeur Tigre.

La société capitaliste ne se laissa point abattre par ce nouveau désastre. Les grands établissements de crédit rouvrirent leurs guichets, annonçant qu'ils opéreraient leurs versements partie en or, partie en papiers d'Etat. La bourse des valeurs et celle des marchandises, malgré l'arrêt total des transactions, décidèrent de ne pas suspendre leurs séances.

Cependant l'instruction concernant les premiers prévenus était close. Peut-être les charges réunies contre eux eussent, en d'autres circonstances, paru insuffisantes; mais le zèle des magistrats et l'indignation publique y suppléaient. La veille du jour fixé pour les débats, le Palais de justice sauta; huit cents personnes y périrent, dont un grand nombre de juges et d'avocats. La foule furieuse envahit les prisons et lyncha les prisonniers. La troupe envoyée pour rétablir l'ordre fut accueillie à coups de pierres et de revolvers; plusieurs officiers furent jetés à bas de leur cheval et foulés aux pieds. Les soldats firent feu; il y eut de nombreuses victimes. La force publique parvint à rétablir la tranquillité. Le lendemain, la Banque sauta.

Dès lors, on vit des choses inouïes. Les ouvriers des usines, qui avaient refusé de faire grève, se ruaient en foule sur la ville et mettaient le feu aux maisons. Des régiments entiers, conduits par leurs officiers, se joignirent aux ouvriers incendiaires, parcoururent avec eux la ville en chantant des hymnes révolutionnaires et s'en furent prendre aux docks des tonnes de pétrole pour en arroser le feu. Les explosions ne discontinuaient pas. Un matin, tout à coup, un arbre monstrueux, un fantôme de palmier haut de trois kilomètres s'éleva sur l'emplacement du palais géant des télégraphes, tout à coup anéanti.

Tandis que la moitié de la ville flambait, en l'autre moitié se poursuivait la vie régulière. On entendait, le matin, tinter dans les voitures des laitiers les boîtes de fer-blanc.

Sur une avenue déserte, un vieux cantonnier, assis contre un mur, sa bouteille entre les jambes, mâchait lentement des bouchées de pain avec un peu de fricot. Les présidents des trusts restaient presque tous à leur poste. Quelques-uns accomplirent leur devoir avec une simplicité héroïque. Raphaël Box, le fils du milliardaire martyr, sauta en présidant l'assemblée générale du trust des sucres. On lui fit des funérailles magnifiques; le cortège dut six fois gravir des décombres ou passer sur des planches les chaussées effondrées.

Les auxiliaires ordinaires des riches, commis, employés, courtiers, agents, leur gardèrent une fidélité inébranlable. A l'échéance, les garçons survivants de la banque sinistrée allèrent présenter leurs effets par des voies bouleversées, dans les immeubles fumants, et plusieurs, pour effectuer leurs encaissements, s'abîmèrent dans les flammes.

Néanmoins, on ne pouvait conserver d'illusions : l'ennemi invisible était maître de la ville. Maintenant le bruit des détonations régnait continu comme le silence, à peine perceptible et d'une insurmontable horreur. Les appareils d'éclairage étant détruits, la ville demeurait plongée toute la nuit dans l'obscurité, et il s'y commettait des violences d'une monstruosité inouïe. Seuls les quartiers populeux, moins éprouvés, se défendaient encore. Des volontaires de l'ordre y faisaient des patrouilles; ils fusillaient les voleurs et l'on se heurtait à tous les coins de rue contre un corps couché dans une flaque de sang, les genoux pliés, les mains liées derrière le dos, avec un mouchoir sur la face et un écriteau sur le ventre.

Il devenait impossible de déblayer les décombres et d'ensevelir les morts. Bientôt la puanteur que répandaient les cadavres fut intolérable. Des épidémies sévirent, qui causèrent d'innombrables décès et laissèrent les survivants débiles et hébétés. La famine emporta presque tout ce qui restait. Cent quarante et un jours après le premier attentat, alors qu'arrivaient six corps d'armée avec de l'artillerie de campagne et de l'artillerie de siège, la nuit, dans le quartier le plus pauvre de la ville, le seul encore debout, mais entouré maintenant d'une ceinture de flamme et de fumée, Caroline et Clair, sur le toit d'une haute maison, se tenaient par la main et regardaient. Des chants joyeux montaient de la rue, où la foule, devenue folle, dansait.

« Demain, ce sera fini, dit l'homme, et ce sera mieux ainsi. »

La jeune femme, les cheveux défaits, le visage brillant des reflets de l'incendie, contemplait avec une joie pieuse le cercle de feu qui se resserrait autour d'eux :

« Ce sera mieux ainsi », dit-elle à son tour.

Et, se jetant dans les bras du destructeur, elle lui donna un baiser éperdu.

§ 4

Les autres villes de la Fédération souffrirent aussi de troubles et de violences, puis l'ordre se rétablit. Des réformes furent introduites dans les institutions; de grands changements survinrent dans les mœurs; mais le pays ne se remit jamais entièrement de la perte de sa capitale et ne retrouva pas son ancienne prospérité. Le commerce, l'industrie dépérirent; la civilisation abandonna ces contrées qu'elle avait longtemps préférées à toutes les autres. Elles devinrent stériles et malsaines; le territoire qui avait nourri tant de millions d'hommes ne fut plus qu'un désert. Sur la colline du Fort Saint-Michel, les chevaux sauvages paissaient l'herbe grasse.

Les jours coulèrent comme l'onde des fontaines et les siècles s'égouttèrent comme l'eau à la pointe des stalactites. Des chasseurs vinrent poursuivre les ours sur les collines qui recouvraient la ville oubliée; de pâtres y conduisirent leurs troupeaux; des laboureurs y poussèrent la charrue; des jardiniers y cultivèrent des laitues dans des clos et greffèrent des poiriers. Ils n'étaient pas riches; ils n'avaient pas d'arts; un pied de vigne antique et des buissons de roses revêtaient le mur de leur cabane; une peau de chèvre couvrait leurs membres hâlés; leurs femmes s'habillaient de la laine qu'elles avaient filée. Les chevriers pétrissaient dans l'argile de petites figures d'hommes et d'animaux ou disaient des chansons sur la jeune fille qui suit son amant dans les bois et sur les chèvres qui paissent tandis que les pins bruissent et que l'eau murmure. Le maître s'irritait contre les scarabées qui mangeaient ses figues; il méditait des pièges pour défendre ses poules du renard à la queue velue, et il versait du vin à ses voisins en disant :

« Buvez! Les cigales n'ont pas gâté ma vendange; quand elles sont venues les vignes étaient sèches. »

Puis, au cours des âges, les villages remplis de biens, les champs lourds de blé furent pillés, ravagés par des envahisseurs barbares. Le pays changea plusieurs fois de maîtres. Les conquérants élevèrent des châteaux sur les collines; les cultures se multiplièrent; des moulins, des forges, des tanneries, des tissages s'établirent; des routes s'ouvrirent à travers les bois et les marais; le fleuve se couvrit de bateaux. Les villages devinrent de gros bourgs et, réunis les uns aux autres, formèrent une ville qui se protégea par des fossés profonds et de hautes murailles.

Plus tard, capitale d'un grand Etat, elle se trouva à l'étroit dans ses remparts désormais inutiles et dont elle fit de vertes promenades.

Elle s'enrichit et s'accrut démesurément. On ne trouvait jamais les maisons assez hautes; on les surélevait sans cesse et l'on en construisait de trente à quarante étages, où se superposaient bureaux, magasins, comptoirs de banques, sièges de sociétés, et l'on creusait dans le sol toujours plus profondément des caves et des tunnels. Quinze millions d'hommes travaillaient dans la ville géante.

TABLE

Préface. 5

LIVRE PREMIER
LES ORIGINES

I. Vie de saint Maël. 19
II. Vocation apostolique de saint Maël. 22
III. La tentation de saint Maël. 29
IV. Navigation de saint Maël sur l'océan de glace. 34
V. Baptême des pingouins. 38
VI. Une assemblée au paradis. 43
VII. Une assemblée au paradis (suite et fin). 55
VIII. Métamorphose des pingouins. 62

LIVRE II
LES TEMPS ANCIENS

I. Les premiers voiles. 67
II. Les premiers voiles (suite et fin). 75

III. Le bornage des champs et l'origine de la propriété. 77
IV. La première assemblée des Etats de Pingouinie. 83
V. Les noces de Kraken et d'Orberose. 87
VI. Le dragon d'Alca. 91
VII. — (suite). 96
VIII. — (suite). 100
IX. — (suite). 105
X. — (suite). 109
XI. — (suite). 114
XII. — (suite). 119
XIII. — (suite et fin). 123

LIVRE III

LE MOYEN ÂGE ET LA RENAISSANCE

I. Brian le Pieux et la reine Glamorgane. 129
II. Draco le Grand. — Translation des reliques de sainte Orberose. 135
III. La reine Crucha. 140
IV. Les Lettres : Johannès Talpa. 145
V. Les Arts : les primitifs de la peinture pingouine. 150
VI. Marbode. 158
VII. Signes dans la lune. 176

LIVRE IV

LES TEMPS MODERNES
Trinco

I. La Rouquine.	181
II. Trinco.	188
III. Voyage du docteur Obnubile.	193

LIVRE V

LES TEMPS MODERNES
Chatillon

I. Les révérends pères Agaric et Cornemuse.	203
II. Le prince Crucho.	214
III. Le conciliabule.	219
IV. La vicomtesse Olive.	226
V. Le prince des Boscénos.	233
VI. La chute de l'émiral.	242
VII. Conclusion.	254

LIVRE VI

LES TEMPS MODERNES
L'affaire des quatre-vingt mille bottes de foin

I. Le général Greatauk, duc du Skull.	261
II. Pyrot.	266

III. Le comte de Maubec de la Dentdulynx. 271
IV. Colomban. 277
V. Les révérends pères Agaric et Cornemuse. 282
VI. Les sept cents Pyrots. 289
VII. Bidault-Coquille et Maniflore. — Les socialistes. 296
VIII. Le procès Colomban. 306
IX. Le père Douillard. 315
X. Le conseiller Chaussepied. 322
XI. Conclusion. 329

LIVRE VII

LES TEMPS MODERNES
Madame Cérès

I. Le salon de Madame Clarence. 337
II. L'Œuvre de sainte Orberose. 343
III. Hippolyte Cérès. 350
IV. Le mariage d'un homme politique. 359
V. Le cabinet Visire. 365
VI. Le sopha de la favorite. 373
VII. Les premières conséquences. 379
VIII. Nouvelles conséquences. 384
IX. Les dernières conséquences. 394
    Apogée de la civilisation pingouine. 403

LIVRE VIII

LES TEMPS FUTURS
L'histoire sans fin

1. On ne trouvait jamais les maisons assez hautes. — 411
2. Dans la partie sud-ouest de la ville. — 419
3. A compter de ce jour les attentats. — 425
4. Les autres villes de la Fédération. — 433

BRODARD ET TAUPIN — IMPRIMEUR - RELIEUR
Paris-Coulommiers. — France.
05.870-I-8-839 - Dépôt légal n° 3818, 3ᵉ trimestre 1964.
Le Livre de Poche - 4, rue de Galliéra, Paris.

LE LIVRE DE POCHE
CLASSIQUE

ANDERSEN
1114-15 Contes.

H. DE BALZAC
356 La Duchesse de Langeais, *suivi de* La Fille aux yeux d'or.
543-544 La Rabouilleuse.
611 Une Ténébreuse affaire.
705-706 Les Chouans.
757-758 Le Père Goriot.
862-63-64 Illusions perdues.
952-953 La Cousine Bette.
989-990 Le Cousin Pons.
1085-86-87 Splendeurs et misères des Courtisanes.

BARBEY D'AUREVILLY
622-623 Les Diaboliques.

BAUDELAIRE
677 Les Fleurs du mal.

BRANTOME
804-805 Les Dames Galantes.

CERVANTES
431-432 Nouvelles Exemplaires.
892-893 Don Quichotte *tome I*.
894-895 Don Quichotte *tome II*.

CHODERLOS DE LACLOS
354-355 Les Liaisons dangereuses.

B. CONSTANT
360 Adolphe *suivi de* Cécile.

CHARLES DICKENS
420-421 De Grandes Espérances.
1034-35 Monsieur Pickwick *tome I*.
1036-37 Monsieur Pickwick *tome II*.

DIDEROT
403 Jacques le Fataliste.

DOSTOIEVSKI
353 L'Éternel Mari.
388 Le Joueur.
695-96-97 Les Possédés.
825-826 Les Frères Karamazov, *tome I*.
836-837 Les Frères Karamazov, *tome II*.
941-942 L'Idiot *tome I*.
943-944 L'Idiot *tome II*.

ALEXANDRE DUMAS
667-68-69 Les Trois Mousquetaires.
736-737 Vingt Ans après *tome I*.
738-739 Vingt Ans après *tome II*.
781-82-83 Le Vicomte de Bragelonne *tome I*.
784-85-86 Le Vicomte de Bragelonne *tome II*.
787-88-89 Le Vicomte de Bragelonne *tome III*.
790-91-92 Le Vicomte de Bragelonne *tome IV*.
906-07-08 La Reine Margot.
914-915 La Dame de Monsoreau *tome I*.
916-917 La Dame de Monsoreau *tome II*.
926-927 Les Quarante-cinq *tome I*.
928-929 Les Quarante-cinq *tome II*.
1119-1120 Le Comte de Monte-Cristo, *tome I*.

FLAUBERT
440-441 Bouvard et Pécuchet.
713-714 Madame Bovary.

TH. GAUTIER
707-708 Le Capitaine Fracasse.

GOBINEAU
469 Adélaïde *suivi de* Mademoiselle Irnois.
555-556 Les Pléiades.

GOETHE
412 Les Souffrances du jeune Werther.

GOGOL
472-473 Les Ames mortes.

HOMÈRE
602-603   Odyssée.
1063-64-65   Iliade.
VICTOR HUGO
964-965   Les Misérables *tome I*.
966-967   Les Misérables *tome II*.
968-969   Les Misérables *tome III*.
MADAME DE LA FAYETTE
374   La Princesse de Clèves.
LAUTRÉAMONT
1117-18   Les Chants de Maldoror.
MACHIAVEL
879   Le Prince.
MOLIÈRE
1056-57   Théâtre *tome I*.
1094-95   Théâtre *tome II*.
G. DE NERVAL
690   Les Filles du feu *suivi de* Aurelia.
NIETZSCHE
987-988   Ainsi parlait Zarathoustra.
OVIDE
1005   L'Art d'aimer.
PASCAL
823-824   Pensées.
PÉTRONE
589   Le Satiricon.
POE
484   Aventures d'Arthur Gordon Pym.
604-605   Histoires extraordinaires.
1055   Nouvelles histoires extraordinaires.
POUCHKINE
577   La Dame de Pique.
PRÉVOST (L'Abbé)
460   Manon Lescaut.
RACINE
1068-69   Théâtre *tome I*.
RIMBAUD
498   Poésies complètes.
J.-J. ROUSSEAU
1098-99   Confessions *tome I*.
1100-01   Confessions *tome II*.

SHAKESPEARE
485-486   Trois Comédies.
STENDHAL
357-358   Le Rouge et le Noir.
562-63-64   Lucien Leuwen.
766-767   Lamiel *suivi de* Armance.
851-852   La Chartreuse de Parme.
STEVENSON
756   L'Ile au Trésor.
SUÉTONE
718-719   Vies des Douze Césars.
SWIFT
471   Instructions aux Domestiques.
TACITE
1112-13   Histoires.
TCHEKHOV
1090   La Cerisaie *suivi de* La Mouettes.
TOLSTOI
366   La Sonate à Kreutzer *suivi de* La Mort d'Ivan Ilitch.
636-637   Anna Karenine *tome I*.
638-639   Anna Karenine *tome II*.
727   Enfance et adolescence.
1016-17-18   La Guerre et la Paix *tome I*.
1019-20-21   La Guerre et la Paix *tome II*.
TOURGUENIEV
497   Premier Amour.
J. VALLÈS
1038-39   L'Enfant.
VERLAINE
747   Poèmes saturniens *suivi* de Fêtes galantes.
1116   La Bonne chanson. Romances sans parler. Sagesse.
VOLTAIRE
657-658   Romans.

VOLUMES PARUS et A PARAITRE DANS LE 1ᵉʳ SEMESTRE 1964

BALZAC
Le Colonel Chabert.
BAUDELAIRE
Le Spleen de Paris.
CORNEILLE
Théâtre, tome I.
ALEXANDRE DUMAS
Monte Cristo, tome II.
Le Comte Monte Cristo, tome III.
GORKI
Enfance.
LABICHE
Un Chapeau de paille d'Italie.
LA FONTAINE
Fables.
MÉRIMÉE
Colomba.

MOLIÈRE
Théâtre, tome III.
Théârte, tome IV.
RABELAIS
Pantagruel.
RACINE
Théâtre, tome II.
RONSARD
Les Amours.
JULES VALLÈS
Le Bachelier.
L'Insurgé.
VERLAINE
Jadis et Naguère — Parallèlement.
VILLON
Poésies complètes.

CLASSIQUES
DE POCHE RELIÉS

*Les œuvres des grands auteurs classiques, dans le texte intégral et présentés par les meilleurs écrivains contemporains.
Une présentation particulièrement soignée, format 17,5×11,5, reliure de luxe pleine toile, titre or, fers spéciaux, tranchefile, gardes illustrées, sous rodhoïd transparent.*

BALZAC
- S. Une ténébreuse affaire.
- D. Le cousin Pons.
- D. La cousine Bette.
- D. Le père Goriot.
- D. La Rabouilleuse.
- D. Les Chouans.

BAUDELAIRE
- S. Les Fleurs du Mal.

CHODERLOS DE LACLOS
- D. Les liaisons dangereuses.

DOSTOIEVSKI
- S. L'éternel mari.
- D. L'idiot, tome I.
- D. L'idiot, tome II.
- S. Le joueur.

FLAUBERT
- D. Madame Bovary.

GOGOL
- D. Les âmes mortes.

HOMÈRE
- D. Odyssée.

MACHIAVEL
- S. Le prince.

NIETZSCHE
- D. Ainsi parlait Zarathoustra.

OVIDE
- S. L'art d'aimer.

PASCAL
- D. Pensées.

POE
- D. Histoires extraordinaires.
- S. Nouvelles histoires extraordinaires.

RIMBAUD
- S. Poésies complètes.

STENDHAL
- D. La chartreuse de Parme.
- D. Le rouge et le noir.

SUÉTONE
- D. Vies des douze Césars.

TACITE
- D. Histoires.

TOLSTOI
- D. Anna Karénine, tome I.
- D. Anna Karénine, tome II.
- D. La sonate à Kreutzer.

VOLUMES PARUS ET A PARAITRE DANS LE 1er SEMESTRE 1964

BAUDELAIRE
- S. Le Spleen de Paris.

BALZAC
- S. La duchesse de Langeais.
- S. Le Colonel Chabert.

DUCASSE (Lautréamont)
- D. Œuvres complètes (Les Chants de Maldoror).

VICTOR HUGO
- D. Les misérables, tome I.
- D. Les misérables, tome II.
- D. Les misérables, tome III.

LA FONTAINE
- D. Fables.

MÉRIMÉE
- D. Colomba.

MOLIÈRE
- D. Théâtre, *tome I.*
- D. Théâtre, *tome II.*
- D. Théâtre, *tome III.*
- D. Théâtre, *tome IV.*

ABBÉ PRÉVOST
- S. Manon Lescaut.

RACINE
- D. Théâtre, *tome I.*
- D. Théâtre, *tome II.*

VERLAINE
- S. Poèmes Saturniens
- S. Jadis et Naguere, Parallèlement.

VILLON S. Poésies complètes.

- **S** : (Volume simple) **3f,90** *taxe locale incluse.*
- **D** : (Volume double) **4f,90** *taxe locale incluse.*